新标准学前教育专业"十三五"规划教材

依据 《幼儿园教师专业标准（试行）》
《中小学和幼儿园教师资格考试标准及大纲（试行）》 编写

学前儿童语言教育

主　编　田金长　马晓琴　赵　燕

编　委（按姓氏笔画）

马晓琴　田金长　苏瑞琴

赵　燕　高永鑫

华东师范大学出版社

图书在版编目(CIP)数据

学前儿童语言教育/田金长,马晓琴,赵燕主编.
—上海:华东师范大学出版社,2018
 ISBN 978-7-5675-7266-9

Ⅰ.①学… Ⅱ.①田… ②马… ③赵… Ⅲ.①学前儿童—语言教学—高等学校—教材 Ⅳ.①G613.2

中国版本图书馆CIP数据核字(2018)第111663号

学前儿童语言教育

主　　编　田金长　马晓琴　赵　燕
项目编辑　罗　彦
审读编辑　余思洋
责任校对　朱鹏英
封面设计　庄玉侠
封 面 图　何佳蔓
版式设计　俞　越

出版发行　华东师范大学出版社
社　　址　上海市中山北路3663号　邮编　200062
网　　址　www.ecnupress.com.cn
电　　话　021-60821666　行政传真　021-62572105
客服电话　021-62865537　门市(邮购)电话　021-62869887
地　　址　上海市中山北路3663号华东师范大学校内先锋路口
网　　店　http://hdsdcbs.tmall.com/

印刷者　浙江临安曙光印务有限公司
开　　本　787×1092　16开
印　　张　18.25
字　　数　361千字
版　　次　2018年10月第1版
印　　次　2018年10月第1次
书　　号　ISBN 978-7-5675-7266-9/G·10828
定　　价　46.00元

出版人　王　焰

(如发现本版图书有印订质量问题,请寄回本社客服中心调换或电话021-62865537联系)

前 言

本教材的编写目的是使学前教育专业的学生了解学前儿童语言发展的一般规律,掌握学前儿童语言教育的相关理论和语言教育实践活动的设计、实施与评价等有关知识,为正确地设计与实施学前儿童语言教育活动提供理论背景,提高学生从事学前儿童语言教育实践和研究的专业素养。本教材有以下特点:

第一,本教材在编写上重实践,操作性强。认知心理学家皮亚杰认为,儿童是在与周围环境的交互作用中发展起来的,儿童的语言也是在与周围环境的交互作用中发展起来的。儿童通过积极主动地与周围环境中的语言和非语言信息、材料交互而发展他们的语言。因此,幼儿园语言教育的一个突出特点就是以操作活动的组织形式来帮助儿童学习语言。本教材糅合多种儿童发展因素,允许儿童在生动活泼的操作实践中动脑、动嘴、动手,如每一章节都有若干个经典案例的展示分析。

第二,教材在具体章节的设计上力求新颖、别出心裁。如在第二章"学前儿童语言的获得与发展"中,针对儿童语音、词汇、语法特点设计了形式多样的训练环节,这是其他教材没有的。在第七章"学前儿童文学活动的设计与组织"中,从文学与语言的天然密切联系出发,强调了文学在语言教育中的重要地位。美国著名教育家布鲁纳从教育角度提出一种全新的见解——"儿童叙事性智能理论",认为儿童具有一种叙事结构的智能,把周围环境看作是有生命、有联系和有故事的世界。如果将该理论运用于学前儿童语言教育实践,文学作品教学的重要性就不言而喻。借助这一思路,本教材选择了适当的文学作品开展饶有趣味的文学活动,弥补儿童语言经验的不足,通过儿童掌握语言形式(如:语音、词汇等)和语言运用,促进儿童情感、认知、社会性等共同发展,这些也成为本教材的一个亮点。

第三,在第八章"学前儿童早期阅读活动的设计与组织"中,编者设计了一节"经典国学启蒙作品阅读活动的设计与组织",这一节的编写独具特色。中国古代的小学教育又称蒙学,其中汉语的音韵教学贯穿始终,包括"三、百、千、千"(《三字经》、《百家姓》、《千字文》、《千家诗》)。这些识字教材,都是以简短而整齐的韵语形式出现。一方面,这些教材用韵语向儿童讲洒扫应对进退之节及为人处世之道理,另一方面,这些经典的国学作品读起来琅琅上口,符合儿童的阅读兴趣,在节奏、韵律方面有了文学的色彩。这一节的编写适应了当前重国学教育、重传统文化教育的趋势。

第四,各章节的编写注重实际案例的运用,每一章后都附有"思考与练习",强调"学前儿童语言教育"是一门必不可少的应用性学科。教材编写偏向于实践，同时兼具理论阐述，注重知识的有效衔接，使学生增加对学前儿童语言教育的直观感受和兴趣。一方面，针对儿童的语音、词汇、语法等语言特点设计了多样化的练习方式，另一方面，重视文学和早期阅读在学前儿童语言教育中的作用。

本教材由田金长教授负责并主持研讨，赵燕博士为主要参与人并执笔，马晓琴教授为重要参与人并申报了相关的研究课题，于2014年10月申报陕西学前师范学院"学前教育专业核心课程教材建设"项目并获准立项。主编的具体分工为：田金长（总体策划、主持设计、统稿、定稿）；马晓琴（执笔设计、统稿、定稿）；赵燕（执笔设计、统稿、定稿）。编委的具体分工为：田金长编写绪论、第一章；马晓琴编写第二章、第三章；高永鑫编写第四章、第九章；苏瑞琴编写第五章、第六章；赵燕编写第七章、第八章、第十章。

对于本教材的编辑与出版，我们要感谢学校有关领导和教务处领导的扶持与帮助，特别感谢华东师范大学出版社编辑所付出的心血与劳作。

本教材在编撰过程中，参阅了诸多中外学者专家的成果与资料，汲取了诸如观点、提法、材料等内容，限于篇幅就不一一列举，在此我们一并衷心致谢。

由于编者学识有限，教材中的不足之处甚至错误之处，敬请各位学者大家不吝赐教并批评指正。

编　者

2018 年 5 月

目 录

绪 论 /1

第一章 学前儿童语言教育的基本理论 /7
第一节 有关儿童语言获得的学说 /8
第二节 儿童语言教育的基本观念 /13
第三节 学前儿童语言学习的特点及影响因素 /18

第二章 学前儿童语言的获得与发展 /27
第一节 0~3岁儿童语言的发展与教育 /28
第二节 3~6岁儿童语言的发展与教育 /41

第三章 学前儿童语言教育的目标、内容、方法和活动设计 /57
第一节 学前儿童语言教育的目标 /60
第二节 学前儿童语言教育的内容 /68
第三节 学前儿童语言教育的方法 /77
第四节 学前儿童语言教育活动的设计综述 /83

第四章 学前儿童谈话活动的设计与组织 /95
第一节 学前儿童谈话活动概述 /97
第二节 学前儿童谈话活动的语言教育目标 /105
第三节 学前儿童谈话活动的设计与组织 /111
第四节 组织与指导谈话活动的注意要点 /117
第五节 语言专题谈话活动 /118

第五章 学前儿童讲述活动的设计与组织 /127
第一节 学前儿童讲述活动的性质和特点 /131
第二节 学前儿童讲述活动的语言教育目标 /133
第三节 学前儿童讲述活动的类型 /136
第四节 学前儿童讲述活动的设计与组织 /145
第五节 组织与指导讲述活动的注意要点 /152

第六章　学前儿童语言游戏活动的设计与组织　/ 157

第一节　学前儿童语言游戏活动概述　/ 159

第二节　学前儿童语言游戏活动的目标及类型　/ 162

第三节　学前儿童语言游戏活动的设计与组织　/ 171

第七章　学前儿童文学活动的设计与组织　/ 183

第一节　学前儿童文学概述　/ 185

第二节　幼儿文学作品的类型　/ 189

第三节　学前儿童文学活动的目标和内容　/ 204

第四节　学前儿童文学活动的设计与组织　/ 207

第八章　学前儿童早期阅读活动的设计与组织　/ 221

第一节　学前儿童早期阅读活动概述　/ 224

第二节　学前儿童早期阅读活动的类型　/ 230

第三节　学前儿童早期阅读活动的设计与组织　/ 233

第四节　经典国学启蒙作品阅读活动的设计与组织　/ 239

第九章　学前儿童言语和语言障碍及矫治　/ 245

第一节　学前儿童言语和语言障碍概述　/ 248

第二节　学前儿童言语障碍的特征及原因　/ 249

第三节　学前儿童语言障碍的特征及原因　/ 259

第四节　学前儿童言语和语言障碍的矫治　/ 263

第十章　学前儿童语言教育评价　/ 273

第一节　学前儿童语言教育评价的作用　/ 275

第二节　学前儿童语言教育评价的原则　/ 277

第三节　学前儿童语言教育评价的内容　/ 279

第四节　学前儿童语言教育评价的方法　/ 282

参考文献　/ 285

绪　论

学习目标

（1）理解广义与狭义的学前儿童语言教育的含义。
（2）掌握学前儿童语言教育的基本任务。
（3）掌握学前儿童语言教育的意义。

思维导图

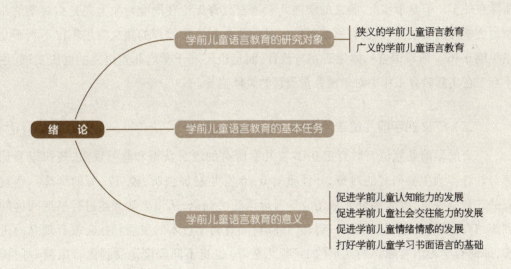

一、学前儿童语言教育的研究对象

学前儿童语言教育是研究儿童语言发生发展的现象、规律及教育的一门学科,是师范院校学前教育专业培训教师的一门应用性学科。近年来,学前儿童语言教育获得了突飞猛进的发展,成为学前教育专业的支柱学科之一。学前教育理论界对学前儿童语言教育的理解有广义和狭义之分。

(一)狭义的学前儿童语言教育

狭义的学前儿童语言教育只把3~6岁儿童掌握母语口语的过程,尤其是把3~6岁儿童早期掌握母语的听说训练和教育作为主要的研究对象,并注重对3~6岁儿童加强口语听说训练。之所以把学前儿童语言教育的对象限定为3~6岁儿童,是因为传统上人们认为学前教育就是指幼儿园阶段的教育,是针对3~6岁儿童的教育。另外,人们普遍认为母语的学习方式是自然习得的,教育并不起很大作用,所以就把0~3岁儿童的语言教育排除在外了。但是事实上,狭义的学前儿童语言教育无论在研究对象上还是在对学前儿童语言学习的看法上,都是有所偏颇的。对学前儿童语言教育的狭义限定不仅不利于儿童早期0~6岁阶段语言一体化研究与教育,而且也不利于学前儿童语言的健康发展,更不利于在实际教育工作中对学前儿童语言的具体指导。

(二)广义的学前儿童语言教育

广义的学前儿童语言教育把0~6岁儿童所有的语言获得和学习现象、规律以及训练与教育作为主要研究的对象,并注重对0~6岁儿童加强听、说、读、写的训练。在现有的教育条件下,绝大部分儿童还应学习母语的书面语,从出生就开始进行早期阅读的训练;有条件的儿童还要学习一到几门外语;随着科学技术的发展和社会教育观念的进步,即使有学习语言障碍的儿童(如聋哑儿童等)也将不同程度地受到语言康复专门训练。广义的学前儿童语言教育,引进现代"学前教育就是指从出生到6岁前的儿童教育"这一新的界说,正视3岁前儿童语言发生发展的事实,更有利于我们系统地研究儿童语言发生发展的规律。

需要强调的是,广义的学前儿童语言教育注重儿童语言运用能力的培养,并主张学前儿童语言教育应当在认识世界和社会交往的过程中展开。苏联教育家苏霍姆林斯基认为,大自然是思维和语言的活的源头,儿童在与大自然的互动中,获得智慧、思想,在思维和表达的过程中发展了语言。儿童语言的发展也离不开社会交往,同伴行为尤其对儿童语言发展起着主要的影响作用,因而发展儿童的语言,还应当多为儿童提供社会交往——

与同伴以及成人的交往机会,从发展儿童的社会性入手。

总之,学前儿童语言教育应该在促进学前儿童语言发展的同时,为他们提供思维的培养、情感的陶冶、文化的传递以及交际的机会,使儿童在积极运用语言认识世界、形成自己的思想的同时,接受文化的陶冶,这对于发展和丰富儿童的语言是相当重要的。

二、学前儿童语言教育的基本任务

根据《幼儿园教育指导纲要(试行)》(以下简称《纲要》)中的相关内容和要求,学前儿童语言教育的基本任务可以归纳为:

(1) 创造一个自由、宽松的语言交往环境,支持、鼓励、吸引儿童与教师、同伴交谈,体验语言交流的乐趣。

(2) 养成儿童注意倾听的习惯,发展语言理解能力。

(3) 鼓励儿童大胆、清楚地表达自己的想法和感受,尝试说明、描述简单的事物或过程,发展语言表达能力和思维能力。

(4) 引导儿童接触优秀的儿童文学作品,使之感受语言的丰富和优美,并通过多种活动帮助儿童加深对作品的体验和理解。

(5) 培养儿童对生活中常见的简单标记和文字符号的兴趣。

(6) 利用图书、绘画和其他多种方式,引发儿童对书籍、阅读和书写的兴趣,培养前阅读和前书写技能。

(7) 提供普通话的语言环境,帮助儿童熟悉、听懂并学说普通话。少数民族地区还应帮助儿童学习本民族语言。

三、学前儿童语言教育的意义

(一) 促进学前儿童认知能力的发展

心理学家普遍认为,儿童早期语言能力的发展是他们认知发展的标志。语言不仅是人们交际的工具,而且是人们进行思维的工具,没有语言就不可能进行抽象的思维。儿童在掌握语言之前,如要认识一个物体的特征,必须通过看看、闻闻、摸摸的方式对该物体的各个部分和各个特征进行直接的感知。儿童掌握语言之后,语言可以帮助他们由直接感知、表象进入分析、综合、判断、概括等抽象思维的过程中,从而能够间接地、概括地认识事物。因此,教师可以借助语言,帮助儿童观察事物,认识事物的名称、形态、习性、特征,帮助儿童区别相类似的事物等。教师在带领儿童认识周围的事物、传授知识技能、解释行为规则时,在引导儿童观察、比较、抽象、概括形成概念时,都必须伴以语言。儿童理解了这些语言的同时,也锻炼和发展了思维能力。

在语言输出的加工过程中,儿童要把话语表达得正确、清楚、完整和连贯,也需要有感知、记忆、想象过程的积极参与。随着儿童语言水平的提高,语言和认知能力的结合也逐渐密切。

(二)促进学前儿童社会交往能力的发展

学前儿童语言教育为儿童创造了学习社会交往规则的机会,提供了各种可以学习和运用语言的范例。例如,儿童在学习"对不起""没关系""谢谢"等礼貌用语的同时,也了解了这些礼貌用语的意义和使用场合。许多儿童文学作品都含有社会领域的内容,儿童在学习这些儿歌或故事的过程中,也懂得了其中蕴含的做人做事的道理。

学前儿童语言教育还可以提升儿童运用语言进行交往的意愿,使其更加积极地参加社会交往活动。例如,儿童在学习了一定数量的儿歌或故事后,就会很愿意接受成人的邀请来为他人进行表演,从而获得交往过程中的成就感。

学前儿童语言教育可以帮助儿童学习使用语言与他人交流思想、信息和情感,分享自身对周围世界的理解和看法。同时,儿童开始理解他人的语言,并从他人的语言中获取自己需要的信息;他们开始学习使用合适的语言来表达自己的要求、想法以及表露自己的情绪和情感,从而逐步掌握社会对个体行为的期待,以社会或群体的行为规范来指导和调节自己的行为,加速社会化进程。

(三)促进学前儿童情绪情感的发展

语言发展是儿童社会交往发展的基础,而交往能力的提高则有利于儿童形成与成人、同伴之间的亲密关系,从而获得积极的情感体验,促进情绪情感的健康发展。作为语言教育的一项重要内容,文学作品通常是充满情感色彩的,在学习文学作品的过程中,儿童可以通过移情、表演等方式获得关爱、快乐、悲伤等多种情感体验,文学作品中蕴含的价值观念和优美的语言还能够陶冶儿童的道德情感。

(四)打好学前儿童学习书面语言的基础

儿童语言的学习是一个连续的过程,这一过程经历了"非语言交际—口头语言的使用—书面语言的使用"三个阶段。而学前期语言教育主要指口头语言的教育,包括听和说。在学前阶段,成人如果能有意识地训练儿童的口头组词、组句和口语表达能力,让儿童想到就说,有条有理地说,就可以帮助儿童掌握和理解大量的词语,使其具有一定的口语表达能力,从而促进儿童思维的敏捷性、灵活性和逻辑性。因此,进行语言教育、发展儿童的口语表达能力,可以为儿童学习书面语言打下良好的基础。

思考与练习

1. 何谓狭义的学前儿童语言教育?何谓广义的学前儿童语言教育?
2. 学前儿童语言教育的基本任务有哪些?
3. 简述学前儿童语言教育的意义。

第一章
学前儿童语言教育的基本理论

学习目标

(1) 掌握先天决定论、后天环境论、相互作用论的主要内容。
(2) 了解不同的语言教育观。
(3) 掌握学前儿童语言学习的特点。
(4) 掌握学前儿童语言学习的影响因素。

思维导图

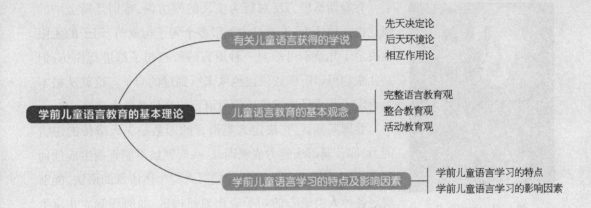

案例导入

在幼儿园的活动室内,教师通常会创设一些关于语言学习的活动区,因地制宜地在这些区域中投放图书、图片、木偶,表演故事用的头饰、服装或自制道具的材料以及儿童能自行听故事用的录音机和光盘(或磁带)等材料,供儿童自主选用。

想一想 教师为什么要在活动室内创设语言活动区?

第一节　有关儿童语言获得的学说

儿童语言获得理论,是关于儿童获得母语口头语言中听话和说话能力的理论。主要有以下三种:

一、先天决定论

先天决定论强调先天禀赋的作用,认为语言获得不是后天学习的结果,与后天环境论可谓针锋相对。其中较有影响的是乔姆斯基的"先天语言能力说"和勒纳伯格的"自然成熟说"。

(一)先天语言能力说

图1-1　乔姆斯基

乔姆斯基极力反对行为主义的模仿说,特别是斯金纳的强化说。他认为,语言是由无限多个句子构成的,句子的无限性决定了儿童不可能对一种语言的所有句子都进行模仿;但是儿童却可以听懂或说出他从未听到过的句子。这就从根本上否定了儿童是通过模仿学习语言的这种经典性理论。

乔姆斯基认为,决定人类语言的因素是先天遗传的语言能力,即普遍语法能力或规则,这些规则虽不能直接生成任何语言的句子,但它可以规定和描写人类个体语言的语法,能够规定各种人类语言的句子应该如何构造、如何理解。儿童生来就具有一个语言习得装置(Language Acquisition Device,简称LAD),这个装置具有一套语法系统和语言分析能力。当儿童接触一定数量的某种语言之后,就会利用LAD对这些语言现象进行分析,这种装置能够使儿童尽快地组织词和句子,这样儿童就学会了各种具体的语言。乔姆斯基的理论使我们认识到,儿童的语言学习并不是一个完全被动的过程,而是主动的充满创造的过程,并且把语言获得同人类语言的普遍现象联系在一起考察,是富于启发意义的。但是,他所说的LAD只是一种假设,人们还难以在大脑中找到它的踪迹。

(二)自然成熟说

勒纳伯格认为,生物的遗传素质是人类语言获得的决定性因素,语言是人类脑机能成熟的产物,当大脑机能的成熟达到一种语言准备状态时,只要受到适当外在条件的激活,就能使潜在的语言结构状态转变成现实的语言结构,语言能力就会显露,即儿童的语言发展同生理的发育一样,是一个自然成熟的过程。比如儿童生下来时不会走路,但已具有了走路的可能性,后天的生理发育一旦成熟,儿童就会自然地走路。儿童生下来时也已经具有了语言能力,这种能力在后天的逐渐发育中成熟。勒纳伯格的理论使我们看到了先天因素和生理因素对语言发展的影响,但是他只是揭示了语言发展的生物学基础,而仅靠此来解释儿童的语言发展现象,显然是不够的。

图1-2　勒纳伯格

二、后天环境论

后天环境论以行为主义学习理论为依据,认为语言是一种后天获得的行为习惯,是学习的结果。它强调环境和学习对语言获得的决定影响,否定或轻视儿童语言发展中的先天的或遗传性因素。

(一)模仿说

这是心理学界关于语言获得机制的最早的一种理论假设,它认为儿童是通过对成人语言的模仿而习得语言的。成人的语言是刺激,儿童的模仿是反应。儿童掌握语言,就是在后天的环境中通过学习获得语言习惯,语言习惯的形成是一系列"刺激—反应"的结果。

1. 机械模仿说

机械模仿说是较早的行为主义理论。这一理论对20世纪20至50年代的儿童语言研究产生了持久而深远的影响。它最早是由美国心理学家阿尔波特于1924年提出的,他认为儿童语言只是对成人语言的模仿,是成人语言的简单翻版。这一学说实际上强调的是一种机械的模仿,往往将儿童语言发展的结果与过程相混淆,忽视了儿童掌握语言过程中的主动性和创造性。

2. 选择性模仿说

心理学家怀特赫斯特和瓦斯托在1975年对机械模仿说进行了改造,进一步提出了"选择性模仿说"。他们认为儿童学习语言不是对成人语言的机械模仿,而是选择性模仿。第一,示范者的行为与模仿者的反应之间具有功能关系,即不仅在形式上,更重要的还在于功能上相似。模仿者(儿童)对示范者(成人)的语言行为未必是一对一的完全临摹,可以有差异和选择。第二,选择性模仿不是在强化和训练的情况下发生的,而是在正常的和自然情景中发生的语言获得模式。所以,模仿者的行为和示范者的行为之间在时间上不是很相近,在形式上又不是一对一的,儿童能模仿成人话语的结构,并在新的情景中用以表达新的内容,或组合成新的结构,这样获得的语言既以学习和模仿为基础,又体现了语言获得中儿童的创造性。

选择性模仿说给"模仿"增加了新的内容,它所提出的语言获得模式是比较符合语言获得过程实际的模式,但还不能充分说明语言获得的过程,表现在以下两个方面:第一,它难以解释儿童语言发展的速度,如果儿童的语言是完全由模仿获得的,那么,儿童在学会说话以前,就必须听过大量的句子并把它们像录音带一样储存起来。有人做过计算,计算的结果表明,一个儿童能说出英语之前必须先听过亿万个由20个词组成的句子,显然这是不可能的。所以,儿童的全部语言并不是逐字逐句模仿得来的。第二,据相关研究结果显示,儿童在28~35个月时,模仿成人的语言接近10%,到了3岁时,则下降到2%~3%,3岁以后模仿就更少。儿童在获得语法结构之前(4岁以前),其模仿的比例早已大大减少,他们说出的句子要比听过的多得多。更重要的是,儿童说出的句子中有许多是成人语法中所没有的、奇怪的句法结构,这种句子是无从模仿的。由此可见,模仿说既有一定的合理性,又有一定的局限性。

毋庸置疑,模仿在儿童语言的发展中有一定的甚至是比较重要的作用。因此在教育实践中,幼儿园教师要多为儿童提供语言模仿的机会。在与儿童交谈时,成人要为他们做好榜样,尽量使用规范的语言进行交谈。

(二)强化说

强化说的代表人物是被称为联想派大师的美国行为主义心理学家斯金纳。这一理论源于巴甫洛夫的条件反射和两种信号系统的学说,盛行于20世纪20至50年代。强化说以"刺激—反应"论和模仿说为基础,并特别强调"强化"在儿童语言学习中的作用,认为儿童是通过不断强化习得语言的。

斯金纳试图用操作性条件反射的操作行为和强化等概念来解释儿童语言的获得,即把儿童的语言习得看成是"刺激—反应—强化"的过程。在这一过程中,儿童对一个刺激作出正确反应,就会得到成人的口头赞许或物质上的满足,这就增强了在类似情境中作出正确反应的可能性,这个过程就叫做强化。成人的赞许往往用话语表达,这些话语大多与特定的情境相联系,因此,成人的话语就逐渐成为有区别意义的刺激,既是下一个反应的刺激,又是对反应的强化因素,儿童就这样学到了语言。

图1-3 斯金纳

儿童在咿呀学语时期,常常会自发地、无目的地发出各种声音,一旦有些声音近似成人说话声音时,父母或其他成人便对这些声音进行强化,对正确的发声加以正强化,对不正确的给予负强化(这在条件反射的形成中称为选择性强化)。语言的操作性条件反射,正是建立在环境引起的声音和声音连接的选择性强化的基础上的。

由此可见,选择性强化是语言操作性条件反射中的核心问题,对儿童语言行为的形成、巩固极其重要,通过这种强化,使儿童的语言逐渐变得有效和得体。

斯金纳试图从理论上阐述儿童获得语言的过程,强调提供正确语言范型和正确强化的作用,对心理学界和语言学界曾产生过很大的影响。但从20世纪60年代开始,这一理论也受到越来越多的批评,有的学者认为这种理论对以下三个问题难以作答:第一,强化既是渐进的、累积的过程,那如何解释儿童在短短的几年就迅速获得听、说母语的能力?第二,在儿童语言发展过程中,成人通常很少对儿童语言的正确语法进行强化,成人关心的是语句内容的真实性,那么儿童又是怎样掌握语法结构的呢?第三,强化并不能促使儿童了解句子为什么正确或不正确,那么儿童是怎么理解句子的意思的呢?总之,这一理论虽有合理的成分,但它过分地强调了儿童无目的的反应和狭隘的强化作用,忽视了儿童自身在语言学习中的作用。有些观点不是从儿童语言行为的实际观察中得出的,而是从较低级的动物实验中通过类比得出的结论,因而带有片面性。

(三) 中介说

中介说又称传递说,是为解决传统的"刺激—反应"论的简单化缺陷而提出的一种改良主张。美国加利福尼亚大学心理学教授、行为主义的代表人物之一的汤勒曼,早在1935年就提出了"中介变因"的概念。后来,一批有影响的心理学家或心理学语言学家,如莫勒、斯塔茨等人,把这一概念创造性地应用到儿童语言的研究中,形成"中介说"。中介说在行为主义传统的"刺激—反应"的链条中,又增加了"传递性刺激"和"传递性反应"的中介。

斯塔茨在探讨一个人的语言如何形成时说,一个词或一句话都可以具有刺激的性质,可以诱发出条件反应。比如,听到"他病了",就会联想到"他躺在床上""他去看医生"或"他打针吃药"以及猜想他生病的原因等。这种隐含的反应又可以成为刺激,引起新的反应等。在外显的刺激和反应中间,有一系列因联想而引起的隐含的刺激和隐含的反应所构成的中介体系。这种中介体系说明了刺激和反应的传递性。

莫勒曾经指出,在"Tom is a thief."(汤姆是个小偷)这个句子中,小偷(thief)这个词,能引起关于小偷的性质的联想,而这种联想,又会引起看管好自己的钱包之类的反应;并且关于"小偷"这个词所引起的反应,会传递给汤姆(Tom),即当人们听到"汤姆"这个名字时,就会引起类似于听到"小偷"时的各种反应。

三、相互作用论

无论是先天决定论还是后天环境论的观点,都是较为极端、激进的。他们要么只强调先天因素而否定或轻视后天因素,要么只强调后天因素而否定或忽视先天因素,因此都难以对儿童语言的获得做出令人满意的解释。以皮亚杰为代表的一派提出先天与后天相互作用的理论,他们主张从认知结构的发展来说明语言发展,认为儿童的语言能力仅仅是大脑一般认知能力的一个方面,而认知结构的形成和发展是主体和客体相互作用的结果。

(一)认知说

认知说是以皮亚杰的认知发展理论为基础的,它认为认知结构是语言发展的基础,语言结构随着认知结构的发展而发展,个体的认知结构既不是环境强加的,也不是人脑先天

图1-4 皮亚杰

具有的,而是来源于主体和客体之间的相互作用。儿童的语言学习是建立在儿童认知能力发展的基础上的。该理论的主要观点如下:

(1)语言是符号功能的一种。所谓符号功能是指应用一种象征或符号来表现某种事物的能力。语言同延迟模仿、象征性游戏、心理表象等符号功能一样,出现在感知运动阶段的末尾,大约在1岁半到2岁之间。

(2)儿童并没有特殊的语言学习能力,儿童的语言学习能力只是人类一般认知能力的组成部分。语言是个体认知发展到一定阶段的产物。认知发展先于语言发展,语言的发展以最初的认知发展为前提。认知发展的顺序性和普遍性决定了语言发展的顺序性和普遍性。

(3)儿童的语言发展能力不是先天就有的,也不是后天学习得来的,它是儿童的认知能力与现实的语言环境和非语言环境相互作用的结果。儿童学习语言是运用了同化和顺应的能力,他们总是用自己熟悉的结构去创造新的用法,用熟悉的形式去理解不熟悉的话语。

(二)规则学习说

规则学习说是在乔姆斯基和行为主义的双重影响下形成的一种儿童语言发展理论。

这一理论的提出者和赞同者主要有布朗、弗拉瑟、伯科等学者。

规则学习说认为,儿童具有一种理解母语的先天处理机制,但是,这种机制主要是一种学习和评价的能力,而不具有如乔姆斯基所说的"普遍语法能力"。儿童学习母语是一个归纳的过程,而不是一个演绎的过程。儿童用先天的语言处理机制,通过对语言输入的处理,归纳出母语的普遍特征和个别特点。

儿童的语言学习主要是对规则的学习。因此在儿童语言发展的早期,还有许多过分概括的现象。对规则的归纳,凭借的是工具性的条件反射,是"刺激—概括"的学习过程,是先天因素同后天因素的相互补充和相互影响。

规则学习说同行为主义的最大不同在于,它强调儿童的语言学习有先天能力的存在。它与乔姆斯基学说的最大不同在于,认为在儿童学习语言的先天能力中,不包括普遍语法能力;语言学习是一种在先天能力参与下的条件反射,对语言的学习是归纳的,而不是演绎的。

(三) 社会交往学说

社会交往学说是20世纪70年代以布鲁纳为代表的一些心理学家,综合前人研究之长,提出的新的理论。社会交往学说的基本观点如下:

(1) 个体语言获得的决定性因素是儿童和成人的语言交流。语言获得不仅需要先天的语言能力,而且也需要一定的生理成熟和认知发展,更需要在交往中发挥语言的实际交际功能。布鲁纳指出,儿童不是在隔离环境中学习语言,而是在交往中学习语言。他强调社会交往对语言获得的决定性影响,认为如果从小剥夺儿童的语言交往机会,儿童就不可能习得语言。

(2) 社会交往学说强调社会交往环境对儿童语言发展的重要意义。儿童及其语言环境是一个统一的整体,是一个动态系统。在这个系统中,儿童不是被动的接受者,而是主动的参与者。不同年龄的儿童,如果能从和成人的交往经验中获得适合他们水平的语言材料,就能促进他们的语言发展;而成人和儿童进行交流的语言也部分取决于儿童本身,因为儿童的反馈决定了成人对他们说话的复杂程度。

第二节 儿童语言教育的基本观念

对儿童进行语言教育,首先需要明确语言教育是什么、语言教育和其他领域教育有何关系、以何种途径实施语言教育等问题。对这些基本问题的回答,构成了儿童语言教育的三个基本观念,即完整语言教育观、整合教育观和活动教育观。这些观念既是学前儿童教育总的指导思想在儿童语言教育中的具体表现,也是当代儿童发展与教育研究成果在儿童语言教育实践中具体运用的必然结果。

一、完整语言教育观

完整语言教育观是当前国外儿童语言教育的一种新思潮,它建立在近些年对儿童语言发展和语言学习的研究成果上。所谓完整语言,就是在儿童语言发展中,既强调口头语言的学习,又强调书面语言的准备,强调听、说、读、写四方面的认知、情感与态度、能力与技能的培养应同时进行。它主要包括:学前儿童语言教育的目标应是完整的,内容应是全面的,教育活动情境应是真实的、形式多样的等。

(一)学前儿童语言教育目标是完整的

完整的语言教育目标应该包括培养儿童语言的听、说、读、写四个方面的认知、情感与态度、能力与技能。对学前儿童来说,主要是培养他们的听、说能力和良好的听、说行为习惯,同时使他们获得早期的读、写技能,为他们进入小学进行正规的读写训练作前期准备。在所有目标中,培养学前儿童的语言运用能力应成为学前儿童语言教育的重点。

(二)学前儿童语言教育内容是全面的

全面的语言教育内容是指在学前儿童语言教育中,既要让儿童学习口头语言,也要引导儿童学习书面语言;既要让儿童理解和运用日常交往语言,也要引导儿童学习文学语言。

(三)学前儿童语言教育活动情境是真实的、形式多样的

完整的语言教育观要求语言教育活动的真实性和形式多样性。教育活动的真实性是指教师在组织活动时,应着眼于创设真实的双向交流情境,使语言教育活动的过程成为教师与儿童共同建设的、积极互动的过程。教育活动的形式多样性是指教师要为儿童提供能够动脑、动口、动手的生活环境和学习材料,使儿童成为学习的主体。在专门的和日常的语言教育活动中,给儿童提供一个真实的、形式多样的语言学习环境。

二、整合教育观

受儿童语言学习系统理论的影响,当代儿童语言教育出现了整合的趋向。所谓整合,就是不再把周围的事物和信息看成是分散的、零碎的、相互之间没有关系的部分,而是将其看成相互之间有一定关系的、统为一体的整体。整合教育的观念意味着把儿童

语言学习看成是一个整合的系统,充分意识到儿童语言发展与其他方面的发展是统为一体的关系。整合观包括教育目标的整合、教育内容的整合和教育方式的整合三个方面。

(一)教育目标的整合

教育目标的整合是指在制定语言教育目标时,既要考虑完整语言各组成成分的认知、情感与态度、能力与技能方面的目标,也要考虑在语言教育中可以实现哪些与语言相关的其他领域的目标,同时也需要考虑哪些语言教育的目标可以在其他领域的教育中得以实现;使语言教育的目标成为以促进儿童语言发展为主线,同时促进儿童其他方面发展的整合的目标体系。只有树立了整合的语言教育目标意识,才能实现语言教育内容和方式的整合。

(二)教育内容的整合

儿童在学习语言的过程中,对每一个新词、每一种句式的习得,都是社会知识、认知知识、语言知识整体作用的结果。如果抛开社会知识和认知知识,只是就语言而学习语言,那么儿童的语言发展将是有缺陷的,是不可能取得良好效果的。因此,教育内容的整合是指在设计和组织语言教育活动时,要将社会知识、认知知识和语言知识整合在一起,由此构成语言教育活动的内容。

示 例

教师在组织散文欣赏活动"落叶"时,可以先带孩子们去树林感受"秋天到来树叶飘落"的景象,让他们倾听"脚踩在落叶上发出的清脆声音",引导他们思考"秋天树叶为什么要凋零",然后再让他们感受散文独特的语言魅力。

图 1-5 感受落叶

（三）教育方式的整合

目标与内容的整合,同时牵制着语言教育方式的走向。教育方式的整合是指教师在组织语言活动时,要以多种语言活动的组织形式来构建语言教育内容,在活动中糅合多种儿童发展因素,允许多种与儿童发展有关的符号系统的参与,从而促使儿童在外界环境因素的刺激和强化作用下,产生积极运用语言与人、事、物交往的愿望和需要,并主动地通过各种符号手段(包括音乐、美术、动作、语言等)作用于环境。在这种整合的语言教育环境中,儿童不再单纯地学习说话,被动地接受教师传递的语言信息,而是获得了语言和其他方面共同发展的机会,成为主动探求并积极参与语言加工的创造者。

教师在组织儿歌学习活动"小老鼠的梦"时,让孩子们配乐朗诵儿歌,让他们加入动作表演儿歌,还让他们画一画儿歌的内容。通过整合多种教育方式,促进了学前儿童各方面能力的发展。

三、活动教育观

活动教育观以皮亚杰的儿童发展理论作为主要理论来源,具体体现在:在教育过程之中要求教师更多地为儿童提供充分运用语言的机会,鼓励儿童以多种形式的操作来促进语言,发挥儿童在运用语言过程中的主动性等。

（一）为儿童提供充分运用语言的机会

儿童的语言发展是通过儿童个体与外界环境中各种语言和非语言材料的交互作用而逐步获得的。儿童发展需要外界环境中人、事、物的各种信息,但这些信息不是由成人灌输去强迫儿童接受的,而是在没有压力、非强迫的状态下,儿童通过自身积极与之相互作用而主动获得的。学前儿童语言教育便是引导儿童积极地与语言及其相关信息进行相互作用的过程。

（二）通过多种形式的操作,促进儿童语言的发展

儿童语言的发展有赖于认知的发展,而认知的发展主要依靠儿童自身的动作。儿童正处于动作思维向具体形象思维发展的阶段,对客观事物的认识主要依赖于自身的各种操作活动,通过动手、动脑和手脑并用的操作来与环境发生交互作用,在亲身体验中增强自己语言运用的积极性,获得愉快成功的体验。对操作材料的探索激发了儿童学习的内

在兴趣和动机,使儿童的学习由被动学习转为主动学习,真正实现以活动的形式促进其语言的发展。

(三)在活动中发挥儿童的主体地位和教师的主导作用

教师的主导作用主要体现在:(1)通过提供良好的语言教育环境(如:语言材料、操作材料、适当的语言环境和氛围等)来体现教师有关教学目标的构想,安排和组织儿童与一定的语言材料及相关的信息材料相互作用。(2)教师通过提示或暗示、提问、讲述、示范等方法,指导儿童感知和探索环境,帮助儿童获取相关的语言信息,找到获得知识的途径,从而完成学习任务。在儿童与环境相互作用的关系中,教师往往是一种中介力量。

(a) 故事角色图片

(b) 识字卡片

图 1-6 语言材料

儿童的主体地位体现在:(1)在设计和组织儿童语言教育活动时,要充分考虑内容和形式,要使其适应学前儿童的发展水平和需要。(2)儿童在活动过程中要始终有积极的动机、浓厚的兴趣和主动的参与精神,而不是被动的、消极的受教育者。(3)活动要为每个参与者(儿童)提供适应他们发展特点和需要的环境条件。当某些儿童因个体发展差异而出现不适应情况时,教师可以通过适当调整使之重新愉快、积极地投入学习。

完整语言教育观、整合教育观和活动教育观,是对学前儿童语言教育活动的目标、内容和组织形式及方法进行的新思考,这三种基本观念是儿童语言教育与研究的指导思想。一方面,作为幼儿园教师要树立新的语言教育观;另一方面,观念改变之后还需要有相应的教育模式和教育实际操作措施的改变。如果只停留在认识上的改变,缺乏实际工作中的改革,那么,观念的更新只是空谈。因此,教师在语言教育中,应以基本观念为指导来确定语言教育目标,选择儿童的语言学习内容,并设计语言活动的过程,开展具体的活动,使语言教育能切实有效地促进儿童语言发展。

第三节 学前儿童语言学习的特点及影响因素

一、学前儿童语言学习的特点

所谓学前儿童语言学习,就是指个体通过有目的的学习活动而掌握某种语言的过程。换言之,也是个体掌握语言符号的过程。这一过程有以下四个特点:

(一) 语言学习是儿童语言主动建构的过程

儿童学习各种语言符号及其结构组织方式的过程不是完全被动的。成人也不可能期望那种"一教就会"的效果。一方面,儿童对于成人提供给他们的语言范型进行着种种选择,只有那些他们能理解、能模仿的语言范型,才会被他们所注意,并有意识地被他们所练习;另一方面,儿童在直接模仿成人语言的同时,总是在根据自己的需要进行着创造性、变通式的模仿,将听到的句子稍加变动,变成自创的语言进行表达。此外,儿童往往还通过自己的一言一行,影响着周围人的言行。也就是说,成人向儿童提供什么样的语言,在一定程度上受儿童自身特点的影响。

在语言交往环境中,当儿童有交往的需要时,他们才会主动地搜寻记忆里的词汇和句子,尝试着进行表述。而且,只有当儿童因词汇贫乏或语法错误导致交谈对方产生理解障碍时,他们才会感觉到学习新词的紧迫性,才会有意识地利用这种交际环境及机会向别人学习,主动模仿新词新句。毕竟,语言是人们交往的一种工具。儿童只有在大量的语言交往实践中,才能逐渐掌握语言这个交往工具。

(二) 语言学习是儿童语言个性化的过程

通过儿童模仿语言过程中表现出来的选择性和变通性,我们可以看出儿童学习语言是一个个性化的过程。每个儿童都在依据已有的经验和已积累的语言与周围人交往,并从他人的语言中学习新的语言成分。即便为儿童提供完全相同的语言范型,来自不同家庭的儿童的模仿结果也大相径庭,有的同语重复,有的缩减词语和句子,有的扩展词语和句子。在日常生活中,我们几乎很少见到两个说话完全相同的人,即使在同一情境、同一话题中也是如此。从每个人的语言表达情况看,个体的语言表达常常表现出跨情境的一致性,即经常表现出特定的语言习惯,包括口头禅、习惯性的音调等。

从语言所反映的事物来看,人们喜欢谈论的主题与内容往往因人而异。儿童比较喜欢谈论他们感兴趣的事物,这使儿童对语言表达的兴趣充满了个性色彩。有的儿童喜欢各式各样的车,就喜欢学习各种车的名称和专用术语,于是在这些儿童所掌握的语言中,有大量反映"车"的词语和句子,数量甚至远远超过某些成人所能表达的。

不论是语言表达的内容,还是语言表达的方式,儿童都表现出较为明显的个体差异。此外,儿童喜欢学习哪些词汇和句子,喜欢模仿哪种表达方式,喜欢交谈哪些话题以及对何种体裁的文学作品有兴趣等,都有明显的差异。

总之,学前儿童语言学习的过程是个性化的过程。不同的儿童在语言学习的速度、效果,运用语言进行交际的积极性等方面都表现出不同的特点。因此,学前儿童的语言教育,必须在顾及同龄儿童群体需要的同时,照顾个别儿童独特的发展特征。

(三)语言学习是儿童语言综合化的过程

这是由语言本身的特点所决定的。语言是一种符号,总要反映一定的事物。儿童学习语言时,必然要弄懂语言的含义,也就是要理解语词所代表的一类事物,理解它反映事物的哪些方面的特征,表达怎样的思想感情等。因此,儿童学习语言的过程往往和他们认识事物的过程相联系。例如,只有当儿童对西红柿各方面的特征都有所认识,并知道它属于蔬菜时,才有可能真正理解"西红柿"这个词的含义。

儿童通过日常交往和各种教育活动获得大量语言,这些语言内容涉及儿童生活的各个方面,从儿童自己的身体特征到心理感受,从儿童家庭到幼儿园再到周围社区,从各种自然物或自然现象到人际交往和社会常识等,可以说语言领域的学习与其他领域的学习是紧密联系在一起的。

示 例

当教师在进行科学教育时,学前儿童往往是在教师的语言指导下进行各种科学探索活动的。他们在科学探索过程中不断与同伴、教师就有关的科学知识和科学方法展开讨论。当他们发现某种科学知识或取得某种探索结果之后,他们会用完整连贯的语言把自己的发现表达出来,和同伴互相交流……在此过程中,儿童既获得了有关的科学概念、科学术语,又获得了运用语言的机会,从而提高了语言表达的能力。可以说,这

图1-7 科学活动中的语言学习机会

种科学探索活动,为儿童提供了很好的语言学习机会,使他们获得了丰富的语言经验。

(四)语言学习是儿童语言循序渐进、逐步积累的过程

儿童学习并掌握语音、词汇、句子,都需要一个过程,即从无到有、从不理解到部分理解再到完全理解,积少成多,逐步形成和完善的过程。儿童对语音的掌握、词义的理解、语法的运用还很不成熟,常常出现理解、表达错误的情况,这是儿童语言发展过程的年龄特点。

教师和家长在与儿童交谈时要照顾到儿童的年龄特征。通常家长对孩子说话的方式和对其他成人说话方式就不一样,多用短句,多作描述,语速比较慢,语音比较清晰。当他们听不懂孩子的话时,反应往往不像对成人的反馈那样直接,他们常常会很亲切地鼓励孩子,并做一些补充或解释。如果教师也能像家长对待自己的孩子一样对待儿童,那将有助于激励儿童说话的积极性,促进其语言发展。

在教师向儿童呈现一个新词或向儿童介绍一篇文学作品之后,往往需要反复多次才能让儿童真正理解与领会。教师不能期望立竿见影,今天教给儿童一个新词或一个故事,明天儿童就会用这个词、会讲这个故事。儿童语言的学习在很大程度上要靠日积月累的努力。教师要多给儿童提供语言范例,多向儿童介绍各种各样的文学作品,丰富儿童的语言经验。这对儿童语言的发展,既有现实意义又有长远意义。当然,如果教师能充分了解儿童当前的语言发展状况,并以此为基础,提出略高于儿童现有水平的要求,那么,儿童就可以达到"跳一跳摘到果子"的水平,在语言发展上"更上一层楼"。

二、学前儿童语言学习的影响因素

语言是人类特有的一种高级神经活动形式,是人类交往的工具,也是人表达自己内心世界、思维想法的一种工具,它在人的心理活动中起着重要作用。儿童语言学习不仅受制于儿童先天的语言学习能力,后天的生理因素、心理因素和环境因素也会对儿童语言的发展产生各种各样的影响。重视并认真研究不同因素对儿童语言发展的影响,并在此基础上采取一些行之有效的措施,将会对儿童语言的发展产生良好的促进作用。

(一)生理因素

1. 发音系统的发育

发音器官的完善与成熟,是儿童语言发生发展的重要生理前提。人的发音器官主要分为三大部分:呼吸器官,喉头和声带,口腔、鼻腔和咽腔。

(1)呼吸器官。它包括从口腔、鼻腔,通过咽喉和气管到达肺脏的一连串管道,主要

部分是肺、支气管和气管。人类是靠呼吸时所产生的气流来发音的,肺是呼出、吸入气流的"总机关"。语音一般是在气流呼出时发生的。

(2)喉头和声带。喉头是由四块软骨组成的一个圆筒形的筋肉小室,小室的中央是声带。声带是主要发声体,它是由两片附着在喉头上的黏膜构成的,两片声带之间有狭缝,叫声门。构成喉头的几块软骨,由于肌肉的运动,可以互相移动,从而调节声带,使它变成开闭或松紧的状态。人在说话时,声带与喉头要协调活动。儿童的喉头和声带正处在不断成熟、发展的状态中。此外,儿童的声带比成人的短,所以声音比成人的高。

(3)口腔、鼻腔和咽腔。人的口腔、鼻腔和咽腔是影响音色的三个共鸣器。鼻腔是固定的,口腔中的舌、小舌、软腭等部位可以自由活动,使共鸣器的容积和形状发生变化,使声音产生各种不同的高度、强度和不同的音色。在语音中,口腔共鸣的音占大多数,鼻腔共鸣的音则较少。口腔、鼻腔和咽腔不仅是人类发音的共鸣器,也是不同声音的制造厂。

声音的高低由声带的长短和松紧程度决定,语音的强度受到空气压力的制约,声音节奏的快慢和清晰程度受到口腔中舌、小舌、软腭等部位活动程度的制约。当儿童的发音器官发育不健全时,会影响其发音质量。

2. 大脑神经中枢的成熟

儿童出生时脑的平均重量为 390 克,3 岁时为 1101 克,7 岁时可达 1280 克,接近成人脑的重量(1400 克)。1 岁半以后,大脑细胞的增长基本结束。大脑的生长表现为脑细胞体积的增加,神经纤维迅速髓鞘化,使神经传导的数量增多,速度加快,内在联系复杂化。这是儿童对词的全面理解、对词语进行加工形成概念的物质基础。因为词概念的形成依赖于大脑能吸收和整合词所代表的事物或现象的全

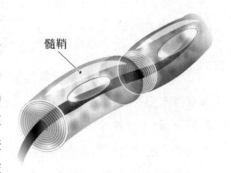

图 1-8 神经纤维髓鞘化

部信息,只有神经网络才能将这些信息相互沟通,进行同时性的加工,对词作出全面的理解。如果大脑发育迟缓或不正常,必然影响儿童语言的发展。

3. 感知觉系统的完善

人的听觉器官主要包括:外耳、中耳和内耳。儿童耳的构造与成人有许多不同之处,如外耳道比较狭窄,鼓膜较厚。5 岁时,儿童的外耳道壁还未完全骨化和愈合,这一过程要到 10 岁左右才能完成。学前儿童咽鼓管较成人粗,近水平位。当鼻咽腔受到感染时,容易引起中耳炎,鼓室内的脓液也容易流到鼻咽腔中。内耳的耳蜗是听觉的重要部分。学前儿童基膜纤维的感受能力较成人强,所以他们的听觉较成人敏锐。学前儿童听觉器官发育的完善,是其语言获得良好发展的重要条件。

此外,感觉器官还包括眼(视觉)、皮肤(触觉)、口(味觉)、鼻(嗅觉)等,它们对语言的学习也会产生重要影响。这些感觉器官把环境中的信息反映给大脑,大脑对信息进行记录、储存、分析,再运用到口语以及书面语上。

生理因素是儿童语言发展的物质基础,这一基础使儿童的语言发展有了可能性。这些与生俱来的生理因素,需要家长和教师的精心保护,以保证其发育的完善和健康。

(二)心理因素

1. 认知能力

听、说、读、写等语言能力都建立在对语言内容理解的基础上。也就是说,语言能力和认知能力有密切关系,语言能力受认知能力制约但又有自己特殊的认知作用。儿童通过感觉器官能够分辨物体的外形,能够理解空间概念,能够听辨各种不同的声音,能够感知不同物体的性质,能够品尝不同味道,能够嗅出不同气味,能够发现不同的动作。如果儿童通过感觉器官对环境中事物的属性有了基本的概念,当他掌握到相应的词汇时,便可以用语言进行交流了。

另外,要获得语言能力,学会使用语言,就必须对语言所表达的客观世界和社会生活有一定的了解,必须掌握一定的文化因素。然而,要掌握这些因素,就必然需要一定的认知能力。

2. 个性品质

个性品质的差异也会影响儿童的语言学习和语言发展。一般来说,性格外向、自信、喜欢与人交往的儿童对周围人的言行比较注意,常常会自觉或不自觉地对他人加以观察和模仿,敢于在各种场合表现自己,因此他们能争取到更多的语言学习和表现的机会,语言发展的速度也可能较快;而性格内向的儿童往往缺乏自信、胆小怕羞,因而也就失去了许多语言学习和表现的机会,相对缺少成功和失败的体验,缺乏吸收语言信息的主动性和有效性。

(a)性格外向儿童愿意表达　　　　(b)性格内向儿童不愿意表达

图1-9　不同性格的儿童的语言表达情况

（三）社会因素

1. 社会生活环境的影响

环境能决定语言潜力开发到何种程度。如果一个环境充满了语言信息，这种语言环境就能刺激儿童在早期便开始学习语言，并在儿童成长的整个过程中不断提高其语言发展的水平。

（1）家庭环境。许多研究表明，不同形态的家庭环境和儿童语言发展的水平相关。这些研究关注家庭环境参数和儿童语言发展的相关性。家庭环境参数包括：① 家庭生活质量，例如活动的多样性、社会性沟通和互动、在儿童活动中成人的介入程度等。② 家庭的素材条件，例如家庭的书本和玩具的数量及其多样性、儿童参加文化活动的次数等。研究结果指出，多样化的家庭环境，包括游戏、日常活动、同儿童一起读书和看电视节目等，对发展儿童的听力技能，促进他们使用语言转换、叙事、解释、联结口语和书面语等有直接的关系。

图 1-10　良好的家庭阅读环境

除此之外，近年来的研究成果表明，家庭中父母的受教育程度、教养方式、沟通策略、与儿童交谈过程中的情绪状态以及家庭的经济状况，都会对儿童的语言发展造成影响。同时，大量的研究表明，家庭中父母的语言输入特点直接影响着儿童的语言发展。

（2）社区环境。社区是城市建设发展的产物。在这个相对较广阔的环境里，儿童可以感受到更多的人文环境所带来的信息，与更多的人进行语言交流，形成最初的个体与群

图 1-11　社区图书捐赠活动

体的概念。与人们广泛的接触促进了儿童亲社会行为的发展。所谓亲社会行为,通常指对他人有益或对社会有积极影响的行为,包括分享、合作、助人、安慰、捐赠等。在这个较大的社会群体中,儿童开始逐渐感受到集体的力量,出现了较为丰富的情绪情感,形成了最初的道德判断标准。这一系列的变化都成为儿童语言发展的强大基础。

(3)幼儿园环境。儿童在3岁左右就可以进幼儿园继续接受正规的学前教育。幼儿园中有教师,有成套的教学计划,有很多同年龄的儿童做伴,一起学习、生活、游戏。它给儿童提供了一个全新的语言学习场所,并且在这一场所中可以得到教师耐心、细致的指导和充满鼓励的微笑。在幼儿园里,教师为儿童提供真实而丰富的语用情境,创设可以帮助他们运用多种语言交流方式的交往情境。在专门的语言教育活动中,儿童可以学习如何在不同的语用情境里,运用相应的语言交流方式来与人交往。

图1-12 幼儿园环境

在谈话活动中,儿童学习如何倾听他人的语言,并采用合适的内容和语言形式与他人交谈。在讲述活动中,儿童学习怎样在集体面前比较清楚地叙述个人的看法。在文学活动中,儿童侧重理解和使用叙事性的语言表达方式。在语言游戏中,儿童学习怎样使用正确的语言。在早期阅读活动中,儿童开始接触书面语言。

在这里,儿童正式开始了规范、系统、科学的语言训练,为他们进入小学学习书面语言打下了基础。

2. 成人观念的影响

(1) 成人要随时随地指导儿童的语言。在日常生活中,成人与儿童、儿童与儿童的自由交谈,是儿童学习语言的最佳机会,儿童不仅可以从成人和同伴那里学习用词、造句和表达的技能,而且在自己表达有困难时,可以得到及时的帮助。在幼儿园的环境中,自由交谈有利于教师了解儿童的语言发展水平,可有针对性地进行个别指导。特别是对那些在集体活动中沉默寡言的儿童,教师更要帮助他们。

儿童学习语言的重要方法是模仿,从发音、用词到掌握语法规则无不如此。因此,成人的语言质量在一定程度上决定着儿童语言的发展水平。

成人的语言范例表现在:发音正确,坚持讲普通话;用词、用句、态度礼仪恰当,肢体动作和谐,积极倾听,表达清楚明确,富于表现力;讲话的语调要使儿童感到亲切;讲话的速度快慢和声音大小,以儿童能听清为准。从内容到形式,成人的语言榜样,对儿童的语言能力发展有相当大的影响。

成人的语言在表达方法上,要符合儿童的接受水平,应以儿童能理解,或经解释能够理解为原则,但不能错误地认为这就是讲"小儿语"。有的小班儿童把汽车叫"笛笛",把糖叫"甜甜",成人也随着叫就不合适了。成人的责任应是不断地扩充儿童的词汇量,告诉他们事物的正确名称,培养他们能逐步听懂成人语言的能力。

为了以正确的语言影响儿童,成人对自己的语言应十分注意,应多看些文学作品,多听广播中的朗诵、讲述。更重要的是自己多练,特别是方音较重或有语病的成人更要如此,以不断提高个人的语言修养。

(2) 成人要注重丰富儿童的生活内容。丰富的生活内容有利于儿童交际能力的发展,原因在于语言不是空洞的声音,它总是反映一定的思想或生活内容,人只有具有活跃的思想、丰富的情感时,才有表达的需求。而思想和情感不是凭空而来的,它们是对客观世界的反映。

学前儿童的生活范围狭窄,知识经验贫乏,这是他们语言发展的不利条件。要解决这个问题就必须创造条件,使他们多接触社会生活,丰富他们的生活内容。

生活内容的丰富并不单纯指新内容的增加,也包括变换方式去复习、巩固旧的内容,以帮助儿童形成深刻的印象。这样,语言表达才能有基础,语言质量的提高才有了前提。

示 例

丰富儿童生活的方法是多种多样的,除了每天的日常生活内容应有所变化外,还可以带他们外出参观,回来后一起回忆、讨论参观的内容;组织好节日活动;听广播、看电视(或多媒体);看图书、表演故事或木偶戏等。总之,要尽可能增加儿童直接与间接接触自然和社会生活的机会。

(3)多为儿童提供自由交谈的机会和条件。《纲要》中的语言领域指导要点提出:"幼儿的语言学习具有个别化的特点,教师与幼儿的个别交流、幼儿之间的自由交谈等,对幼儿语言发展具有特殊意义。"因此,在幼儿园日常生活中,教师应把"不许说话""闭嘴、安静"等语句限制在最小的范围,如在睡觉、吃东西时等。其他时间不应过多地限制儿童自由交谈,而应创设条件启发他们产生自发的交际愿望,使其多听、多说、多实践,以丰富他们在不同情境中的交往经验。因为经验是使儿童语言发展的重要条件,为了使儿童的语言水平达到预定的教育目标,就需要有目的地为他们提供一定的条件和情境,使他们在这些条件和情境的交互作用中,获得丰富的语言经验,形成理解语言和表述语言的能力。

思考与练习

1. 何谓"先天决定论"?何谓"后天环境论"?何谓"相互作用论"?
2. 简述儿童语言教育的基本观念。
3. 影响学前儿童语言学习的因素有哪些?
4. 简述学前儿童语言学习的特点。

第二章
学前儿童语言的获得与发展

学习目标

（1）了解0~3岁儿童语言发展的特点，掌握该阶段儿童语言教育的方法。
（2）了解3~6岁儿童语言发展的特点，掌握该阶段儿童语言教育的方法。

思维导图

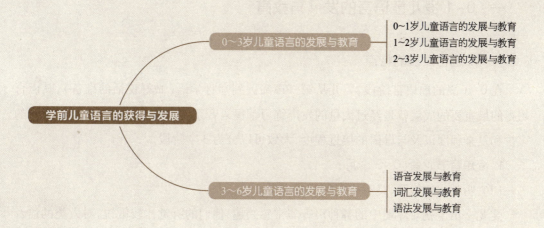

案例导入

超超是个3岁半的小男孩，健康活泼。但妈妈发现超超说话时发音不准确，如把"高"说成"刀"，把"干"说成"蛋"，把"哥哥"说成"得得"，把"王子"说成"王只"。妈妈很着急，整天帮他纠正，但就是纠正不过来。

想一想

（1）有人说学前儿童发音不准确是正常现象，不用管他，等孩子长大了，自然就好了。你认为呢？
（2）如果你是老师，你会怎么做？

第一节　0~3岁儿童语言的发展与教育

3岁前是儿童语言能力发展最快、最关键的时期。儿童语言的发展是一个连续的、有顺序的、有规律的过程,也是一个不断地由量变到质变的过程。根据语言系统的发展和语言运用能力的发展相结合的标准,3岁前儿童语言的发展可以划分为3个阶段:0~1岁是婴儿言语发生的准备阶段,又称为前语言阶段;1~2岁是婴儿开始进入正式的学说话阶段,又称为语言发生阶段,在这个阶段,婴儿说出了第一批具有概括性的、有真正意义的词语;2~3岁是儿童基本掌握口语阶段,这一阶段将持续到入学前。

一、0~1岁儿童语言的发展与教育

(一)语言发展的特点

在0~1岁的前语言阶段,婴儿从第一声啼哭到咿呀学语(做好说话的准备),其语言习得的最重要的成就就是经过大量的发声练习掌握语音系统。这个过程根据婴儿发音的多少和复杂程度以及与母语的接近程度,大致可以分为3个阶段。

1. 简单音节阶段(0~3个月)

(1)听觉比较敏锐,具有一定的辨音水平。

婴儿一出生就对环境中的各种声音非常感兴趣,他们的听觉比较敏锐,对人类的语音比较敏感。研究表明,婴儿首先学会的是区别语音和其他声音。出生不到10天的婴儿就能区分人的语音和其他声音,并对它们作出不同的反应。出生12天的婴儿能以目光凝视或转移、停止吸吮或继续吸吮、停止蹬腿或继续蹬腿等身体行为,对说话声音和敲击物体声音的刺激作出不同反应。这种反应是婴儿人生语言感知的第一步,是将语音从其他各种声音中区分出来的一种基本能力。之后,婴儿获得辨别不同话语声音的感知能力。出生24天之后的婴儿能够区分男人和女人的声音、抚养者(如父母)和不熟悉的人的声音,并对它们作出明显不同的反应。

(2)与成人面对面"交谈"时,能对成人的声音作出反应。

1周至1个月大的婴儿,已经能够用不同的哭声表达他们不同的需要,以此吸引成人的注意。婴儿通过调节哭声的音长、音高和音量,用不同的哭声来表达他们不舒服、不高兴或需要人帮助等感受和要求。3个月左右,当婴儿在生理需要达到满足之后,成人与他面对面"交谈"时,他会用目光、微笑或身体的动作反应回报成人的逗弄和语言刺激。另

外,这一阶段的婴儿对声音的反应出现目标性,当听到声音时,会转头寻找声源。

(3) 能发出一些简单的音节,多为单音节。

两个月的婴儿已经出现了喁喁作声的情况。在睡醒之后,或吃饱、穿暖躺着时,会发出愉快的自言自语的声音。这一阶段,婴儿所发出的音基本上是韵母,特别是 a、ai、e、ei、ou 等音,声母还很少出现,主要

图 2-1 婴儿与成人"交谈"

是"h"音,有时是"m"音。两三个月以后的婴儿的单音节发音已能与情境发生关系,他们会用连续的"a"和"ai"来招呼别人,吸引别人的注意。这说明这些音节已具有信号作用,但是这些音节还远远不是词的信号,而是将来词的信号出现的前奏。

2. 连续音节阶段(4~8 个月)

(1) 经常发出连续的音节。

这一阶段婴儿明显变得活跃起来,当他吃饱、睡醒、感到舒适时,常常会自动发音。大约从 4 个月起,婴儿的发音增加了很多重复的、连续的音节,如 a—bu、ei—en、a—ba—ba、da—da—da 等。6 个月之后,婴儿开始有近似词的发音,如 ma—ma、ba—ba、ge—ge、na—na 等,但这些音节还不具有符号意义,只是婴儿为了取乐而玩的发音游戏。虽然如此,成人也要有意识地将这些音节与具体人物相联系。

成人可以经常帮助婴儿用手指着爸爸或妈妈,发 ba—ba、ma—ma 的音,如此反复地强化联系,一方面可以让婴儿练习发音,另一方面也能让婴儿的大脑中形成相对应的人物关系反射。

(2) 变调能力明显增强。

这个时期的婴儿对区别语义的字词声调并不敏感,但对父母或其他成人说话时表现情感态度的语调十分注意。4 个月的婴儿能辨别愉快和冷淡的语调,并能用微笑和喁喁作声作出反应。6 个月之后,婴儿能够感知愉快、冷淡和愤怒三种不同的语调,而且婴儿也能以微笑和平淡的态度对前两种语调作出反应,对愤怒的语调,婴儿会紧张害怕,号啕大哭,甚至也会同样作出恼怒的反应。

(3) 理解具有情境性。

这一阶段的婴儿,已经能懂得简单的词、手势和命令,能听懂成人日常生活中的很多语言,能听懂自己的名字,能辨别家里人不同的称谓,会指认一些日常用品。

> **示 例**
>
> 婴儿因为饥饿等原因而哭闹时,成人说"来了,来了",婴儿的哭声会变小或停止。此时,婴儿的理解具有很大的情境性,他往往并不是真正懂得成人说话的含义,而是根据成人说话时不同的语调、手势和整个情境判断出来的。

(4) 出现学习交际"规则"的雏形。

4个月左右的婴儿,在与成人的交际中似乎在学习基本的交际"规则"。此时,婴儿可以对成人的话语逗弄给予语音应答,仿佛开始进行说话交谈。出现与成人轮流"说"的倾向,成人说一句,婴儿发几个音。当一段"对话"结束后,婴儿会用发一个或几个音来主动引起另一段"对话"。8个月左右时,婴儿开始出现语言交流倾向。

> **示 例**
>
> 婴儿常常会对着镜子里的自己或玩具模仿成人发一些音。当见到自己熟悉或喜欢的人时,他们会一边向前倾斜身体,一边伸出双手,并发出有规律的音节。

在4~10个月期间,婴儿逐渐学会用不同的语调并伴以一定的动作和表情来表达自己的态度。此时婴儿的前语言交际已具有明显的"社会性"成分。

(5) 出现"小儿语"。

这一阶段的婴儿会用语音来吸引别人的注意,他们能发出一种形式复杂而又独特,令成人难以听懂的"小儿语"。他们似乎在通过发音来提出问题、发出命令和表达愿望,但具体意指什么谁也听不懂。当把同龄婴儿放在一起时,就会发现他们用这些"小儿语"交谈得很愉快。其实,这是婴儿语言产生之前的准备性练习。在婴儿独自玩耍的时候,成人还会注意到他在试图把嘴部运动和某种语音联系起来练习发音,甚至用语音来吸引成人的注意。

3. 学话萌芽阶段(9~12个月)

(1) 似词音增加,出现第一个有意义的单词。

这一阶段的婴儿明显增加了不同音节的连续发音,近似词的发音明显增加,如 jiē—jiē、dài—dài、da—di、mei—mei 等。音调也开始明显多样化,4个声调都出现了。同时婴儿开始模仿成人发音了,10个月后,他们已能模仿成人发出较标准的语音,如"爸爸""哥哥"等,这标志着婴儿已处于学说话的萌芽状态。大约12个月时,大部分婴儿能够说出第一批真正有意义的词,标志着婴儿开始进入学习语言的阶段,是婴儿语言发展过程中的一个里程碑。婴儿一般较早掌握的是具体名词,最初掌握的词语,都与某一特定的对象相联系,具有专指的性质。由于遗传、环境等因素的影响,婴儿在开口说话的时间上有很大的个体差异,最早的在 10 个月之前,较晚的要到 1 岁,甚至 1 岁半后。

(2) 开始真正理解成人的语言,语言交际功能开始扩展。

研究表明,成长于正常语言环境中的婴儿,从 9 个月开始就能真正理解成人的语言。婴儿大约在 6 个月时,已有话语理解的萌芽,到 9 个月后,理解能力迅速发展。虽然还不会说话,但婴儿可以用语音、表情和动作等对成人的话语作出反应。

示例

比如问婴儿:"妈妈在哪儿呢?"他就会把头转向妈妈。婴儿理解成人语言的一个重要表现就是能执行成人简单的指令,并建立起动作联系。又如成人说:"跟爸爸再见。"婴儿就会挥挥自己的小手。这一阶段的婴儿已经能用一定的声音来表示一定的意思了,如他们会用手指着一辆汽车,发出"呜呜"的声音,告诉别人这是一辆汽车。

由于这一阶段的婴儿还没有真正掌握词,所以,虽然他们能将一定的语音和实体相联系,但缺少概括性。

(二) 语言教育活动的建议

1. 恰当地诱导婴儿发音

婴儿很早就表现出了对人类语音的高度敏感性。罗斯等人和威斯伯格的研究表明,成人对 3 个月以内的婴儿给予频繁的语言刺激,可以提高婴儿的发音频率。所以,成人应该创设适当的语音感知环境,以丰富婴儿的语言刺激。

示例

语音感知环境的创设方法为:

(1) 用亲切的语言或拍手、摇铃铛等方式引起婴儿对声音的注意。

(2) 每天让婴儿听一段悦耳的音乐、活泼的儿童歌曲、清脆的打击乐、琅琅上口的童谣、优美动听的故事或成人与婴儿的"对话"声等,刺激婴儿的听觉器官,提高听觉的敏感度。

(3) 成人要用亲切的话语逗引婴儿,以发展他们的语言听觉和方位听觉,如"吃饱啦""睡醒啦""让妈妈抱抱"。

在为婴儿提供语言刺激的同时,成人还需要积极支持,用强化、鼓励等方法诱导婴儿发音。如果对婴儿发出的每一个音,成人都报以微笑、爱抚,鼓励婴儿进行发音练习,就会增加婴儿咿呀学语的反应次数,而这些语音将会成为婴儿构建第一批语词的材料。同时,成人应多用婴儿的原始发音与婴儿说话,如"啊""噢呜""嗯咕"等,这些语音最能引起婴儿的共鸣反应,是很好的反复强化的发音练习。当成人面对着婴儿模仿其语音时,婴儿会注意看成人的嘴巴,从而及时对自己的发音进行调控,模仿成人的发音。

2. 创造机会经常和婴儿"对话"

儿童语言发展的规律是：先学会听,再学会说,语言的理解先于语言的产生。这一时期的婴儿虽然还不会模仿成人说话,但是却能够听见和看见成人说话,他们可以通过观察成人丰富的面部表情和不断变化的口形、语气语调,将言语视觉和言语听觉协调起来,加深对语音和语调的感受。如果能为婴儿提供良好的外部语言环境刺激的话,7~8个月的婴儿就能听懂很多成人的话语。因此,经常与婴儿"对话",不仅能促进婴儿语言的发展,而且还能帮助他们学习与人交往。例如,在婴儿情绪好时,家长可以从不同的方向叫他的名字,开始可以让婴儿看到成人,慢慢过渡到只用声音逗引他,使他跟踪声音。

此外,成人还可以结合家庭日常生活,指导婴儿建立语言和自身行动的有机联系。

示例

具体方法为：

(1) 在摆手时对宝宝说"再见",在拍手时说"欢迎"。

(2) 在帮助婴儿穿衣时,可向其讲述穿衣的过程,要求婴儿配合成人的动作,如"伸出手""抬起脚"等。

(3) 在喂奶时,可以边摇奶瓶边说"宝宝饿了,该吃奶了,张张嘴"。

即使他们一时听不懂也没关系,婴儿在多次接触同一动作的基础上便能把动作和词义联系起来。

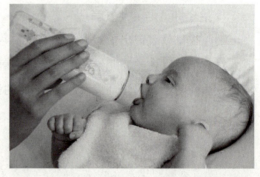

图2-2 婴儿将语言和摇奶瓶的动作联系起来

在帮助婴儿建立自身动作和词语的联系的同时,还需要帮助他们建立外界事物形象和词语之间的联系。

示例

具体方法为：

(1) 成人在对婴儿说某个物体时,或婴儿发出某一语音时,就要指点实物给婴儿看。

(2) 在他们吃饭、玩耍、洗澡等生活情境中,成人应有意识地告诉他们一些常见物品的名称,帮助婴儿将语音和物品建立固定联系,为他们以后理解和说出词语打下基础。比如,告诉婴儿"这是爸爸""这是鞋""这是灯"等。

久而久之,当成人说出人和物的名称时,婴儿就会用手或眼指向相应的人和物。

二、1~2岁儿童语言的发展与教育

(一)语言发展的特点

1. 单词句阶段(1~1.5岁)

在这一阶段,儿童往往用一个单词来表示一句句子的信息,我们称之为"单词句"。比如儿童在叫"妈妈"时,这个词往往代表多种意思:可能是要妈妈抱,也可能是要吃东西,还可能是要一个玩具等。这时候儿童说出的词,并不独立地与词所代表的对象发生联系,而是与包括这个对象在内的一种情境相联系。所以,单词句阶段的词所表达的意思是不准确的,成人常常需要把儿童说话时附加的手势、表情、体态等许多特点作为参考的因素,确定他们说话的意思。单词句阶段儿童的语言发展有如下特点:

(1)语音方面,继续讲"小儿语",会用简化策略发出语音。

这个时期的儿童在说话时还有"小儿语",其"小儿语"中有明显的旋律和抑扬顿挫的音调变化,在某些情况下听上去很像成人说话。这一阶段的儿童在发音上常常表现出一些特殊的发音策略,主要有:

① 省略音。省略音节开头或结尾的辅音,如 niú(牛)说成 yóu(油),xīng xing(星星)说成 xī xi(西西)。

② 替代音。用舌尖音替代舌根音,如 gē ge(哥哥)说成 dē de(得得),用塞音代替塞擦音,如 chá(茶)说成 tā(他)。

③ 重叠音。即单音重复,这是儿童早期语言发展中的一种普遍存在的最重要的现象。2岁是重叠音使用的高峰期,不仅数量多,而且范围也较广,名词、动词、形容词、量词等多种词类均有重叠的单音节。一般来讲,名词的叠音现象最多,延续时间也最长,如"狗狗""帽帽""花花"等。

(2)词汇方面,"以音代物",词性不确定。

以音代物是1岁半前的儿童说话的一个明显特点,即对于能发出声音的物体,他们会先抓住其声音特征,用这一声音代替物体的名称。例如,称汽车为"嘀嘀"或"嘟嘟",称猫为"喵喵",称狗为"汪汪",等等。虽然儿童可以用声音来代替某一物体,但该声音在不同的情境下往往作为不同的词性出现,还包含了更多的意义。如"汪汪"可以当作名词称呼"狗",或者表示"狗的叫声",还可以当作动词表示"狗正在叫"。

(3)词义方面,出现词义泛化和词义窄化现象。

这个阶段儿童对词的理解和使用,与成人有很大的差异,表现为词义的过度泛化和窄化。词义泛化又称为词义扩充,是指儿童最初使用一个词来指代更广泛范围内的物体、动作或事件的现象,即一词多义,这是由于儿童对词的语义特征掌握过少造成的。比如,儿童常用"毛毛"代表所有带皮毛的动物或用毛皮做的东西。词义窄化是指儿童用一般化的单词指代较小范围内的物体、动作或事件的现象,儿童早期在理解和使用词义时有缩小、窄化的特点,具有专指性。有些窄化是由于儿童语言能力的限制所导致的,而有些窄化则是儿童的主动选择所导致的。比如"妈妈",只指自己的妈妈;"车车"就是自己的婴儿车,而不是所有的交通和运输工具。

(4)语法方面,能理解很多的词语和句子。

这一阶段,儿童所能理解的名词和动词很多。名词主要是儿童生活中所熟悉的物品的名字、人物的称谓和动物的名称等。动词主要是表示身体动作的,其次是表示事件和活动的能愿动词和判断动词。这一阶段,儿童所能理解的句子有:

① 呼应句。它是指儿童呼唤他人(呼唤句)或是对他人呼唤的应答(应答句)。这一句型发生较早,一般发生在本阶段的初期,是使用频率较高的功能句。

② 述事句。它是指儿童对自己发现的事情的述说。比如,妈妈问:"宝宝的球呢?"孩子(四处张望一下)说:"没。"表示他没看见球,不知道球在哪儿。这种情况大约发生在儿童出生后 15 个月左右。

③ 述意句。它是指儿童述说自己意愿的句子。儿童所表述的意愿大多是表示否定的。比如,成人让孩子别玩了赶快睡觉,他会用"不"来表示不愿意。这种情况多发生在本阶段后期。

这个阶段的儿童对成人命令式的语言能理解并执行,对成人具有方向性的命令式语言,不用凭借动作或面部表情就可以完全理解。

2. 双词句阶段(1.5~2 岁)

这个时期是儿童语言发展的一个跃进阶段,儿童说话的积极性高涨,理解能力不断增强,因而这个时期被称为"积极的语言活动发展期"。儿童喜欢说话,常常问这问那,主动要求学习语言。这个阶段儿童语言发展的特点主要表现在以下几个方面:

(1)词汇量大增,出现"词语爆炸"现象。

这一阶段,儿童掌握新词的速度突飞猛进,词汇量急剧增多。比如,18 个月的儿童经常挂在嘴边的单词有 20 个左右,到 21 个月就能说出 100 个左右的单词,到 2 岁时大概能说出 300 多个单词。其中,近 70%的词仍然是名词,其他各类如动词、形容词、数词、代词、副词、感叹词等,虽占比例尚小,但都开始出现在儿童的话语当中。词汇量的迅速增长,使儿童具备了进一步发展口语的能力。

(2)双词句为主,且增长速度较快。

双词句是指由两个单词组成的句子,又被称为"电报句"。两个词的间断联系可能是

"主语……谓语""谓语……主语",也可能是"谓语……宾语""宾语……谓语"。例如"妈妈抱抱""玩球球""苹果削"。双词句的出现表明儿童已经开始进入掌握最基本的语法结构的时期,这时儿童主要用名词、动词、形容词等实词构成双词句,很少使用连词、介词等虚词。在这个阶段,儿童对句法的掌握迅速发展,大约20个月开始,儿童开始出现双词句,本阶段后期又出现了复合句。所以,1岁半至2岁儿童的语言正处于多种句式并存的阶段,但以双词句为主(占一半以上)。大约从20个月起,儿童双词句的发展是成倍增长的,比如,21个月时儿童的双词句是50个,22个月时是100个左右,23个月时是250~300个左右,到2岁时则可猛增到近1000个。

(3) 喜欢提问,语言上出现"反抗行为"。

这一阶段后期,儿童开始进入人生的第一个反抗期。心理和行为上的独立要求,在儿童语言上表现为自主性和反抗性。他们开始不断向成人提问,要求成人告知他各种事物的名称、特征、用途、构造等有关信息,这实际上也是儿童学习语言的一个途径。他开始使用疑问句来提问,使用否定句来表示反抗,如儿童经常把"不"挂在嘴边以示拒绝,这是儿童否定句发展的第一个阶段。

(二) 语言教育活动的建议

1. 丰富儿童的生活,在生活中学习词句

1~2岁儿童的思维是具体、直观和形象的。这一阶段的儿童主要是通过直接感知和动作来认识周围世界和学习词汇的。因此,成人在日常生活中要多为他们提供活动的、形象的、有声音的物品和设备,如:图书、图片、彩色挂图、玩具、音乐磁带、小乐器以及运动器具等。当儿童通过视、听、触摸等多种感官感知或通过动作摆弄这些物品时,就获得了相关知识。成人还应该经常带儿童出去看一看、听一听,多认识一些新鲜事物。新鲜事物留下的深刻印象可以促使儿童情不自禁地讲述自己的见闻,这样自然增加了他们运用语言的机会。新鲜的事物还可以激发儿童的好奇心,使其提出各种各样的问题,从成人的回答中,他们又学到了许多新词句,从而进一步丰富了自己的语言。

2. 多与儿童交谈,提供良好的言语榜样和言语示范

研究表明,儿童的语言发展水平与家庭的语言环境密切相关。喜欢而且善于与孩子交谈的父母,其子女的语言能力明显高于那些不善于言谈的父母所带的孩子。儿童所掌握的新词中,大约有2/3是通过父母与孩子在日常生活中的交谈而获得的。所以,成人要利用一切机会与孩子交谈。例如,每当孩子接触新事物、体验新感情时,父母都要教给他相关的词语,使其理解事物形象和这些词语之间的关系及其意义。与儿童交谈时,成人应注意用丰富的面部表情、富有变化的语调、清晰正确的发音、丰富准确的用词、简短规范的句子,为儿童提供良好的言语榜样和言语示范。

3. 耐心倾听,积极鼓励儿童多开口

成人要善于营造宽松、和谐的气氛和儿童多接触、多沟通。与儿童交谈时要给予他们真诚的关注,要耐心倾听他们那些难以听懂或啰唆的话语,适时、巧妙地纠正他们表达不准确的地方,切忌漫不经心或责备嘲笑,这样才能保护儿童积极表达的自信心和成就感。成人可以通过主动提问或创设情境的方式,为儿童提供表达和交流的机会。例如,当孩子用手指着玩具,用祈求的目光看着你时,不要立即就把玩具拿给孩子,而是问他:"你想要什么?"这样就为孩子提供了表达的机会。

4. 开展早期阅读指导,培养儿童的阅读兴趣

在这一阶段,儿童读图画书的兴趣较为浓厚。成人应当和他们共同阅读,同时一边给他们看图画,一边讲解。图画书的内容最好是儿童熟悉的人和事,这对丰富儿童的语言内容、扩大词汇量等能起到帮助作用。在儿童阅读时,成人可提一些浅显的问题,从而加深儿童对内容的理解且让他们有表达的机会,促进其语言表达和思维能力的发展。成人还应创设条件,让儿童学会独立阅读,要求他边看边说图书或图片的内容。根据儿童的阅读进展情况,成人可以适当添加图书,以提高他们阅读的积极性。

图 2-3 儿童独立阅读

随着这一阶段的儿童对图画书兴趣的日益浓厚,他们会渐渐地出现对某一个故事特别喜欢的情况,并要求反复阅读。蒙台梭利说"反复练习是儿童的智力体操。"对于儿童的反复阅读,成人可以采取变换讲述方式、适时提问、及时鼓励等方法,在每次阅读时引导他们关注不同的东西,即使重复,也不是简单重复。

5. 聆听文学作品,观看儿童美术片或动画片

成人可以在每天的固定时间(如:睡前、上午或下午空闲的时间),让儿童聆听一些优

美动听、主题鲜明、短小精炼的故事、儿歌等,这是儿童学习文学语言的绝佳方式。成人还可以选择一些轻松活泼、画面优美且生动有趣的儿童美术片或动画片供他们观看,这样,既可增加儿童语言方面的信息量,又有利于发展他们的观察和想象能力。

6. 开展多种形式的游戏,在游戏中进行词语练习

喜欢游戏是儿童的天性,所以成人可以通过猜猜看、打电话、词语接龙等多种形式的游戏,让儿童在"玩儿"中练习词语的运用。在游戏中,成人要用简单明了的语言,结合儿童所熟悉的事情来启发他们,并耐心地听他们说话,特别要为胆怯和寡言的儿童提供练习说话的机会。

三、2~3 岁儿童语言的发展与教育

(一)语言发展的特点

2 岁以后至入园前,是儿童基本掌握口语的阶段。他们在语音、词汇、语法和口语表达等方面较之前一阶段都有了明显的进步。他们开始学习使用合乎语法规则的完整句来准确地表达思想,也基本能运用语言与人交往,语言成了这一阶段儿童社会交往和思考的一种工具。该阶段被称为"复合句阶段",又可再细分为以下两个阶段:

1. 初步掌握口语阶段(2~2.5 岁)

(1)语言理解能力不断提高,基本上能理解成人所说的句子。

2~3 岁是儿童词汇量迅速增长的时期,也是儿童语言理解能力迅速提高的时期。在这一阶段,儿童能理解的词语达到 900 多个,词义的泛化、窄化和特化现象明显减少,对词义的理解也日益接近成人用词的含义;词的概括性程度进一步提高,对有些词(如:水果、蔬菜等)已能理解为代表一类事物的词,能够主动说出他们熟悉的蔬菜和水果的名称。

这一阶段是儿童初步掌握口语的阶段,儿童基本上能理解成人所说的句子。语言对心理活动和行为的调节作用也日益明显,儿童能够按照成人的语言指示去支配和调节自己的行动,能执行成人一次发出的两个相关的指令。

(2)语音逐渐稳定和规范,发不出的语音逐渐减少。

由于儿童发音器官逐渐成熟,发音方面的困难日渐减少,所以,儿童的语音逐渐稳定和规范,发不出的语音逐渐减少。此时,儿童发唇音已基本没有困难,但有舌头参与的舌尖、舌面前、舌面后等音,还存在不同程度的困难,其中以舌尖音尤为突出,如"zh、ch、sh、r"等,少数儿童发"g、k、h"等舌面后音也有困难。

(3)能运用多种简单句型,复合句也初步发展。

这一阶段,儿童开始运用简单句表达自己的意思,且结构日趋完整、复杂,有时会出现

一些复合句。简单句约占90%左右,复合句占10%左右。简单句的结构主要包括"主谓"和"主谓补"两种类型。复合句大多是不完全复合句,是省略连词的简单句的组合。句子的含词量也不断增加,大部分句子都有3~6个词语,由各种词类的词构成。这个阶段的儿童在使用句子方面虽然有了明显的进步,但表达水平仍然不高,尚处在情境语言阶段,说话时多用不连贯的短句,辅以手势、动作和面部表情,对于不熟悉情况的人来说,他们的语句往往是难以理解的。

(4)疑问句出现并快速发展。

2~3岁左右是儿童疑问句出现并快速发展的时期,他们总是喜欢不停地问为什么,对一切事物抱着好奇的态度,但是这一阶段的儿童只会问为什么,却不会回答为什么。所以,成人需要耐心地回答儿童提出的问题。因为疑问句的出现可以逐渐提高儿童理解话语、搜索和重组知识经验、表达思想感情等诸多方面的能力。

(5)语言常使用接尾策略。

接尾策略是儿童语言使用中常用的一种策略,指儿童在回答问题时,不管实际情况如何,只选用问句末尾的一些词语作答。这一现象主要发生在儿童1.5~2.5岁,3岁左右消失。

比如,成人问:"爸爸回来了没有?"(爸爸已回来)孩子回答"没有"。妈妈问:"快快吃完,妈妈给你讲故事,好不好?"(孩子张大嘴,做出想要吃饭的样子)可回答却是"不好"。这些答话与情境的不合以及前后回答的矛盾,就是儿童的接尾策略在起作用。

2. 目标口语初步发展阶段(2.5~3岁)

(1)词汇量迅速增加,对新词感兴趣。

这一时期儿童的语言发展特别迅速,词汇量急剧增加,几乎每天都在掌握新词。到3岁时,儿童掌握的词汇量可达1000个左右,是2岁时的三倍多。词类的比例也在变化,名词和动词的比例减少,较抽象的形容词、副词和代词的比例增加,但名词和动词仍然占多数。

这一阶段,由于好奇心和求知欲的发展,儿童对新词句表现出较大的兴趣,变得好问,经常提出"这是什么?""为什么?"之类的问题,然后再从成人的答案中继续学习新词。

(2)常表现出系统整合的语言内化能力。

所谓系统整合,就是当一种新的语言现象出现后,儿童总是把它纳入原有的语言框架之中,力图用原有的规则去解释它、同化它,用已知去把握未知,这是儿童认知惯性的表现。

示例

一天,老师在向小朋友介绍布娃娃,然后发生了以下对话。

老师:"布娃娃有两只眼睛,两只耳朵……"(老师还未说完)

小朋友接上去说:"两只鼻子,两只嘴巴。"

显然儿童的回答是凭自己原有的经验进行归纳的。

这种认知惯性有时是成功的,有时是失败的,失败的原因是原有的规则不能同化新的语言现象,出现了特例,即"一个鼻子,一张嘴巴",它打破了原有的平衡,使系统失去同化能力,这些特例就是成人要重点解释的地方。成人应从特例中概括出新的规则并进行整合,以帮助儿童达到新的平衡,构建出一个新的系统。

(3)能说出完整的句子,开始使用多词句和复合句。

此阶段的儿童词汇逐步丰富,能说出完整的句子,出现了多词句和复合句。在口语表达方面,他们开始能用完整的句子与人交谈,表达自己的要求和愿望,每一句的含词量已达到5~6个。他们所使用的句子中,陈述句占绝大多数,经常出现的复合句已占总句数的1/3以上,其中,联合复句达60%~90%,占绝对优势,偏正复句约占10%~30%。

(4)说话不流畅,表达常有"破句现象"。

这一阶段的儿童虽然掌握了很多新词,但是要把这些新词组织成有条理的句子说出来,还是有一定难度的,所以,他们经常会出现说话不流畅、结结巴巴的情况。儿童有时在说一句话时,会出现严重的"破句现象",那是因为他们在不该换气的地方换气而显得气喘吁吁,似乎有口吃症状。之所以会出现这种情况是由于这个阶段的儿童思维迅速发展,组织语言的能力赶不上思维的速度,想用语言表达自己的想法,一下子又找不到恰当的词语,但又着急着想把它说出来,于是说话就显得不连贯,具体表现为犹豫不决或经常重复同一个词语或语句。但对3岁的儿童来说,这些都是正常现象,成人对此千万不能着急,要耐下心来慢慢听他们讲述,如果处理不当,反而会引起儿童语言发展危机,造成语言发展缺陷。

(5)言语功能呈现出越来越丰富、准确的趋势。

这一阶段的儿童已经能掌握语言系统和基本的语法规则,具有了一定的词汇量和语言运用技能,可以初步用词语来解释词语。同时,儿童的语感已经开始形成,能运用语言进行一般的日常语言交际。他们的言语已具有提问、回答、问候、告知、告状、争执、命令、请求等功能,呈现出越来越丰富、准确的趋势。

(二)语言教育活动的建议

1. 提供丰富的语言学习环境,发展儿童的语言

儿童语言获得是在一定的语言学习环境中进行的,而语言交际实际上是在一定的语言环境中进行的听说双方的互动行为。儿童理解语言需要对语言交际环境有一定的认识,也就是说,儿童的语言交际和语言学习对语言环境有一定的依赖性,对于语言环境的依赖程度我们称之为"语境依赖度"。同成人相比,儿童对语境的依赖度明显更高。因

此,这个时期儿童感受语言、学习语言、积累语言经验都离不开良好的语言环境。发展儿童的语言能力要注意丰富他们的生活环境,让他们广泛接触周围的人和事,在和人的交往中发展和丰富语言。成人应经常播放短小精炼的儿歌、童谣录音给儿童听,使他们在一种无意识的状态下,不断接受语言的刺激。

2. 在日常生活中随时随地指导儿童正确使用语言

日常生活是儿童学习语言最基本的也是最重要的环境,在日常生活中丰富词汇、发展口语,有很多得天独厚的条件。首先,日常生活中儿童接触到的词句都是与具体的事物、动作同时出现的,两者总是被儿童同时感知,这样的方式比较容易使儿童建立音与义之间的联系,易于儿童理解和掌握。其次,日常生活中常用的词都是反复出现的,有助于加深儿童的印象和理解。因为对于这一阶段的儿童来说,仅靠听一听、讲一讲是很难掌握和理解词句的,只有反复运用词句,才能真正掌握。因此,成人要抓住一切机会对儿童进行语言培养。例如,穿衣服时教他们正确说出各种衣服的名称,吃饭时教他们说出各种食物以及餐具的名称等。最后,在日常生活中,成人比较容易发现儿童说话中出现的发音不准、用词不当、口吃等问题。在发现问题后,成人要及时通过示范加以纠正,否则,当儿童养成不良的语言习惯后再予以纠正,就很难取得理想的效果。

3. 开展各种各样的游戏,在游戏中学习语言

游戏本身的活动性和广泛性符合儿童的身心特点,是儿童最喜欢的活动,所以成人采用游戏的方式可以比较容易地把他们吸引到学习活动中来。家长或教师可以采用听说游戏活动来培养儿童倾听和表述的能力,可以专门组织练习听力、发音和用词的游戏,如"猜猜看""词语接龙"等。通过游戏可帮助儿童发展辨音能力和听觉注意,巩固和纠正发音,扩大和丰富词汇,培养他们语言交往的机智性和灵活性。

4. 组织多种活动,发展儿童语言

儿童学习语言的过程是主动建构的过程,丰富多样的活动形式有助于儿童根据活动需要来调节自己的语言活动。在这一阶段,成人可以组织开展欣赏文学作品、早期阅读、谈话等多种形式的活动。例如:对儿歌、故事一类的儿童文学作品的感受和复述,可以提高儿童对语言艺术的兴趣和敏感性,促进其记忆、思维和连贯性语言的发展;有意识、有计划地讲述可以促进儿童独白语言的发展;在亲密气氛下开展的亲子阅读,有利于家长根据儿童的具体情况因材施教,强化他们对文字的感受,培养其对书面语言的兴趣;在早教或托幼机构

图 2-4 早期阅读活动

开展的有目的、有计划、有组织的早期集体阅读活动,可以帮助儿童分享集体阅读的快乐,提高儿童参与阅读的积极性,获得最佳的阅读效果。

第二节　3~6岁儿童语言的发展与教育

　　3岁左右的儿童已初步掌握了母语的基本口语。进入幼儿期后,随着大脑皮质机能的不断完善,随着感知、注意、记忆、思维等认知能力的发展,在与成人和同伴的交往过程中,儿童的语言能力也迅速发展起来。3~6岁阶段是学前儿童语言不断丰富完善的时期,他们的语音、词汇、语法及口语表达能力都得到了全面、迅速的发展。

一、语音发展与教育

（一）语音发展的特点

　　随着儿童神经系统的发育完善,发音器官和听觉器官的成熟,学前儿童的发音能力迅速提高,发音机制逐渐稳定,基本能掌握母语的全部语音。3~6岁儿童语音的发展有如下特点：

　　1. 发音水平随着年龄的增长逐步提高

　　3~6岁儿童在不同年龄阶段,语音发展的特点并不相同。3~4岁儿童听觉的分辨能力和发音器官的调节能力都比较弱,对近似音不易辨别,在发音时会出现相互代替的现象。如把"早"说成"捣","干"说成"蛋",把"四个"说成"是个","老师"说成"老西"。4~5岁儿童发音器官的发育基本完善,在正确引导下,经过反复练习,都能正确发音。但也有少数儿童对个别难发的音或某些形似的音感到发音困难,如把"树"说成"富","水"说成"匪"等。5~6岁儿童的发音器官已健全,建立了语言的自我调节机制,能够辨别声音的细微差别,做到发音正确,并能根据语句的内容和情感调节自己的语调,清楚地分出四个声调。但还存在个别儿童发音不清楚的现象,因此语音教育仍不可忽视。

　　2. 儿童在4岁时已基本掌握母语的全部语音

　　在学习语音的过程中,先后存在两种不同的趋势,即扩展和收缩。起初是扩展的趋势,儿童从不会发出清晰的语音到能够发出越来越多的语音,此时是处于语音扩展阶段。因此3~4岁的儿童,很容易学会世界各民族语言的语音。但是当儿童掌握母语的语音后,再学习新的语音时,就会出现困难。年龄越大,学习第二语言的语音就越容易受第一语言语音的干扰,因为这个时期是语音的收缩趋势阶段。3~4岁是儿童语音发展的飞跃阶段,

4岁的儿童一般能掌握母语的全部发音。所以,3岁左右是培养儿童正确发音的关键时期,必须注意这一时期儿童的发音。

3. 儿童发声母比发韵母困难,错误较多

学前儿童更容易掌握韵母的发音,发韵母的正确率高于声母。学前儿童较难掌握的声母有 z、c、s、zh、ch、sh、r、n、l,其中 zh、ch、sh 的发音容易与 z、c、s 相混。研究者认为,3岁儿童之所以发辅音时出现的错误多,主要是因为他们没有掌握辅音的发音部位和发音方法。由于3岁左右儿童的生理发育还不够成熟,不能恰当地支配发音器官,发音器官的运动不够有力,而辅音的发音是靠唇、舌、齿等器官细微分化的运动形成的。因此,3岁左右儿童发辅音时往往分化不明显,常常发出介于两个音之间的音,如混淆 zh 和 z。

图 2-5　发音混淆

4. 语音的发展受语言环境的影响

儿童的发音水平除了受生理条件的制约外,语言环境也是影响语音发展的一个重要因素。儿童语音发展会受到方言语音的干扰和影响,由于不同地方语言习惯的影响不同,儿童发音的准确程度也不同。例如,我国南方地区的儿童学习普通话的难度比北方儿童大。

5. 语音意识形成并发展

儿童语音的发展,除了受生理和环境因素的影响外,语音意识也起着重要的作用。语音意识是指语音的自我调节机制,当儿童开始能够自觉地辨别发音是否正确,主动地模仿正确的发音,纠正错误的发音时,就可以说儿童的语音意识开始形成了。一般在4岁左右,儿童的语音意识明显发展起来,主要表现在以下几个方面:首先,能够意识到并自觉调节自己的发音。例如,有的孩子会回避不会发的音,不愿意在别人面前发自己发不准的音;有的孩子声称自己不会发某个音,要求别人教他;有的孩子因为自己发出一个不准确的音而感到害羞。其次,能够评价别人的发音特点,指出或纠正别人的发音错误,或者笑话、故意模仿别人的错误发音等。语音意识的形成和发展,使儿童学习语言的活动更为自觉、主动,这无论对儿童学习母语还是外语都是非常必要的。

(二) 语音教育的内容与途径

1. 语音教育的内容

(1) 培养儿童听音辨音能力。

在儿童语言发展的早期,他们常常模仿别人说话的语调,而对语句的每一个音则不能分辨感知。直到3岁左右,仍有较多儿童不能精确分辨近似音,发音时常有互相代替的现象,这是由于儿童听觉水平低造成的。能分辨语音的细微差别是发音正确的前提,要使儿童发音正确,必须注意培养儿童的听音能力,使他们能分辨语音的细微差别,特别是某些近似的语音,如 z、c、s、zh、ch、sh 等,为其准确感知语音打好基础。

(2) 教会儿童正确发音。

清楚、正确的发音是儿童运用口语进行交际的必要条件。成人应教会儿童按照普通话的发音标准准确发音,使他们在入学前能正确掌握普通话的 1300 多个音节。由于汉语的一个音节包括声母、韵母、声调三个部分,因此,教儿童正确发音就包括声、韵、调三个方面的内容。另外,普通话还有很多儿化音节和轻声音节,而许多儿化音节和轻声音节都与词汇意义和语法意义有密切的联系,有区别词性和词义、表达感情色彩的作用。因此,儿化音节和轻声音节的准确发音也是儿童发音教育的重要内容,成人要让儿童掌握一定数量的普通话常用儿化词语和轻声词语。

(3) 正确对待儿童的错误发音。

儿童发音不正确的原因是多方面的,但主要有两个因素:一是发音器官或听觉器官存在缺陷,这样就必须及早采取治疗措施;二是发音习惯存在问题,这就必须加强对儿童的个别辅导,不应采取无所谓的态度。

当成人发现儿童的发音错误时,应及时纠正。成人在矫正儿童的错误发音时要有耐心,应放慢示范的速度,积极鼓励儿童坚持练习,让他们乐于纠正自己的错误。成人切忌急于求成,更不能责怪儿童,否则会挫伤儿童的自信心和积极性。同时,成人还要注意避免重复儿童的错误发音。

(4) 培养儿童的言语表情。

在口语中,人们为了准确且富有表现力地表达思想,常对声音的性质做出改变。成人在训练儿童正确发音的同时,还要训练他们能正确地使用语气语调,根据表达内容的需要,来控制和调节声音的大小和速度,并辅之以准确的面部表情、眼神和手势,构成不同的言语表情。在平时讲话时,成人要注意培养儿童的自然表情,让他们做到声音性质与其所要表达的内容相一致,教导儿童表达要自然大方,富有感染力和表现力。在朗读文学作品时,成人应要求儿童能在理解作品内容的基础上,有发自内心的真情实感,而不应是刻板、机械的语气语调。

(5) 培养儿童语言交往的文明修养。

语言交往的文明修养是针对讲话态度方面提出的要求。从儿童掌握口语开始,就应教会他们在语言交往中,做到讲话态度要自然,声调要悦耳,说话要有礼貌,不允许撒娇或粗暴地讲话等。

2. 语音教育的途径

(1) 示范并讲解正确、规范的发音。

成人正确的示范是儿童掌握语音的重要途径。儿童在学习发音时,成人应给予正确

图 2-6 复述故事

的示范并及时纠正儿童错误的发音,兼顾儿童听和看这两个方面,以便他们模仿。成人应努力做到发音正确、清晰,并有意识地引导儿童注意成人发音时的口形和示范发音,通过形象化的讲解,让儿童在看、听、说(练)中,逐渐掌握正确的发音部位和发音方法,感知语音的细微差别。讲解时,成人要注意把发音原理具体化、形象化;示范后,应让儿童反复练习、反复体验,使他们尽快掌握发音要领,符合普通话的语音标准。

(2) 练习方法和途径要符合儿童的年龄特点。

成人应该注意的是,发音练习的方法和途径要适合儿童的年龄特点(多样化、游戏化、趣味化),以此激发儿童练习的兴趣和积极性,如通过听故事、复述故事、念儿歌、说绕口令、做听说游戏等练习发音。此外,成人还应特别注意在日常生活中自然、随机地进行个别练习,让儿童逐步学会清楚、正确的发音。

(3) 各年龄班的语音教育。

① 小班。小班是语音教育的关键时期,培养儿童正确发音是小班语音教育的重点任务。小班语音教育的重点应放在听力和发音练习上。首先,教师要了解本班儿童的发音特点和语音掌握的基本情况,然后针对本班儿童的语音状况,寻找合适的语音教育策略,制定相应的语音教育计划。计划中应包括对儿童发音器官活动的训练,对呼吸量的训练,对个别儿童语音矫正的训练等。计划应有具体实施的措施,如哪些内容通过语言教育活动进行,哪些内容通过个别辅导进行等。小班儿童语音练习的方式要轻松自然,内容要丰富多彩、生动活泼、趣味性强,要尽量在日常生活和游戏中进行。一次练习时间不宜过长,一般应控制在 10 分钟左右。

② 中、大班。中、大班儿童的发音器官已经发育成熟,能够正确发出所有的音节。语音意识的发展使他们能够意识到自己和别人语音中出现的问题,能够随时调整和修补自己和别人语音中的"错误"。因此,学前儿童也就产生了清楚、正确说话的愿望。

中、大班儿童在发音方面存在的问题主要是,少数儿童对个别容易混淆的音发不准。因此,对于中、大班儿童语音教育的重点是矫正个别儿童不正确的发音。正音工作要渗透在集体教学活动和日常生活的各个环节中,同时还要取得家长的支持和配合。

教师还应注重中、大班儿童语音修养的培养,要训练他们能够自如地调节声音的强弱、语速的快慢,能清楚地发音吐字,善于调整自己的呼吸,说话时语气语调自然,富有感染力和表现力,掌握最基础的艺术发声方法。

二、词汇发展与教育

（一）词汇发展的特点

词汇是词的总汇，是语言的基本构成要素。词汇是否丰富，使用是否恰当，都会直接影响儿童的语言表达能力，因此，词汇的发展是语言发展的重要指标之一。3~6岁儿童词汇的发展主要表现在词汇数量的增加，词类范围的扩大以及词义理解的加深等方面。

1. 词汇数量迅速增加

有关研究表明，3~6岁是人的一生中词汇量增长最迅速的时期。随着儿童年龄的增长，儿童词汇量的增长呈现出直线上升的趋势。国内外一些研究资料表明，2.5~3岁儿童的词汇量可达1000个左右，3~4岁为1600个左右，4~5岁为2300个左右，5~6岁可达3500个左右。由此可见，词汇的增长率呈逐年递减的趋势。

2. 词类范围不断扩大

不同类别的词，其抽象概括的程度是不同的，词可以分为实词和虚词两大类。实词的意义比较具体，而虚词的意义比较抽象。因此，词类范围的扩大在很大程度上表明了儿童语言和智力发展水平的提高。在学前儿童掌握的词汇中，实词占很大比例，虚词的数量则很少，两类词的增长速度也有所区别。据史慧中等人的研究，实词在3~4岁时增长的速度较4~5岁时迅速，而虚词则在4~5岁时增长较为迅速。

儿童一般先掌握实词，然后掌握虚词。实词中最先掌握的是名词，其次是动词、形容词、副词，最后是数量词。学前儿童也能逐渐掌握一些介词、连词等虚词，但比例很小。

儿童词类的扩大还表现在词汇内容的变化上。随着儿童年龄的增长，生活范围的扩大以及认知水平的提高，儿童掌握同一类词的内容也在不断扩大，呈现如下趋势：（1）从与日常生活直接相关的词到与日常生活距离稍远的词。（2）从具体的词到抽象性、概括性程度比较高的词。就儿童所掌握的名词来看，内容由与他们日常生活密切相关的具体名词扩大到抽象名词；儿童所掌握的动词由反映人的动作行为的动词逐渐扩大到趋向动词和心理动词；对形容词的使用也从描述物体具体特征的形容词（如：大、小、多、少、红等），逐渐发展到使用描述人的个性、感情、表情以及事件情境的形容词。

3. 对词义的理解不断确切和深化

儿童对词义的掌握程度受其心理发展水平特别是思维水平的制约，因此随着年龄的增长，儿童对词义的理解逐渐确切和深化。他们不仅能掌握词的一种意义，而且能掌握词的多种意义；不仅能掌握词的表面意义，而且能掌握词的转义。随着儿童掌握的词义越来越丰富和深刻，他们运用词的积极性也越来越高，从而可以促进消极词汇向积极词汇转化。

> **示 例**
>
> "妈妈"对于1岁左右的儿童来说,他理解的就是自己的妈妈。这一时期儿童对"妈妈"一词的理解,更多的是停留在那张特定的面孔和抚摸的动作水平上。3岁以后的儿童,可以把"妈妈"一词的外延扩大,"妈妈"不仅可以指自己的"妈妈",还可以指小朋友的"妈妈"。这样,"妈妈"一词才获得了概括的性质。

学前儿童的词汇虽然得到了以上多方面的发展,但和以后的发展比较起来还是比较贫乏的,理解和使用上也常常会发生错误。所以,成人应该重视和加强儿童这一阶段的词汇教育,帮助他们正确理解和使用词语。

(二)词汇教育的内容与途径

1. 词汇教育的内容

(1) 丰富学前儿童的词汇。

学前儿童词汇教育的首要任务是丰富词汇量。儿童学习新词一般是通过两个途径:一是在日常生活中,通过与成人或同伴的交往获得,这类词大部分是日常生活中最常用的,也是比较浅显的,经常活跃在人们口头语言中的词,因而容易被儿童理解和掌握;二是成人有意识地对儿童进行的词汇教育,这类词大部分是儿童难以在自然状态下学会的。这里所说的丰富词汇,大部分是指通过后一种途径丰富起来的词。

丰富儿童的词汇应该有目的、有计划地进行。同时必须遵循儿童的心理发展规律,适合儿童的发展水平。首先,成人应该教儿童掌握代表具体概念的词。其次,伴随儿童思维的发展,认知水平的提高,知识经验的积累,再逐渐教他们掌握代表抽象概念的词。从词类上说,首先要教儿童掌握名词,其次是动词,然后教形容词和副词,最后再教他们掌握介词、连词等虚词。在丰富儿童词汇的教育中,对不同年龄的儿童,在内容上应有不同的侧重和要求。

① 小班。对小班儿童来说,成人应该帮助其丰富常见常用、容易理解、生活中迫切需要的词,即教儿童掌握表示周围常见物体和各种活动的名词和动词。形容词只教他们掌握一些易于理解的、能直接感知的、说明事物具体特点的词即可。

② 中班。对于中班儿童来说,掌握的词汇量要大幅度增加,质量上也要有明显提高。中班儿童掌握的词汇仍以名词、动词和形容词为主。除了常见的名词、动词、形容词和数量词外,成人还需要教会他们使用常用的副词和连词。学会这些词,标志着儿童已从掌握代表具体意义的实词,过渡到掌握代表抽象意义的虚词。这已不是简单的词汇数量的增加,而是词类的扩大,是儿童学习词汇过程中质的飞跃。

名词
- "玩具、餐具、服装、动物、植物、交通工具"等词

动词
- "吃饭、穿衣、上课、游戏"等词

形容词
- 表示物体形状的词,如"方、圆"等
- 表示颜色的词,如"红、绿、黑、白"等
- 表示味道的词,如"酸、甜、苦、辣"等
- 表示速度的词,如"快、慢"等
- 反映机体感觉的词,如"痛、饿、饱、渴"等
- 表示物体质量和说明人的行为好坏的词(小班后期)

代词
- "我、你、他"等人称代词(小班后期)

数词和常用的量词
- 10以内的基本数词(小班后期)
- "个、把、只、双"等量词(小班后期)

图2-7 小班儿童需要掌握的词汇

名词
- 表示事物各部分名称的词,如衣服的"领子、袖子"等

动词
- 一些意义相近的动词,如"驾飞机和开汽车""读书和看报"等

形容词
- 运用意义更为丰富且比较抽象的词来描述事物,如"美丽的、漂亮的、鲜艳的、软软的、硬硬的、长长的、圆圆的、笑嘻嘻、热腾腾、冷冰冰"等

序数词、量词和反义词
- 序数词,如"第一、第二"等
- 日常生活中常用的量词,如"条、头、件、辆、支、根、套"等
- 反义词,如"多—少、大—小、长—短、上—下"等

图2-8 中班儿童需要掌握的词汇

③ 大班。对于大班儿童来说,在巩固已往所掌握词汇的基础上,还要大量增加实词的数量,并提高质量。同时还应教大班儿童学会使用一些同义词和反义词,使语言生动活泼,提高其口语表达的能力。另外还要教大班儿童学习一些常用的虚词,这是因为大班儿

童的抽象思维已经开始萌芽，他们已能注意到事物之间的联系，如因果关系等。而且大班儿童的生活经验更为丰富，在与他人的语言交往中，能越来越多地运用复合句，因此，教会他们运用一些复合句中常用的关联词，不仅是可行的，而且也是他们迫切需要的。

名词
- 一些概括性较高的名词，如"家具、餐具、交通工具、动物、植物、蔬菜、水果、粮食"等

形容词
- 表明事物的微小差别的词，如"深蓝、浅绿"等表示颜色细微差别的词
- 一些具有抽象意义的形容词，如"坚强、勇敢、灵活"等形容人的词
- 一些形容人的心理状态的词，如"盼望、焦急、满意、感激"等

虚词
- 如"在、向、从"等介词
- 如"因为、所以、如果"等连词

图 2-9　大班儿童需要掌握的词汇

（2）指导学前儿童正确理解词义。

词是音义的结合体，词义是概念的体现者，它概括反映了现实现象的区别性特征。只有理解了词义，才算是真正地掌握了词，才有可能在语言活动中正确运用词。指导学前儿童正确理解词义，必须考虑他们的认知水平，运用适合学前儿童具体形象的思维特点的方式，将词和具体的事物或现象联系起来，才能取得理想的效果。对于小班儿童，就需要在儿童认识各种事物，形成观念和概念的过程中掌握相应的词。对于中大班儿童，可结合他们已有的知识经验，用简单的语言解释新词的意义。

比如，用"好看的"解释"美丽的""漂亮的"等同义词；用"好听的"解释"动听的"；用"这屋子真冷"或"今天天气真热"等句子，解释"冷""热"一类比较抽象的词。

要使学前儿童确切地掌握一个词的词义，必须通过各种教育活动和日常生活的多次运用才能实现。因为掌握词义的过程是掌握概念的过程，是一个复杂的思维过程，随着儿童知识经验的扩大和思维水平的提高，他们才能不断加深对词义的理解。最初只能要求儿童理解词浅显的含义，即了解词的最基本的意思，而且词意局限在很小的范围内。

每当出现绿颜色的事物时，成人在讲话时就可以特意提到这种颜色，如"绿叶子""绿毛衣""绿皮球""绿色的积木"等，逐渐地，儿童就能把"绿"这个词从各种具体事物中概

括出来了。对词的概括运用能力的提高也就是对词义理解的加深,这样就能使词义教学符合从具体到抽象的原则。

(3) 指导学前儿童正确运用词汇。

儿童在进入幼儿园时已经能说出1000多个词语,但是他们在运用词语时经常会出现一些错用或者误用的情况。

示例

有些儿童听到别人说"吃过饭了""睡过觉了",于是他们在表达"已经说过再见"时,就会说"再过见了"。还有的儿童会把"彩电"说成"花电视",把"一列火车"说成"一条火车",把"鱼鳍"说成"鱼翅膀"。

儿童积累的词汇有两类:一类是消极词汇,一类是积极词汇。消极词汇是指儿童能理解但不会运用的词;积极词汇是指儿童能理解又会运用的词。向儿童进行词汇教育的最终目的,是使儿童能将已理解的词运用到语言活动中去。

在日常生活、各种教育活动、游戏、散步以及其他自由活动时间内,成人应有意识地注意儿童在语言表达中运用词语的情况,如对哪些词义还不明确,哪些词使用不当,因缺乏哪些方面的词而影响表达等。针对这些情况,教师除了需要不断给儿童补充新词外,还要善于启发儿童把学过的词语运用到语言活动中去。

示例

教师带儿童出去游玩的时候,在观赏美景的同时,引导儿童用已经学过的词语描述眼前的事物,如"五颜六色的花""绿油油的小草""茂盛的大树"等。

图2-10 出游时的语言学习

委托任务也是促使儿童将词积极化的一种方式,如让某一儿童到什么地方取一件东西,或到什么地方问点事情。任务本身就要求儿童讲出一定物体的名称、用途、目的等。这种方式对比较胆怯、不敢在集体面前发言的儿童来说作用更为显著。

此外,成人应注意收集和观察儿童运用词语的实际情况,了解哪些是儿童比较容易用错的词,分析他们用错的原因,同时给予有针对性的指导。但是在指导儿童改正用错的词语时,成人应讲究一些反馈意见的艺术,不要直接指出他们的用词错误,而是首先对他们的表达表示理解,然后再用正确的表达方式来暗示或提醒儿童,如"哦,你是说你已经跟妈妈说过'再见'了"。这种方式更容易被学前儿童接受。

儿童词汇教育的三项内容是密切联系的,其中丰富新词与理解词义是同时进行的。儿童理解词义是正确运用词语的前提条件。三项任务中的任何一项没有完成好,都会影响儿童口语表达水平的提高。

2. 词汇教育的途径

(1) 词汇教育的基本原则。

直观性是词汇教育的基本原则。儿童在认识活动的过程中学习新词,即儿童是在通过听觉、视觉、触觉等感知客观物体的特征、性质的基础上掌握词义的。通过词的解释掌握新词,是儿童掌握词语的辅助手段。当在对词进行解释时,只有唤起儿童头脑中已感知过的形象才能为儿童所理解。所以依靠直观原则进行词汇教育,是词汇教育的基本原则,它体现在以下几个方面:

① 结合实物出现新词。词是一类事物的代表符号,要使词起到符号作用,就必须使词和实物建立起牢固的联系。凡是教给儿童有关物体的名称、形状、颜色等新词时,都要使语音与实物同时出现,并重复多次。此后,还要用同类实物和该词建立联系,使其在儿童思维中起概括作用,帮助他们牢固地掌握新词。

在教儿童"鞋子"一词时,成人可以用皮鞋作为实物。以后在重复这个词时,则可以用拖鞋、布鞋、运动鞋等其他款式的鞋子,这时"鞋子"一词才能在儿童头脑中作为一类物体的符号而巩固下来。

② 结合动作出现动词。汉语中的动词非常丰富,动作的微小差别就要用不同的动词去表达。比如,将一张桌子移动一下,两个人做是"搬"或"抬",一个人做是"拉""拖""扛""挪"等,分得很细,让儿童掌握它们有一定的困难。因此,在教儿童学习新动词时,就需要伴随着动作出现新词,使动作与动词多次建立联系,这样才能使他们具体形象地掌握不同动作的名称。

③ 伴随手势、表情或象声词解释新词。关于心理感受的一些词,如"焦急""盼望"

"满意"等词,不易解释清楚,可以用手势、表情或一些象声词来帮助儿童掌握这一类词的词义。

④ 利用图片帮助儿童理解词义。有些物体(如:野兽、各种交通工具等)不可能让儿童全部直接感知,这时就可以利用图片来帮助儿童认识它们的特征,掌握它们的名称。有些描述性的词,就需要有描述的对象才能理解和掌握。看图讲述是帮助儿童理解形容词的词义和锻炼描述能力的有效形式。图片不仅可以帮助儿童理解新词,同时也能有效地帮助儿童运用新词。

图 2-11　儿童通过图片认识词义

⑤ 通过实物对比来掌握反义词。例如,大—小、长—短、粗—细、胖—瘦、高—矮、黑—白等词中的任何一个词,都是和它的反义词同时存在的,如没有它的反义词,也就没有它存在的价值。这些词需要运用实物对比的方式才能使儿童辨认掌握。

(2) 词汇教育的具体途径。

① 在日常生活中丰富儿童的词汇。在这个环境中丰富儿童的词汇有很多优越条件:一是形象和自然。在日常生活中,作用于儿童的词句都是与一定的事物、动作同时出现的,这样对儿童来讲是具体的,是易于理解的。二是多次重复。日常生活中多是常用的语言,经常重复易于加深儿童的印象和理解。三是儿童有学习语言的需求。在日常生活中,儿童经常可以接触到一些新鲜有趣的事物,这些事物能引起他们的求知欲。他们迫切地想知道它们是什么,有什么用处,从哪儿来的,成人可利用这个机会来开阔儿童的眼界,丰富他们相应的词汇。

示例

比如在穿衣时,成人可教会儿童正确叫出各类衣服和衣服各部分的名称;在盥洗时,教会儿童掌握盥洗用具、盥洗动作、面部或身体各部分的名称;在吃饭时,教会儿童叫出餐具、主食、副食的名称;在散步时,成人可主动向儿童介绍所见到的各种社会事物和自然现象,同时丰富相应的新词(事物或活动的名称、用途),有时还可以结合实际情况教儿童一些新的形容词。

② 通过观察来丰富儿童的词汇。直接观察是儿童认识事物的重要途径,也是丰富儿童词汇的重要来源。儿童的观察特点是容易对周围事物中活动的、鲜艳的、有声音的东西发生兴趣,而周围环境中大量有教育意义的事物不一定能引起他们的注意,即使看见了,也还不能分清这些事物的本质与非本质的特征。总的来说,儿童观察的目的性、持续性、

概括性还是比较低的。但儿童的感知觉发展很快,如能对儿童进行有意识的培养,他们的观察力就可得到迅速的提高。

> **示 例**
>
> 观察的具体方法有:
>
> 第一,观察实物。这种观察一般是在幼儿园的活动室内进行的,观察的对象是个别实物或它的模型、玩具、图片、幻灯、标本等,例如:日常生活用品(餐具、炊具)、水果、蔬菜、粮食作物、劳动工具等。其中应以直接观察实物为主,只有在没有条件看到实物时(如:飞机、轮船、火车等),才可运用模型、玩具、图片等材料进行替代。非实物观察对象的选择,特征要明显、美观。
>
> 第二,外出参观。这种观察是指带领儿童到园内外一些有教育意义的社会环境中去参观。为儿童选择的参观地点应是儿童能理解又不影响其身体健康的地方,如:厨房、洗衣房、公园、展览馆、博物馆、图书馆、少年宫、邮局、商店、粮店、小学、街道及著名建筑物等。在农村附近,可参观粮食作物、菜地、养猪(牛)场、温室、果园等。
>
>
>
> 图2-12 参观超市

③ 运用教学游戏(智力游戏)进行词语练习。通过观察、参观等形式的活动,主要是为了丰富儿童的新词。而教学游戏则比较灵活,可以教儿童新词,也可以帮助儿童练习正确运用词语。游戏的活动性和广泛性(指可以参加的人数)的特点,可以比较容易地把儿童吸引到学习活动中来。儿童为了达到游戏的目的遵守规则、克服困难,从而得到锻炼。另外,游戏还可为胆怯和寡言的儿童提供练习的机会,减少学习的难度。

④ 运用儿童文学作品进行词汇教育。儿童文学作品中的语言,是经过作家提炼加工的语言,具有生动、形象等特点,易于儿童理解和接受。一些代表抽象概念的词(如:光荣、牺牲、诚实等),一些形容人的心理活动、状态的词(如:激动、兴奋、等待等),是难以通过观察(观察图片除外)、参观来了解词义的。而文学作品的生动情节和形象描述,能帮助儿童较快地理解这一类词的词义。

通过儿童文学作品来丰富词汇时,有时是通过故事情节使儿童自然地理解词义,有时还需要通过辅助手段(如:图片、玩具、模型等)来帮助儿童理解词义,有时也可用儿童熟悉的事物,并配以适当的解释来帮助儿童理解词义。例如,故事中有这样的句子:"他穿过了一片密密的荒林。""荒林"是新词,而"树林"是儿童早已熟悉的词,这时教师就可把荒林解释为"就是没有人去过或没有人管理的树林"。让儿童由此及彼,这样他们就比较容易理解"荒林"一词的含义了。

另外,复述故事或朗诵韵体作品是使儿童巩固、掌握词语的好方法,每学期都应保证儿童能复述、朗诵一定数量的儿童文学作品。表演故事(亦称表演游戏),是儿童在游戏中再现文学作品的好形式。教师应注意,在儿童进行表演游戏时,表演的内容要能反映出一些儿童文学作品的内容,以促进儿童积极、正确地运用所学到的词语。

⑤ 通过各种类型、各个领域的教育活动进行词汇教育。除通过观察、参观、教学游戏、朗诵儿童文学作品等方式外,其他类型的语言教育活动(如:各种谈话活动、讲述活动等),也是丰富儿童的新词、练习正确运用词语等的有效途径。

图 2-13　表演游戏

另外,在其他各种领域的教育活动过程中,也都应贯穿词汇的教学。例如在美术活动中,教师要教儿童学会"蜡笔""铅笔",各种颜色、线条、形体的名称;体育活动中要教儿童掌握有关走、跑、跳、钻、爬等动作的名称;科学活动中,儿童要学到大量的有关动植物的名称、特征、习性、功用以及有关四季特征和自然科学现象方面的词汇;数学及音乐活动中也要相应地掌握很多有关的词汇。

三、语法发展与教育

(一) 语法发展的特点

语法是组词成句的规则。学前儿童在学习语言的过程中,除了要学会正确发音,掌握一定的词汇外,还需要掌握语法结构、组词成句的规律。学前儿童在与人们不断交往的过程中,自然地掌握了一些基本语法结构。研究表明,我国儿童掌握语法结构的过程大致体现出以下特点:

1. 句型从简单句向复合句发展

2 岁之前,儿童只能说一些连主谓语也不分的单词句,如"狗狗""鞋鞋"。之后,单词句逐渐分化为只有主谓结构和动宾结构的双词句,如"宝宝吃""坐车车"等。大约 2 岁以后,句子的结构越来越分明了,复合句逐渐出现。复合句的数量和比例随着年龄的增长而增长。

2. 句式从陈述句到非陈述句

从陈述句发展到其他多种形式的句子,也是这个时期儿童语法发展的特点之一。在学前阶段,儿童最初掌握的是陈述句,陈述句约占儿童语句总量的60%~70%,是儿童表达所用的基本句型;非陈述句中,疑问句产生较早,疑问句的难易程度随着年龄的增长而变化,所占比例不超过15%;祈使句和感叹句一般都在10%以内。

3. 从无修饰句到修饰句

儿童最初说的句子是没有修饰语的,如"宝宝画画""小猫叫"等。2~3岁儿童的语言有时会出现一些修饰语的形式,如"大灰狼""小白兔"等,但实际上他们是把修饰词和被修饰词作为一个词来使用的,在他们心目中,"小白兔"就是"兔子",不会区分是大兔子还是小兔子。之后,儿童会慢慢说出具有修饰语的句子。朱曼殊等人的研究发现,2岁儿童运用的修饰句仅占其语句总量的20%左右,3~3.5岁是复杂修饰语句数量增长最快的时期,3岁半儿童已达50%以上,4岁以后,有修饰语的句子开始占优势,如"熊猫有两只黑色的眼睛",到6岁时上升至91.3%。

4. 句子结构逐步严谨且灵活

严格地说,学前儿童最初的单词句和双词句只是一个简单的词语链,还不是完整的句子结构,漏缺句子成分或句子成分排列不当等现象经常出现。

示例

比如,有的3岁儿童把"你用筷子吃饭,我用小勺吃",说成"你吃筷子,我吃勺子";把"老师,我要出去",说成"老师出去"。

随着年龄的增长,儿童说出的句子日趋完整和严谨。由于认识的局限性和词汇的贫乏,学前儿童最初说出的语句中只有能表明事情的核心词语,因此显得内容单调、形式呆板。之后,他们能加上一些简单修饰语,再后来加上复杂修饰语,最后达到简单修饰语和复杂修饰语的灵活运用和语句中各种成分的多种组合,使句子的成分变得复杂起来,表达的内容也逐渐丰富、有感染力了。学前儿童句法结构的发展在4~4.5岁之间较为明显,5岁时逐渐完善,6岁时水平显著提高。

5. 从情境性语言到连贯性语言

情境性语言只有在结合具体情境,而且往往还需要说话人运用一定的表情和手势作为辅助手段时,才能使听者理解说话人所要表达的思想内容。连贯性语言的特点是句子完整、前后连贯、逻辑性强,听者不必考虑当时情境就能领会意思。

儿童3岁左右时,虽然能通过用词语组成简单的句子来表达自己的意思,但此时他们讲话多是断断续续的,往往需要结合具体的情境,并伴随很多手势和表情来完成。

儿童到4~5岁时,连贯性语言得到发展。此时他们虽能正确运用简单的句子来表述自己的意思或者简单的见闻,也能独立地讲故事,但由于儿童对关联词语或某些词义不太熟悉,在表述中仍然存在时断时续、用词不当或逻辑混乱的现象。

6岁左右的儿童语言表达能力有了较大提高,他们的知识经验较为丰富,也掌握了较复杂的语言形式,能用多种复句有感情地描述自己的见闻,不仅可以概括故事或图片的主要意思,还能就他人的发言进行评价或补充。

(二) 语法教育的途径

1. 在日常生活中培养儿童清楚完整的表述能力

学前儿童说话常常层次不清、语不成句,不能按照一定的语法结构完整、连贯地表达自己的想法,因此,成人要注重在日常生活中培养他们清楚完整且语义连贯的表达能力。

成人在教儿童说话时,首先要教他们说完整的句子,让他们按固定的语序说话,从而逐步形成语法关系的意识。比如,孩子要看电视,对妈妈说"妈妈,电视",成人要帮他把话说完整,教会孩子说"妈妈,我要看电视",并让孩子重复一遍。成人应让儿童明白,要想知道什么或得到什么,必须把话说完整。

其次,成人要培养儿童的对话能力和独自讲述的能力,如讲述自己的经历、见闻等。教会儿童在与别人讲话时,先听清和理解对方所提的问题,然后有针对性地做出问答,做到每一句话都说得连贯通顺。

最后,成人还应该逐步要求儿童能围绕一定的主题,完整、清楚、流畅地讲述某一件事情的经过,表达自己的思想。

2. 用口头造句的形式培养儿童说完整句

口头造句是培养学前儿童说话完整的有效形式。实践证明,教师经常用一些儿童易于理解、易于接受的词语作为扩散点来进行造句的训练,既可增加儿童的知识,又起到了发展儿童口语表达能力的作用。

比如,教师出示"电"字卡片,请小朋友给"电"字找朋友,并进行"看谁找的朋友多"的游戏,儿童的积极性被充分调动起来了。他们从找到了"电灯""电话""电影""电脑"等词语到"我家买了一台电脑""妈妈带我看了电影"等句子,这种口头造句形式是口语练习最简单的形式,由口头造句开始,逐步引导儿童用一个完整的语句表达自己的思想。

3. 用游戏的形式提高儿童说完整句的积极性

游戏是儿童最喜欢的活动形式,在游戏中发展儿童语言,往往会产生事半功倍的效果。例如,幼儿园最常见的听说游戏,它的目标就是以培养儿童倾听和表达能力为主,每个听说游戏都包含着对儿童语言学习的具体要求,使他们在游戏的过程中不知不觉地巩固已学的语言内容,并且说出完整句的积极性也得到了提高。

在学前儿童已能把一句话说完整的基础上,可以进一步要求他们复述故事、描述图片和叙述自己的生活经历,把一件事情的过程完整、连贯地讲述清楚。为了提高学前儿童讲述的兴趣,教师可以开展故事大王比赛、组词成句游戏等。通过这样的比赛和游戏,帮助儿童减少讲述时出现的内容前后颠倒、重复、遗漏等情况。对儿童讲述不完整的地方,教师可适当补充,但最好是等儿童说完后再补充,以免打断他们的思路。

思考与练习

1. 试述 0~3 岁儿童语言发展的特点。
2. 试述幼儿园各年龄班儿童语音教育的主要内容和方法。
3. 试述 3~6 岁儿童词汇发展的特点。
4. 3~6 岁儿童词汇教育的内容及途径有哪些?
5. 试述 3~6 岁儿童语法发展的特点。
6. 3~6 岁儿童语法教育的内容及途径有哪些?

第三章
学前儿童语言教育的目标、内容、方法和活动设计

学习目标

(1) 了解学前儿童语言教育的目标和制定依据。
(2) 理解学前儿童语言教育的内容。
(3) 掌握学前儿童语言教育的方法和活动设计的步骤。

思维导图

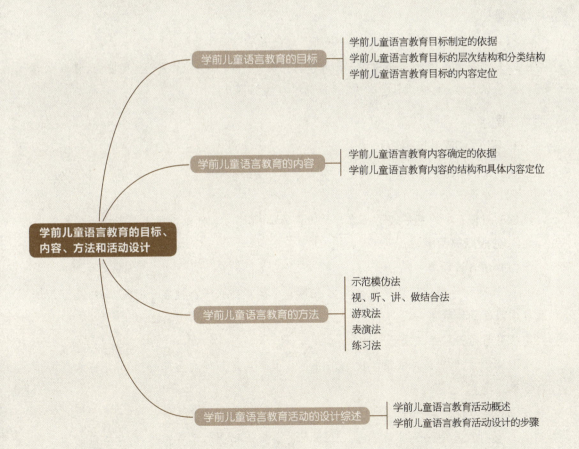

📖 案例导入

小班文学活动：小葫芦

活动目标：

（1）结合"快乐的夏天""爬呀爬""有趣的植物"等主题开展活动，引导儿童关注各种会爬的植物或动物，感知攀爬植物或动物的特点。

（2）理解诗歌内容，感受诗歌所表现的乐观向上的精神风貌。

（3）学习并掌握"吹、打、爬、攀、伸、钩、抖、栽"等动词的意义。

（4）发准易混淆的字音：楼、头、钩、九、抖、斗。

（5）在初步掌握诗歌结构的基础上，能根据已有的经验进行仿编。

（6）运用听说游戏的形式，引导儿童边说儿歌边结伴玩游戏，在游戏活动中发展儿童的听说能力。

活动准备：

（1）诗歌录音带；欢快的音乐一段。

（2）画有五官和四肢的葫芦；用葫芦制作的工艺品；葫芦、牵牛花、爬墙虎、常春藤等攀爬植物以及猴子、猫、松鼠、壁虎、树袋熊等动物的图片。

活动过程：

1. 导入（引起儿童兴趣）

（1）今天，老师请来了一位客人，看看是谁？（出示葫芦）

（2）小葫芦会干什么呢？

（3）过渡：小葫芦带来了一首好听的诗歌《小葫芦》。仔细听听小葫芦在干什么？

2. 分段欣赏诗歌

（1）学习诗歌第一段。

① 教师配乐朗诵诗歌第一段。② 提问：小葫芦高兴吗？他在干什么？③ 儿童跟随教师学习朗诵诗歌第一段。

（2）学习诗歌第二段。

① 教师配乐朗诵诗歌第二段。② 提问：小葫芦是怎样向上爬的？③ 儿童学习朗诵诗歌第二段。

（3）学习诗歌第三段。

① 教师配乐朗诵诗歌第三段。② 提问：小葫芦爬上去了吗？③ 儿童学习朗诵诗歌第三段。

(4) 学习诗歌第四段。

① 教师配乐朗诵诗歌第四段。② 提问:风吹小葫芦,小葫芦怎么样?雨打小葫芦,小葫芦怎么样?小葫芦害怕了吗? ③ 儿童学习朗诵诗歌第四段。

3. 完整欣赏诗歌

(1) 教师配乐完整朗诵诗歌。

(2) 儿童分组朗诵诗歌。

(3) 儿童加上动作表演诗歌内容。

4. 仿编诗歌

教师:小葫芦会爬墙,想一想,还有谁会爬墙、爬树?(出示攀爬植物和动物图片,启发儿童仿照诗歌结构分段仿编儿歌)

5. 总结

(1) 教师总结,肯定儿童在活动中的表现。

(2) 评出最佳创意奖、进步奖、朗诵奖等,并颁发奖品。

6. 延伸

与科学活动结合,带领儿童参观种植的葫芦,或在自然角、种植园地种植小葫芦,让儿童观察、了解葫芦的外形特征和用途。

附儿歌:

小 葫 芦

徐焕云

小葫芦,乐悠悠,吹吹打打爬高楼。

攀竹竿,踩墙头,伸长脖子朝上钩。

爬呀爬,钩呀钩,算算还差一尺九。

风吹歪一歪,雨打抖一抖,葫芦不怕栽跟斗。

想一想

(1) 通过以上案例,你了解到学前儿童语言教育目标的结构了吗?

(2) 上述案例属于学前儿童语言教育内容中的哪一类?

(3) 上述案例中,教师采用了哪些学前儿童语言教育的方法?

第一节　学前儿童语言教育的目标

教育是有目的、有计划地对受教育者施加影响,使他们在认知、情感、行为等方面发生变化的过程。学前儿童语言教育的目标,是对语言教育目的和要求的归纳总结,是学前时期实施语言教育的方向和准则,是整个学前儿童语言教育的纲领。《幼儿园工作规程》总则第三条提出,"幼儿园的任务是:贯彻国家的教育方针,按照保育与教育相结合的原则,遵循幼儿身心发展特点和规律,实施德、智、体、美等方面全面发展的教育,促进幼儿身心和谐发展"。因此,在学前儿童语言教育领域,教育者必须明确:通过学前阶段的教育,要使儿童的语言获得什么样的发展,达到什么样的水平。这一预期的发展成果便是学前儿童语言教育的终期目标。为便于针对学前各年龄阶段儿童的特点施以相应的语言教育,教育者还有必要确立各年龄阶段的语言教育目标。最后,当教师依据各年龄阶段目标选定语言教育内容、确定语言教育活动时,教师还需要就本次具体教育活动设计语言教育活动目标,以指导自己有目的、有计划地组织实施整个活动过程,使每个儿童都能在语言教育活动中有所收获、有所发展。

一、学前儿童语言教育目标制定的依据

学前儿童语言教育目标是根据学前儿童保育与教育的总体要求确定的,它是学前儿童教育总目标的重要组成部分。任何教育目标的确定都不是凭空产生的,都必须有一定的客观依据。我国学前儿童语言教育目标制定的主要依据有以下几点:

(一)依据社会发展的需要

(1)语言教育目标应反映我国社会现阶段的教育目标取向。一方面,马克思主义关于人的全面发展中语言重要作用的论述,使我们已明确语言是儿童德、智、体、美全面发展不可缺少的组成部分;另一方面,中国几千年的优秀传统文化,需要我们从学前儿童教育阶段就开始传承,通过语言教育来传承优秀文化无疑是一条捷径。

(2)语言教育目标要适应我国社会生产力发展水平对人才培养的要求。近年来,我国的科学技术和生产力取得了快速的发展,这就对教育培养的人才提出了更高的要求:他们不仅要掌握现代科学技术,具有良好的品德和心理素质,还要具备良好的交往能力、吸收新信息的能力和创新能力等。语言作为交际工具、思维工具和学习工具,其作用已日渐重要,语言能力也成为高素质、高效益的现代人才不可缺少的基本能力。

（3）语言教育目标还需要具有一定的针对性和前瞻性。学前教育的目标是为我国社会主义现代化建设培养合格人才，因此，语言教育目标除了要适合学前儿童自身发展的需要外，还要考虑未来社会对人才的要求，要具有一定的针对性和前瞻性。

（二）依据学前儿童身心发展的规律

教育对象是人，教育的一个基本职能是促进教育对象的身心发展。因此，学前儿童语言教育目标的制定必须尊重儿童身心发展的规律。我们要时刻关注儿童的身心发展特点、儿童的行为表现及其原因，关注儿童的兴趣与需要、认知发展与情感形成、社会化和个性养成以及儿童发展的普遍性特征和个体差异。此外，了解和掌握有关儿童身心发展的进程、特点和机制，可以明确儿童语言教育目标的制定方向。

（三）依据学前儿童语言发展的规律

学前儿童语言教育以促进儿童语言发展为根本目的，因而必须尊重儿童语言发展规律。这就意味着我们在制定教育目标时，必须注意学前儿童语言发展的特点和需求，根据他们成长的客观进程来实施教育。

此外，语言作为一门学科及学前教育课程中的一个方面，有其独特的教育功能和逻辑结构，儿童语言学习也有其特殊性。所以，在制定儿童语言教育目标时必须充分考虑语言的学科性质及其对儿童的教育功能和价值，尊重儿童语言学习的心理顺序和学习特点，制定符合儿童语言学习特点的教育目标。

二、学前儿童语言教育目标的层次结构和分类结构

教育理论与实践告诉我们，教育目标总是具有一定的结构。从纵向的角度来看，学前儿童语言教育目标具有一般的层次结构；从横向的角度看，学前儿童语言教育目标则具有独特的分类结构。

（一）学前儿童语言教育目标的层次结构

1. 学前儿童语言教育的总目标

学前儿童语言教育的总目标(包括学前儿童语言教育终期目标)，属于第一个层次的目标。它是语言教育所期望的最终结果，是学前阶段语言教育任务要求的总和，是对学前儿童语言教育目标最为概括的陈述，是其他层次目标的依据和基础。学前儿童语言教育终期目标是学前教育总目标的一个组成部分，与总目标在方向上是一致的，相辅相成的。与此同时，终期目标又是对学前儿童语言发展的任务要求，具有较强的特殊性和相对的独

立性。正如学前儿童语言在人的全面发展中有着不可替代的作用一样,学前儿童语言教育终期目标在总目标中也具有同样重要的地位。

2. 学前儿童语言教育的年龄阶段目标

学前儿童语言教育的年龄阶段目标是总目标在各年龄段上的具体体现,也就是对托儿所和幼儿园各年龄班儿童语言发展提出的具体要求,属于第二个层次的目标。尽管整个学前阶段,儿童语言发展表现出一定的共性和连续性,但是将语言教育目标分化为不同的要求,形成对每一个年龄阶段儿童逐步提高要求的具体目标,引导儿童逐步达到语言教育的总目标,这是年龄阶段目标的一个特点。年龄阶段目标来自语言教育总目标,是语言教育总目标的具体和深入,不同年龄阶段的目标之间应该是连续的、衔接的。每一个年龄阶段的具体目标都建立在上一个阶段语言发展的基础上,并对这个阶段的儿童具有一定的挑战意义,使儿童在经过语言学习后能更上一层楼。

3. 学前儿童语言教育的活动目标

学前儿童语言教育的活动目标又称为具体活动目标,是对语言教育总目标和年龄阶段目标的细化和分解,具有更强的可操作性,属于第三个层次的目标。学前儿童语言教育活动目标一般由教师自己制定,是指在某一具体的语言教育活动中要达到的目标,或者是在一个主题教育系列活动中要达到的目标。它有两层含义:一层是指各项学前教育活动所指向的学前儿童语言发展目标。例如:生活活动有发展儿童与同伴(成人)语言交往的目标;游戏活动有发展儿童根据游戏角色和游戏内容谈话及讲述的目标;体育活动常对儿童提出听指令做动作的要求;美术活动则常在儿童完成绘画或手工作品后请他们讲述自己所画的内容或手工作品的含义。另一层含义则特指语言教育活动目标,例如:谈话活动目标、讲述活动目标、听说游戏活动目标、文学作品学习活动目标、早期阅读活动目标等。

学前儿童语言教育的总目标正是通过一个个具体的教育活动落实到学前儿童身上的,每一个具体活动目标的实现,都向年龄阶段目标和语言教育总目标迈进了一小步,日积月累便实现了学前儿童语言教育的总目标。因此,在专门的语言教育活动中,其目标要指向为儿童提供尽可能丰富的、有益的经验,为其全面发展做贡献。教育活动目标是否充分反映整个语言教育的目标,教育活动目标与整个语言教育目标相比是否具有对应性,都会在一定程度上影响儿童语言教育的质量。

通过以上对语言教育目标的层次分析,我们可以清楚地认识到,学前儿童语言教育目标如果要落实到每个儿童身上,就必须注意几个关键问题:一是要将抽象的高层次目标准确地转化为低层次目标,最后形成具有更强可操作性的具体活动目标;二是在教育实践过程中,教师要把握各个层次教育目标的内涵以及相互关系;三是教师要根据语言教育目标来选择相应的教育内容、教育方法、教育手段,并准备科学的材料,从而确保活动目标的实现。

(二)学前儿童语言教育目标的分类结构

学前儿童语言教育目标的分类结构是指教育目标的组合构成。任何教育目标都不是单一的,往往是由若干任务要求综合建构而得的。综合分析儿童语言能力的构成、语言教育的作用和语言教育目标本身等几个要素,可以将语言教育目标分为以下四大类:

1. 倾听行为的培养

倾听是儿童感知和理解语言的行为表现,也是儿童不可缺少的一种行为能力。只有懂得、乐于并善于倾听的人,才能真正理解语言的内容、语言的形式和语言运用的方式,掌握与人进行语言交流的技巧。因此在学前阶段,培养儿童的倾听行为是十分重要的。

学前阶段儿童倾听行为的培养,着重点应放在对汉语语音语调和对语义内容的理解上,应帮助儿童逐步建立起以下倾听技能:一是有意识倾听,集中注意倾听;二是辨析性倾听,分辨不同内容的倾听;三是理解性倾听,掌握倾听的主要内容,能联系上下文倾听。

2. 表述行为的培养

表述是以一定的语言内容、语言形式以及语言运用方式表达和交流个人观点的行为,是学前儿童语言学习和语言发展的主要表现之一。只有懂得表述的作用,愿意向别人表达自己的见解,并且具备表述能力的人,才能真正地与人进行语言交际。因而,表述行为的培养是学前儿童语言教育目标的重要组成部分。

学前阶段是儿童逐步掌握口头语言并向书面语言过渡的时期。在这一特定时期,儿童表述行为能力发展的重点主要在于学习正确恰当的口语表达,从语音、语法、语义以及语用四个方面掌握母语的表

图 3-1 表述行为的培养

达能力,由简到繁,由短到长地提高表述水平。与此同时,学前儿童口头表述的行为也有个人独白、集体讲述、对话交谈等不同的表现方式,需要在教育过程中有目的地加以引导,以利于他们的交际和运用。

3. 欣赏文学作品行为的培养

文学作品欣赏活动是感知、理解文学作品并尝试操作艺术语言方式的行为。这种通过语言塑造形象、表现生活的艺术作品,带有口语的特点,却又不同于口语,它们是艺术语言的结合体,也是书面语言的反映。对学前儿童的语言以及其他方面的学习具有特别的意义。

学前儿童欣赏文学作品行为的培养重点在于培养儿童综合的语言能力,增强儿童对

语言核心操作行为的敏感性,即对词语排列的敏感性,以及对不同情境中语言运用的敏感性等。另外,还必须培养儿童理解文学作品,初步感知不同类型文学作品的特点和构成的能力,这也是学前儿童语言教育的目标之一。

4. 早期阅读行为的培养

早期阅读行为是指学前儿童从口头语言向书面语言过渡的前期阅读准备和前期书写准备行为。其中包括儿童在学前阶段知道图书和文字的重要性,愿意阅读图书和辨认汉字,同时掌握一定的阅读和书写的准备技能等。由此可见,早期阅读行为的培养旨在激发学前儿童阅读的兴趣,养成良好的阅读习惯,掌握早期阅读的有关技能。

三、学前儿童语言教育目标的内容定位

学前儿童语言教育目标的具体内容,是对某一时期儿童语言教育目标的具体阐述。学前儿童语言教育目标的具体内容,可以从纵向的总目标、年龄阶段目标和活动目标三个层次,横向的倾听、表述、欣赏文学作品和早期阅读四个方面进行具体的阐述。

(一) 学前儿童语言教育总目标的具体内容

1. 倾听部分

(1) 认知目标:懂得别人对自己说话时要注意倾听。

(2) 情感与态度目标:喜欢听,并积极有礼貌地听别人对自己说话。

(3) 能力与技能目标:能集中注意力、有礼貌、安静地倾听;能听懂普通话,能分辨不同的声音和语调;能理解并执行别人的指令。

2. 表述部分

(1) 认知目标:懂得用适当的音量说话,有积极的表述愿望。

(2) 情感与态度目标:喜欢与他人交谈,在适宜的场合积极、主动、有礼貌地与人交谈。

(3) 能力与技能目标:会说普通话,发音清楚,语调准确,能运用恰当的语句和语调表述意见和回答问题,能用完整、连贯的语句讲述图片和事件。

3. 欣赏文学作品部分

(1) 认知目标:懂得文学作品中运用的是规范而又成熟的语言;通过阅读和聆听文学作品增加知识、明白事理,并能感受到语言艺术的美。

(2) 情感与态度目标:乐意聆听和阅读文学作品,积极参与文学作品学习活动。

(3) 能力与技能目标:理解文学作品的内容,体会文学语言的美,积累文学语言;初步了解文学常识,会区别不同类型的文学作品及其构成要素;能用动作、语言、美术、音乐

等不同表现方式,积极反映对文学作品的理解;学会编构故事、表演故事以及欣赏和仿编诗歌、散文等。

4. 早期阅读部分

(1)认知目标:懂得口语与文字和图书的对应与转换关系。

(2)情感与态度目标:对图书和文字产生兴趣,喜欢认读常见的简单的独体汉字。

(3)能力与技能目标:掌握阅读图书的基本方法;能集中注意力地阅读图书,倾听、理解图书内容;能学会制作图书并配以文字说明;了解汉字的书写风格,主动积极地认读常用字;能按规范笔顺书写自己的姓名和一些常见的独体汉字。

(二)学前儿童语言教育年龄阶段目标的具体内容

1. 0~1.5 岁

(1)喜欢听别人说话、唱歌、念儿歌,喜欢听音乐、鸟叫等好听的声音。

(2)听到别人对自己说话,能用声音、手势、表情、单词等作出反应。

(3)能说出常见物品的名称。

(4)能辨认并说出身体的某些部分以及图片上常见物体的名称。

(5)能理解常用的简短语句,能执行简单的命令。

(6)能用单词、手势、表情等向成人表达自己的要求。

(7)喜欢听成人讲述图书上的故事、儿歌等,对早期阅读具有初步的兴趣。

2. 托中班(1.5~2 岁)

(1)喜欢听和谐、悦耳的声音,乐于听别人说话。

(2)喜欢听成人指认玩具、其他实物以及图片上的物体。

(3)能安静地听成人念儿歌、讲简短的故事。

(4)喜欢翻阅感兴趣的图书。

(5)能说出自己的名字。

(6)能用"是"或"不"回答别人的问题。

(7)对本民族语言或方言的发音比较清晰,能使别人听懂。

(8)能积极地尝试运用日常听到的词和句子。

(9)能听懂并执行生活常规方面的某些指令。

3. 托大班(2~3 岁)

(1)喜欢听和谐、说耳的声音,乐于听别人说话。

(2)能与成人就自己感兴趣的人或动物的动作以及图片上的物体等进行交谈。

(3)能安静地倾听并参与成人念儿歌、讲简短的故事。

(4)能听成人讲述或独立阅读图画书上的故事。

(5) 能说出自己的姓名和年龄,能用简短的语句回答别人的问题。

(6) 对本民族语言或方言的发音基本清楚。

(7) 能积极地运用简短的语句与别人交谈;在游戏中喜欢与同伴交谈。

(8) 能听懂并执行生活常规的指令。

(9) 能主动、积极地学习新词和新句型。

4. 小班(3~4岁)

(1) 倾听部分。

① 乐意听老师和同伴讲话。

② 能听懂普通话。

③ 倾听时能注意说话人的口形,辨别语音。

④ 听别人说话时,能保持安静,不打断别人讲话。

⑤ 能理解简单的日常生活指令。

(2) 表述部分。

① 乐意学说普通话,喜欢与教师、同伴或其他成人交谈。

② 知道在集体面前发言时声音要大,在个别交谈时声音要小。

③ 别人说话时不随便插嘴,会用简单的语言回答问题。

④ 能用简短的话语表达自己的请求、愿望、感情或者需要等。

⑤ 能独立地讲述图片和自己感兴趣的事情。

(3) 欣赏文学作品部分。

① 乐意欣赏并初步感受和理解不同体裁的儿童文学作品。

② 能独立地念儿歌,讲述简短的句子。

③ 会仿编简单的儿歌、散文和故事等。

(4) 早期阅读部分。

① 知道可以用一段话来讲述一幅图的含义。

② 知道每个字的发音不同,所代表的意思也不同。

③ 喜欢听成人讲述图书的内容,并尝试自己阅读图书。

④ 学习正确的阅读方法,会按顺序翻阅图书,发现图书画面内容的变化。

⑤ 对文字感兴趣,能学认常见的简单汉字。

5. 中班(4~5岁)

(1) 倾听部分。

① 能有礼貌地、集中注意地倾听他人说话。

② 能区分普通话和方言的发音。

③ 能理解多重指令。

（2）表述部分。

① 积极学说普通话，发音清楚。

② 积极而有礼貌地参与交谈，不随便插话和打断别人的谈话。

③ 说话声音的音量和语速适当。

④ 能用完整句较连贯地讲述个人经历以及图片内容。

⑤ 能大胆、清楚地表达自己的请求、愿望、情感和需要等。

（3）欣赏文学作品部分。

① 初步了解儿童文学作品的不同体裁及其构成要素。

② 在理解作品内容的基础上，会初步归纳作品的主题。

③ 能绘声绘色地朗诵诗歌、散文和讲述故事等。

④ 能根据作品提供的线索，进行文学想象和创造，仿编诗歌和散文等。

（4）早期阅读部分。

① 知道口头语言和文字的对应转换关系。

② 能集中注意倾听成人讲述图画中的文字说明，理解书面语言。

③ 能独立阅读图书，理解画面内容。

④ 对画面的文字感兴趣，能主动学认常见的汉字。

6. 大班（5~6岁）

（1）倾听部分。

① 别人说话时，能认真、耐心地倾听。

② 能辨别普通话声调、语调和语气的变化。

③ 能理解并执行复杂的多重指令。

（2）表述部分。

① 坚持说普通话，发音清楚、准确。

② 在不同的场合，会用恰当的音量、语速说话。

③ 能主动、热情、有礼貌地与他人交谈。

④ 能主动、大胆地使用适当的词、句、语段来表达自己的意思。

⑤ 乐于参加讨论和辩论，敢于发表不同的意见。

⑥ 能连贯地讲述故事事件以及对图片和物品的认识。

（3）欣赏文学作品部分。

① 理解儿童文学作品的不同体裁及其构成要素。

② 在教师的帮助下，能分析作品中的特殊表现手法，体会作品的思想感情脉络。

③ 能有感情地表演故事、童话、诗歌和散文。

④ 能独立仿编或与同伴共同创编故事、诗歌和散文。

（4）早期阅读部分。

① 对学习与阅读文字感兴趣，能积极学认常见的汉字。

② 能理解画面的内容，并用恰当的扩句和缩句来合理表达画面的内容。

③ 会保护和修补图书，会通过绘画的方式自制图书（可以让儿童绘制画面，口述画面内容，成人代笔记录画面的文字说明）。

图3-2 自制图书

④ 初步认识汉字的间架结构和书写风格，会按正确笔顺书写自己的姓名以及常见的、简单的独体字。

第二节 学前儿童语言教育的内容

学前儿童语言教育的内容，是成人传授给儿童的语言形式、语言内容与语言运用的基本知识、基本态度和基本行为方式的总和。学前儿童语言教育的内容可以分为两大部分：一是教给儿童本民族的语言符号系统，在我国主要指现代汉语（普通话）的语音、词汇、语法及表达方式等；二是教儿童学会运用语言，其中既包括语言知识的传授，也包括语言运用能力的实践训练。此外，由艺术语言构成的文学作品也是学前儿童语言教育的一项重要内容。学前儿童语言教育内容是实现语言教育目标的手段，是教师设计和实施语言教育活动的主要依据。它既要贯彻社会对儿童发展的要求，又要反映出语言理论研究的最新成果，更要符合儿童获得语言和语言发展的规律。

一、学前儿童语言教育内容确定的依据

学前儿童语言教育内容的确定是有一定依据的,要符合一定的规律。一方面,教育内容是为实现教育目标服务的,因此,语言教育内容应该根据教育目标来选择;另一方面,语言教育的目的是为了促进儿童的语言发展,因此,语言教育内容应该根据儿童心理发展及语言发展的特点及其规律来选择。

(一)依据学前儿童语言教育目标确定教育内容

学前儿童语言教育的目标是培养儿童的语言能力,即对语言的理解能力和表达能力。这些能力是在语言形式、语言内容及语言运用的交互作用中逐渐发展起来的,语言理解和语言表达在语言发展的过程中是相辅相成、相互促进的。因此,在确定语言教育内容时,应全面分析语言教育的目标,并依据目标从语言形式、语言内容以及语言运用等方面科学选取语言教育的内容,把这些语言教育的要素有机融合在一起。比如在早期阅读活动中,儿童通过欣赏作品内容了解作品的主要情节、作者的思想感情脉络,理解其中的意思,体验作品中各种角色的特点,并会用语言进行表述。在这个过程中,语言形式(包括语音、词汇、语法)、语言内容(包括语言表征的认知、情感、态度等的意义)和语言运用(包括语言功能和语言情境)三个方面是交织在一起协调发展的。当然,并不是所有的语言活动都包括以上所提到的所有要素,有些活动可能仅限于部分要素。

另外,学前儿童语言教育目标分为倾听、表述、欣赏文学作品和早期阅读四部分,每个部分都包含认知、情感与态度、能力与技能三个方面。在确定语言教育内容时,教师应该根据四个不同部分及其包含的三个方面的要素分析有关活动,充分挖掘其中可以作为语言学习内容的因素加以科学的利用。

比如在"倾听"目标中,有"喜欢听""能集中注意力地听"的要求,因此在婴儿期,成人就要经常给孩子念优美的儿歌,激发他们听的兴趣。随着儿童年龄的增长,他们的倾听能力从情感态度(喜欢听)慢慢发展到认知(有意识地听),再到能力和技能(集中注意力地听)。这时,"倾听"目标就不能单纯通过念儿歌实现了,于是教师就可以为儿童安排学习活动、游戏活动,让儿童聆听文学作品,从而实现更高层次的倾听目标。

语言教育目标和语言教育内容并不是一一对应的,一个目标可能要通过多种活动内容来实现,而一种活动内容也可以同时贯彻几项目标的要求。通过确定语言教育内容,把

语言教育目标综合起来,使各部分目标在相互联系中得到落实和体现,在发挥学前教育整体功能的过程中促进学前儿童语言能力的充分发展。

(二)依据学前儿童心理发展的特点选择教育内容

(1)根据学前儿童情绪性的突出特点,要求教师在选择语言教育活动内容时,应注重趣味性和新颖性。

(2)根据儿童模仿性强的心理特点,要求语言教育内容的选择应便于儿童学习模仿。

(3)根据儿童想象力丰富的特点,要求教师在选择语言教育活动内容时,要尽可能为儿童提供充分想象和自由创造的空间。

(三)依据学前儿童语言发展的特点选择教育内容

学前儿童语言发展的特点是,从非语言交际向口语交际转换,从口语交际向书面语学习转换。这两个转化并不是截然分开的三个阶段,而是互相交叉的。因此,教师在确定语言教育内容时,须针对儿童语言发展的特点,做到既有交叉又有侧重。

首先,在非语言交际向口语交际转换的过程中,儿童需要学习包括听说轮换、即时反馈,对词语的理解和应用,构词成句、表达意思三个方面的内容。我们可以选择谈话、讲述、听说游戏、文学作品学习和早期阅读等语言教育活动,让儿童进行这些内容的练习,使他们在参与活动的过程中获得有关的语言经验,顺利完成转换。

其次,在口语交际向书面语学习转换的过程中,可让儿童逐步接触书面语言。儿童需要学习口语与文字的对应与转换关系及简单识字这两方面的内容,即理解说出的话与写出的字之间的关系,对不同字形的辨认以及对字形结构的分析与书写,为升入小学学习书面语言做好准备。

(四)依据学前儿童新旧语言经验选择活动内容

学前儿童的语言学习是不断获得语言经验的过程,语言教育活动也就是不断为学前儿童提供各种新的语言经验的过程。教师在选择语言教育内容时应该重视,语言活动所提供的语言经验应当能够为学前儿童所获得,能够成为他们自身语言经验体系的一部分。因此,能否使新旧语言经验之间具有内在的联系,是需要教师着重考虑的。要做到这一点,就要注意活动内容的连续性,使每一类活动内容都由具有内在联系的经验组成,每一次获得的语言经验,都能成为儿童以后语言学习的基础。同时,还要注意活动内容的连贯性,使经验与经验之间既有纵向的连续性,又有横向的相关性,从而使儿童的新旧语言经验真正建立起联系。

二、学前儿童语言教育内容的结构和具体内容定位

学前儿童语言教育内容可以分为专门的语言教育内容和渗透的语言教育内容两类。

（一）专门的语言教育内容

对学前儿童进行专门的语言教育，是为了给学前儿童提供用语言进行充分互动的环境，使他们有机会对在日常语言交际中获得的语言素材进行提炼和深化，达到对语言规则的理解及有意识的运用。专门的语言教育，是根据既定的语言教育目标，有计划地组织和安排学前儿童系统学习语言的过程，是通过专门的语言教育活动来实现的。它主要包括谈话、讲述、听说游戏、文学作品学习和早期阅读等活动类型，这也是我国目前学前儿童语言教育中经常采用的、最基本的教育内容。

1. 谈话活动

谈话是人与人之间运用问答、对话的语言手段进行交往的一种活动。儿童运用语言与人交往是从交谈开始的。谈话在培养儿童语言交际意识、情感、能力方面有特别重要的意义。

幼儿园专门的谈话活动与日常谈话是有区别的。日常谈话是儿童在日常生活中进行的谈话，是无预期目标和计划的谈话，具有自发性和随意性。从话题上来说，日常谈话是没有目标的，是儿童随意产生的；从时间上来说，是在自由活动时产生的。幼儿园的谈话活动是一种有目的、有计划地组织儿童学习的语言教育活动，这种活动旨在创造一个良好的语言环境，帮助儿童学习倾听别人的谈话，围绕一定的话题进行谈话，习得与别人交流的方式、规则，培养其与人交往的能力。谈话活动的内容主要有以下几个方面：

（1）围绕主题交谈。教师可根据儿童的兴趣和生活经验，设计交谈内容。通过专门的、有组织、有计划的谈话活动，激发儿童的谈话兴趣，培养谈话的积极性、主动性，逐渐养成谈话习惯。

（2）交流信息谈话。为了让儿童获得更多他们不具备的信息知识，教师可安排儿童进行专门的信息交流或谈话活动。可让儿童说说最近发生的新鲜事或将遇到的有意义的事，让他们更加关注周围环境及生活中的新变化，交流自己身边的信息。

（3）分享经验谈话。为了更多地体现一日活动各环节对儿童发展的教育价值，教师可以经常组织开展一些小结性的谈话活动，让儿童在谈话活动中与同伴分享自己或他人的有益经验。通过谈话，使儿童在倾听和理解教师的提问并作出相应回答的基础上，习得一些谈话的方法，在谈话中逐渐领悟、掌握谈话的基本规则。

2. 讲述活动

讲述是指运用完整的句子、连贯的语言围绕一个主题描述事物、表达思想的一种活

图 3-3 实物讲述

动。讲述时运用的是独白的语言,是比谈话更为复杂、周密的一种口语表达形式。它的特点是内容丰富、用词准确、语句结构完整、语言连贯、表达内容前后一致。它对儿童语言的目的性、独立性、创造性和连贯性,对儿童的思维、记忆、想象等方面的教育都有很好的促进作用,因此也是我国幼儿园语言教育中颇具特色的一种教育内容。讲述在语言的内容、形式和思维的逻辑性方面的要求都比谈话高。要达到语言教育目标中有关讲述能力的目标,必须根据儿童的年龄特点,选择多种讲述内容,通过多种方式的训练,发展其讲述能力。讲述活动主要内容有:

(1)实物讲述和图片讲述。实物讲述就是指用语言来描述实物的外形、性质、习性、用途或使用方法等;图片讲述则是指让儿童讲述单幅或多幅图片中的相关内容,比如时间、地点和人物的外貌、表情、姿态、动作等。

(2)拼图讲述和情景讲述。拼图讲述是指讲述拼出的图片、拼板或图形中包含的内容;情景讲述则指讲述情景中的人物、事件、对话、动作、心理活动等。

(3)经验讲述。即讲述自己亲身经历过的或间接了解的人、事、物等。

3. 听说游戏活动

听说游戏活动为儿童提供了一种轻松、愉悦的游戏情景,使儿童在游戏中按一定的规则练习口头语言,培养儿童在口语交际活动中快速、机智、灵活的倾听和表达能力。听说游戏的内容有:

(1)巩固难发的音,排除方言干扰音,练习声调和发声用气。

(2)扩展、丰富词汇量,正确运用各类词语。

(3)在游戏中尝试运用某些结构的句子,锻炼语感。

4. 文学作品学习活动

文学作品学习活动是以儿童文学作品为基本教育内容而设计组织的语言教育活动,它从一个具体的文学作品教学入手,围绕这个作品展开一系列相关的活动,帮助儿童理解文学作品所展示的丰富、优美的艺术语言和生动、有趣的情节,是幼儿园语言教育的重要内容。

儿童文学作品主要包括童话、儿童生活故事和自然故事、儿童诗歌、散文、谜语、绕口令等。它们具有丰富优美的语言和生动有趣的情节,作品中人物个性鲜明,主题富有哲理,深受儿童喜爱。文学作品学习活动的具体内容有:

(1)聆听与感受文学作品。要求儿童集中注意力去倾听成人朗读文学作品,感受文学作品的语言、情节、动作、人物对话等,感受作品的思想感情脉络和丰富独特的表现手法。

(2)朗诵与表演文学作品。要求儿童跟随成人朗诵文学作品,并扮演一定的角色,运用道具、场景等材料,借助动作、表情、对话等来学习、模仿和表演文学作品的内容,进一步理解文学作品。

(3) 仿编与创编文学作品。要求儿童在理解文学作品内容的基础上,仿编儿歌、儿童诗、散文、谜语等内容,并根据所创设的条件以及提供的材料创编文学作品。

> **案 例**

文学作品活动:彩色的雨(中班)

【活动目标】

(1) 结合"快乐的夏天""彩色的世界"或"美丽的大自然"等主题开展活动,让儿童感知夏天大自然的变化和小朋友的活动。

(2) 理解散文的内容,感受散文所表现的美丽意境。

(3) 学习拟人、比喻手法。学习用"……像……""……更加……"句式表达。

(4) 根据已有的经验进行仿编。

(5) 初步尝试表演,体验参与表演的快乐。

【活动准备】

(1) 散文录音带。

(2) 雨、白云、禾苗、苹果、番茄、茄子、丝瓜、倭瓜头饰若干;根据散文内容制作的下雨、田野、庄稼、果园、菜畦、帐篷等图片。

(3) 配乐录音一段。

【活动过程】

1. 问题导入

师:小朋友们,现在是什么季节?你们喜欢夏天的雨吗?夏天的雨是什么颜色的?让我们一起来欣赏散文《彩色的雨》。

2. 分段欣赏散文

(1) 学习散文第一段。

① 教师有表情地配乐朗诵散文第一段。

② 提问:散文的名字叫什么?夏天的雨是怎样的雨?它从哪里落下来?它躲在哪里?它手里拿着什么?(出示下雨的图片)

(2) 学习散文第二段。

① 教师有表情地配乐朗诵散文第二段。

② 提问:哗哗——夏天的雨落在了哪里?(出示田野、庄稼图片)

(3)学习散文第三段。

① 教师有表情地配乐朗诵散文第三段。

② 提问:哗哗——夏天的雨还落在了哪里?(出示果园图片)

(4)学习散文第四段。

① 教师有表情地配乐朗诵散文第四段。

② 提问:哗哗——夏天的雨还落在了哪里?(出示菜畦、番茄、茄子、丝瓜、倭瓜图片)

(5)学习散文第五段。

① 教师有表情地配乐朗诵散文第五段。

② 提问:哗哗——夏天的雨还落在了哪里?(出示帐篷图片)

(6)学习散文第六段。

① 教师有表情地配乐朗诵散文第六段。

② 提问:夏天的雨是什么颜色的?

3. 完整地欣赏散文

(1)播放散文录音带。

(2)教师完整地配乐朗诵散文。

(3)让儿童分组分段朗诵散文。

4. 讨论交流

师:夏天的雨真是彩色的吗?为什么说夏天的雨是彩色的雨?

小结:夏天的雨本来是没有颜色的,但是,夏天的世界是彩色的,有绿色的庄稼、各色的果子和蔬菜,还有夏令营彩色的帐篷。哗哗——雨落在上面,就成了彩色的了。它给苗儿、果子、蔬菜和小朋友们带来了生机、带来了希望、带来了喜悦。小朋友们喜欢夏天的雨吗?

5. 仿编

(1)夏天的雨还会"哗哗"——落在哪里?

(2)夏天的雨像什么?各色的果子像什么?你还能说出哪些像什么的东西?

(3)雨"哗哗——落在菜畦里",番茄的颜色怎么样了?丝瓜的颜色怎么样了?落在其他东西上会怎么样呢?

6. 散文内容表演

让一个儿童头戴云彩的头饰,手拿塑料喷水壶,其他儿童分别头戴禾苗、苹果、梨、番茄、茄子、丝瓜、倭瓜等头饰进行表演。

7. 总结

(1)教师总结,肯定儿童在活动中的表现。

（2）评出最佳创意奖、进步奖、表演奖、朗诵奖等，并颁发奖品。

8. 延伸

结合科学活动，带领儿童参观夏季的果园和菜地。

【附散文】

彩 色 的 雨
佟希人

夏天的雨啊，彩色的雨，从高高的天上飘下来了。

它像一个淘气的孩子，悄悄躲在云彩里，手拿巨大的喷水头。

哗哗——落在田野里，给庄稼洗个冷水澡。苗儿像喝足了奶汁儿，一天一夜就变得更加郁郁葱葱，挺拔茁壮。

哗哗——落在果园里，各色的果子顿时像花枝招展的小姑娘，又干净又漂亮。

哗哗——落在菜畦里，番茄更加鲜红，茄子亮得发紫，丝瓜更加嫩绿，倭瓜更加橙黄。

哗哗——落在小朋友们搭起的夏令营的帐篷上，使孩子们心中顿时充满了彩色神奇的幻想……

夏天的雨呀，彩色的雨，充满希望、令人喜悦的雨，从高高的天上飘下来了……

5. 早期阅读活动

早期阅读是指儿童对简单的文字、图画、标记等的阅读活动，其中包括知道图书和文字的重要性，愿意阅读图书和文字，学习初步的阅读和书写的准备技能等。早期阅读经验是儿童由口头语言向书面语言过渡的前期阅读准备和前期书写准备，是理解口语与文字之间关系的重要经验。从语言教育角度来看，图书是儿童从理解图画符号到理解文字符号，从学习口头语言向学习书面语言过渡的有效工具，它在帮助儿童顺利完成以上两个过渡的过程中起着举足轻重的作用。早期阅读的具体内容有：

（1）前阅读经验。当前儿童阅读的图书是由文字和图画两种符号构成的，我们可以利用儿童感兴趣的、丰富多彩的图画书来帮助儿童学习阅读图书，提高他们的阅读能力。阅读能力包括以下内容：① 阅读图书的基本技能，包括身体的姿势，眼睛与书的距离，翻阅的顺序，会看图画，能发现画面中的人物表情、动作和背景，并能将画面前后内容合理地组织起来，初步运用语言表述等。② 会听成人朗读图书中画面的配文，边看边听边理解，并能根据图书中的故事情节，回答成人的提问。③ 养成喜欢阅读和爱护图书的良好习惯，了解图书制作的方法，知道图书上的故事是由作家用文字表达出来的，画家又用图画将文字内容进一步表现出来,最后印刷装订成书。

（2）前识字经验。识字是儿童进入小学阶段的学习任务,幼儿园开展的早期阅读活动是为了帮助儿童获得前识字经验,提高儿童对文字的敏感程度,而不是要求儿童机械记忆和认读文字。前识字经验包括以下几个方面的内容:① 知道文字有具体的意义,可以念出声音来,可以把文字、口语中的词语与概念对应起来。② 理解文字的功能作用,知道文字是一种符号,知道符号系统可转换。③ 知道文字和语言的多样性,初步了解世界上有各种各样的语言和文字,同样一句话可以用不同的语言文字来表达,不同的语言文字可以相互翻译。

图3-4　幼儿园识字活动

（3）前书写经验。在幼儿园阶段,不要求儿童像小学生那样集中学习写字,但是获得一些有关汉字书写的信息还是必要的,这能为他们进入小学以后正式学习书写做好准备。幼儿园书写学习的主要内容有:① 了解汉字的独特书写风格和基本笔画,能区别汉字和其他文字。② 知道书写汉字的工具,初步了解汉字可以使用铅笔、钢笔、圆珠笔、毛笔等不同的书写工具来书写。③ 初步尝试用正确的书写姿势学习写自己的名字。

（二）渗透的语言教育内容

渗透的语言教育内容,主要是利用学前儿童的各种生活和学习经验,在真实的生活情境中,为儿童提供更加广泛的、多种多样的学习和运用语言的机会。渗透的语言教育内容寓于儿童一日的活动之中,属于随机教育的内容,它能促进儿童与教师之间、与同伴之间有效的语言交流,能充分发挥学习的自由度,丰富儿童的语言经验,还能更好地体现语言教育的个性化,做到因材施教。渗透的语言教育内容在日常生活中往往容易被忽略,得不到很好的利用。实际上,语言作为最重要的交际工具,无时无刻不伴随着儿童的各项活动,因此,发挥语言在各项活动中的渗透作用,应该是语言教育的一项重要教育内容。在日常教育中有必要加大这方面的教育力度,使之与专门的语言教育内容相呼应,彼此配合,相互补充,从而更好地促进儿童语言的发展。渗透的语言教育内容主要可以在以下几种情景中体现:

1. 日常生活中的语言教育内容

（1）在集体活动和个别化活动中,能认真倾听并理解教师关于遵守行为规则的要求,以此指导和约束自己与他人的行为。

（2）在各项活动中理解并执行教师的指令,并能在掌握行为规则的基础上,学习用语言评价自己和同伴在活动中的行为。

(3) 在他人面前大胆地讲述自己的见闻。

2. 人际交往中的语言教育内容

(1) 正确使用礼貌用语。

(2) 能用语言向他人提出请求、表达愿望或对他人提出的要求作出恰当的反应。

(3) 用适当的词、句或语气、语调与同伴展开讨论或辩论,协商与调节同伴之间的纠纷等。

3. 游戏活动中的语言教育内容

(1) 游戏时能与同伴随意进行交流,能结合游戏情节自言自语或进行恰当的人物对话。

(2) 会用语言与同伴协商、讨论与合作,共同开展游戏活动。

(3) 能用连贯性语言评价游戏规则的执行情况与游戏开展情况,评价游戏活动中同伴和自己的表现,以及表达对游戏活动的感受。

4. 学习活动

(1) 在认知活动中,能积极主动地提出问题和解答问题。

(2) 能完整连贯地讲述所观察到的事物或现象。

(3) 在集体中,能较长时间地倾听教师对各种学习内容的讲解和指导,理解学习内容。

(4) 能用几种不同的符号来记录和表述对认知内容和认知过程的感受和认识。

(5) 能用语言表述对音乐、美术作品的感受。

第三节 学前儿童语言教育的方法

学前儿童语言教育,实质上是成人为发展儿童的语言创设条件和机会,让儿童参与各种丰富多彩的活动,支持、鼓励、吸引儿童在与人、物、环境、材料等交互作用中学习语言、发展语言。学前儿童语言教育的方法是根据儿童语言发展的理论和规律、儿童语言教育的目标和原则,以及多年来儿童语言教育的实践经验归纳出来的,主要包括:示范模仿法,视、听、讲、做结合法,游戏法,表演法和练习法等。

一、示范模仿法

示范模仿法是指在语言教育活动中,教师通过自身的模范化语言,为儿童提供语言学习的样板,让儿童在良好的语言环境中自然地模仿学习,习得规范的语言,提高其语言能力的一种方法。示范可以由教师亲自进行,也可以采用录音的方式,甚至可以让语言发展较好的儿童来示范。语言学习尤其是规范语言的学习,往往是通过模仿习得的,这就要求教师给予儿童规范的语言示范,教师的示范是学前儿童进行语言模仿的基础。示范模仿法在具体运用中要注意以下几点:

(一)示范语言要规范到位

教师的语言是儿童直接模仿的对象,教师的一言一语,儿童都会听在耳里,记在心里,并运用于语言实践。教师的用词造句、表达方式、语气语调以及说话时的态度、表情和姿态等都对儿童起到示范作用。因此,教师在进行语言表达时,除了要注意咬字清楚、发音清晰响亮并辅以自然的表情和恰当的手势外,还需注意语言的表现力,音量、语气、语调、语速等都要适当,要保证儿童能听懂、能理解。此外,教师要注意使用简单易懂的句式,尤其是对儿童发出指令的语言要具体、明确,便于儿童从语言形式、语言内容和语言运用三个方面进行模仿和迁移。同时,教师无论在何时何地都要运用规范语言,为儿童创设良好的语言环境,为儿童模仿学习创造条件。

图 3-5 教师示范

(二)要把握好示范的时机和力度

在学前儿童语言教育活动中,教师的语言示范一般在儿童的语言活动之前进行。语言教育中新的、儿童不易掌握的学习内容,教师要反复地重点示范,如难发准的音、新词句、人物的对话、连贯的讲述、需要儿童作为仿编参照的原词句等,要让儿童有意识地进行模仿学习。

(三)恰当地运用显性示范和隐性示范的手段

在语言教育中,教师要恰当地处理好显性示范和隐性示范两种手段的运用。教师在进行示范时,针对一些重点和难点问题,可以运用显性示范的方式,明确提出让儿童模仿的要求。对于一般的语言知识,教师可以采用隐性示范的方式,让儿童在不知不觉中得到暗示,进行模仿。具体采用哪种手段,都要依据儿童语言发展的水平和特点以及教学活动的实际情况来决定。

(四)积极观察儿童的语言表现,妥善运用强化机制

在语言教育活动中,教师要注意观察每个儿童的语言表现,善于发现儿童语言发展的

差异，因材施教。对于儿童正确的语言行为和习惯，对他们的语言进步要随时予以鼓励强化。可以让语言发展较好的儿童做示范者，为同伴提供模仿学习的样板。同时，也要及时发现和纠正儿童的语言错误，避免重复不正确的语言。但要注意应以正面引导为主，避免因过于挑剔而让儿童得不到成功的体验，降低儿童模仿和学习的积极性。

二、视、听、讲、做结合法

学前儿童的学习方式比较直观，思维具体形象，对直接体验的认识、记忆比较深刻。视、听、讲、做结合法是依据"直观法"和"观察法"并结合儿童语言学习的特殊性而提出的。所谓"视"是指教师提供讲述对象的具体形象，如实物、动画、图片、图书、情景表演等，让儿童充分地观察，帮助儿童理解语言，获得对讲述对象的感知；所谓"听"是指教师用语言对学习对象进行描述、启发、暗示、示范等，引导和组织儿童进行讨论，让儿童通过声音充分地感知与领会语言；所谓"讲"是指教师引导儿童在感知理解的基础上充分地表述个人对事物的认识；所谓"做"是指教师给儿童提供一定的想象空间，通过儿童的参与或独立的操作活动，帮助儿童充分地构思，从而组织起更加丰富、连贯、完整、富有创造性的语言进行表述。这四个方面必须有机地结合起来，"视""听"的内容由教师提供，最后由儿童通过"讲"和"做"反映出来，从而转化为儿童的语言能力。"视""听""做"都是为"讲"服务的，在"讲"的过程中，儿童语言能力得到发展。这一方法的具体运用要注意以下几点：

（一）辅助材料来源于儿童生活

教师所提供的语言教育辅助材料，应该是儿童接触过的、较熟悉的或符合儿童认知特点的，这样才能被儿童所理解，才能更好地促进儿童的语言发展。

（二）留有一定的时间和空间

在观察讲述对象时，教师要教会儿童观察事物的方法，留给儿童一定的观察时间和空间，让儿童充分地感知和理解观察对象。

（三）提问应具有开放性

教师的提问要有顺序性、启发性，要有助于儿童开放性地构思与表达，而不能总是提出封闭式的问题，让儿童仅作出是否或正反两方面选择的回答。

（四）提出不同的表述要求

教师应根据儿童的语言实际水平，提出不同的表述要求，使儿童在动手、动脑、动口的学习中获得语言经验。

三、游戏法

游戏法是指教师运用有规则的游戏,训练儿童正确发音,丰富儿童词汇和句式的一种方法。游戏是符合学前儿童年龄特点的活动,运用游戏法进行教育是儿童语言教育中常见的方式之一,它有助于提高儿童的学习兴趣,能集中儿童的注意,促进儿童各种感官和大脑的积极活动。运用这一方法应注意以下两点:

(一)根据儿童语言教育目标和内容来选择和编制游戏

在语言游戏中,应有明确的语言教育目标。教师要根据儿童语言教育目标和内容来编制游戏,要做到目标明确、规则具体,便于儿童理解,从而达到发展儿童语言能力的目的。游戏规则并不是教师凭空制定的,而是教师根据具体的语言教育目标,选择适当的语言学习内容,并将本次活动的语言学习重点进行转化而形成的。在儿童参与游戏时,教师应要求他们必须遵守游戏规则,按照规则进行游戏,从中练习听说能力。

(二)在运用游戏法的同时配合使用教具或学具

在运用游戏法开展语言教育活动时,教师应根据游戏需要,为儿童创设情景,并配合教具或学具开展学习。

随着儿童年龄的增长,教师应该逐渐减少直观材料,可以适当开展纯语言训练的游戏。对于个别学习有困难的儿童,可运用游戏法对其进行重点帮助,使他们在轻松、愉快的活动中进行强化训练。

四、表演法

表演法是指儿童在教师的指导下,在熟悉理解文学作品的基础上,扮演文学作品中的人物,并根据作品情节的发展,通过对话、动作、表情等再现文学作品,从而加深对作品的认识,提高自身语言表现力和创造性的一种方法。这一方法的具体运用应注意以下两点:

(一)理解作品,把握作品

教师必须在儿童理解诗歌、散文、绕口令等作品内容,并能熟练朗读或讲述的基础上,指导儿童深刻领会作品的思想内涵,把握人物的情感和角色特点,然后正确地运用声调、韵律、节奏、速度等进行诗歌、散文、绕口令的朗诵和表演。

(二)体验角色,鼓励创新

教师必须在儿童理解童话、故事等文学作品的内容,熟悉人物对话以及体会角色心理的基础上,指导儿童正确地运用语言、动作、表情等来表现角色,再现故事情节,进行故事表演。教师要鼓励儿童在故事表演中创新内容和增删情节与对话,大胆地发展故事情节,创造性地运用动作、表情和声音的变化去刻画故事中人物的性格和心理,渲染气氛。教师要为每个儿童提供参与表演的机会。

图 3-6 儿童扮演文学作品中的人物

五、练习法

练习法是指教师在语言活动中,有意识地让儿童针对特定的语言因素(如:语音、词汇、句子等),在不同的内容或环境中反复运用,巩固所学语言知识,训练儿童某方面语言技能技巧的一种方法。在学前儿童语言教育活动中,练习主要以口头练习为主,强调语言运用能力的培养。在使用这一方法时应注意以下几点:

(一)明确练习目标,逐步提高练习要求

在每一次练习前,教师要给儿童提出明确的练习目标,要求要具体,要便于儿童理解,难度要适宜,并注意逐步提高练习的要求。

(二)要求儿童在理解内容的基础上,创造性地进行练习

教师应要求儿童在理解内容的基础上,进行有创造性的练习,避免简单、枯燥的重复,以提高练习的效果。

(三)练习方式应生动活泼、灵活多样

练习方式应灵活多样、生动活泼,以便调动儿童练习的积极性,取得良好的练习效果。

以上介绍的语言教育方法只是比较常见的几种,教师在实际运用中,还需根据客观条件,结合本班儿童语言发展的实际水平和语言学习的特点,选择和创造更为恰当的教育方法,有的放矢地进行语言教育。有时,还需要将各种方法互相配合、交叉使用,或互相补

充、综合运用,以促进学前儿童语言的发展。

阅读以下案例,想一想教师运用了哪些语言教育的方法。

大班语言活动:微笑(部分)

【活动过程】

1. 问题导入

出示小鸟、大象、小兔、蜗牛头像,引导儿童讨论。

师:小朋友们,小鸟、大象、小兔、蜗牛平时都可爱帮助别人啦,你们知道它们会怎样帮助别人吗?

2. 欣赏故事

(1) 播放录音带,儿童欣赏故事《微笑》。

提问:故事的名字是什么?找一找故事中都有谁?

(2) 教师有感情地讲述故事,学前儿童带着问题听故事。问题如下:

① 小鸟说它会怎样帮助别人?(引导儿童仔细观察小鸟唱歌的图片)

② 大象说它会怎样帮助别人?(引导儿童仔细观察大象干活的图片)

③ 小兔说它会怎样帮助别人?(引导儿童仔细观察小兔送信的图片)

④ 看到小鸟、大象、小兔都在帮助别人,小蜗牛的心情是怎么样的?为什么?

⑤ 小蜗牛为朋友们做了什么?

⑥ 小蜗牛送给朋友的信里有什么?(出示蜗牛微笑的图片)

⑦ 小蜗牛送给朋友们的画下面写的是什么字?(出示小蜗牛写字的图片,教师领读图片上的文字)

⑧ 朋友们看了小蜗牛送的信都说了什么?(出示写有朋友们所说话语的图片,教师领读图片上的文字)

3. 讨论交流

(1) 说一说自己帮助过谁?帮助别人之后心情怎么样?

(2) 小蜗牛为什么要把自己的微笑寄给别人?

(3) (教师出示一些人物或动物的笑脸图片,请儿童欣赏)说一说看了这些图片后,你们心情怎样?为什么心情会很好?你平常会对谁微笑?为什么会微笑?

(4) 用"只要我醒着,我……"向同伴表达自己的愿望。

小结:故事中的小蜗牛因为想为同伴做好事,所以它选择了向每一个人微笑。这不仅给自己,也给同伴带来了快乐。所以,我们平常要像小蜗牛那样,经常保持微笑,保持良好的心情,并能为他人着想。

4. 故事表演

请四位儿童分别扮演小鸟、大象、小兔、小蜗牛,戴上头饰,其他人扮演小蜗牛的朋友们,一起进行故事表演。

5. 创编故事

(1) 请儿童画各种各样的笑脸(如:大笑、微笑、露齿笑、调皮的笑等),要求儿童将所画的笑脸编成一个故事。

(2) 请个别儿童讲述自己编的故事,要求讲述的儿童声音响亮,语句、情节讲述完整,其他儿童能耐心、专注地倾听。

【附故事】

微 笑
李 想

小鸟说:"只要我醒着,我随时为朋友歌唱。"

大象说:"只要我醒着,谁有干不动的活,我随叫随到。"

小兔说:"只要我醒着,我乐意为任何一位朋友送信传消息。"

大家都想为朋友干点儿什么,小蜗牛好着急,他除了整天背着个沉重的壳,在地上慢慢地爬以外,别的什么也干不了。

一天下午,一群蚂蚁正忙着搬东西。他们从蜗牛身边走过时,小蜗牛友好地向他们微笑。

"小蜗牛,你的微笑真甜!"一只小蚂蚁说。

"对呀,我可以对朋友们微笑!"小蜗牛想。可一想又不对:"难道让朋友们放下手中的活,跑来看我微笑吗?"忽然,小蜗牛有了一个新想法。

第二天,小蜗牛把厚厚一叠信交给小兔,让他给森林里的每一位朋友送去。

朋友们拆开信,里面是一张画,画的是一只正甜甜微笑的小蜗牛,画下面有一行小字:"当您觉得孤单或不开心的时候,请记住您的朋友小蜗牛,正对着您微笑!"

"小蜗牛真了不起,他把微笑送给了整座森林!"朋友们都这样说。

第四节　学前儿童语言教育活动的设计综述

幼儿园对学前儿童实施的语言教育活动不同于家庭和社会对儿童的语言教育,它是有目的、有计划、有组织地对儿童进行语言教育的过程。语言教育活动是实现语言教育目标的重要途径,是组织和传递语言教育内容的实施环节,也是落实语言教育任务的具体手段。

一、学前儿童语言教育活动概述

(一) 学前儿童语言教育活动的含义

学前儿童语言教育活动是指以儿童为主体,以语言为客体,为发展学前儿童语言而组织、实施的一种有目的、有计划的且形式多样的教育活动。其根本目的是在教师的指导和帮助下,儿童能积极主动地与人交往,不断与周围的语言环境相互作用,从而获得语言能力的发展与提高。儿童的语言能力不是自然获得和发展的,离开了有目的、有计划的教育活动,儿童不可能迅速掌握复杂而系统的语言符号,儿童的语言潜能也不可能获得最大程度的发展。学前儿童语言教育作为教育的一个领域,除具有自身特殊的规律和方法外,还具有教育活动的共性。所以,语言教育活动的设计与组织还必须遵循一般教育活动的原则与规律,这样才能最大限度地发挥和促进儿童语言发展的作用。

(二) 学前儿童语言教育活动的特点

1. 有明确的目的和计划

学前儿童语言教育活动要有明确的目的和计划,这样才有利于儿童语言能力全面均衡的发展。每一次或每一阶段语言教育活动的目标,都要根据学前儿童语言教育的阶段目标来确定。通过有目的的语言教育活动,可以在听、说、文学欣赏与创作、早期阅读等各个方面促进儿童语言能力和水平的全面发展。

学前儿童语言教育活动作为一项有计划的活动,它根据儿童语言教育的目标,从儿童语言发展的实际状况和发展趋势出发,有计划地安排具体的语言教育活动,有顺序、有步骤地开展各项活动,训练儿童的语言能力,从而保证学前儿童语言教育目标的全面实现。

2. 引导儿童主动参与,获得丰富的语言经验

学前儿童语言教育活动是让儿童置身于语言环境中并进行主动学习的过程。教师应把语言教育活动与其他领域活动结合起来,将各领域知识加以有机的整合,引导儿童积极主动地参与到这种环境中来,让他们愿意倾听与表达,从而获得大量丰富的语言信息。儿童的语言发展正是通过参与这种有组织的、整合的教学活动所获得的语言经验而实现的。

3. 学前儿童语言教育活动是一项专门的语言学习过程

语言是一个复杂的符号系统,抽象而又概括。学前儿童学习语言知识,发展语言能力,单靠日常生活中的交往,在不知不觉中获得的语言信息是不够的,还需要专门的语言学习活动,让儿童集中、规范地学习语言知识,提高语言能力。例如,专门的谈话活动、讲述活动、不同体裁文学作品的教学活动、听说游戏活动、早期阅读活动等,都需要在教师的指导下有组织地进行。在这种有组织的、专门的教学过程中,儿童的阅读理解能力、体验作品思想感情的能力、创造性的表达能力都能得到有效的提高。同时,在这种专门的教育活动中,教师能够始终注意儿童已有的语言经验,并在此基础上为儿童提供新的语言经验,使儿童通过学习,把新的语言经验纳入已有的经验范畴,由此循序渐进,使儿童的语言能力和水平得到全面的提升。

(三) 学前儿童语言教育活动设计与实施的原则

1. 发展性原则

所谓发展性原则是指设计与实施语言教育活动时,既要了解儿童已有的语言经验,符合儿童现有的语言水平,又要着眼于儿童语言发展的长远目标,在儿童已有经验的基础上为其提供新的语言经验,由此使其语言能力获得进一步发展。发展性原则主要体现在以下几点:

(1) 教师在设计与实施语言教育活动时,要通过理论学习和实践观察,深入了解全体儿童的语言发展水平和发展潜力,对其作出正确的估计;要综合运用各种教学方法,并不断加以改进;要按照知识的逻辑顺序和儿童的认识能力,在儿童已有语言经验的基础上进行新知识的教学,使儿童利用已有的知识去获得更多的新知识,同时发展智力。

(2) 在选择活动内容时,要充分考虑儿童的可接受性,活动内容要略高于儿童现有的语言水平,但又不超过其发展的可能性,要使儿童通过一定的努力才能掌握,这可以引发儿童较强的学习兴趣,对儿童具有一定的挑战意味;要由浅入深、由易到难、循序渐进,要求儿童不断努力,从而促进其不断发展。

2. 交互性原则

由于儿童经验不足,且个体的语言水平又存在差异,因此在教育活动中,教师的参与是不可缺少的,同时儿童之间的相互学习,也是非常必要和有效的。教师参与活动,必须以帮助儿童更积极、更主动地学习为目的,充分发挥教师的主导作用,同时也要尽可能地为儿童之间的语言交流和学习创造机会。在设计语言教育活动时,教师需要考虑儿童主动活动与教师参与的比例关系,要处理好儿童在活动中的主体地位与教师的主导作用的关系。如何做到教师对儿童影响适度呢? 主要应该注意以下几点:第一,教师要了解每一位儿童的语言发展水平,从而决定自己在活动中参与程度的大小。第二,教师要确定语言教育活动中的新知识、新技能以及新的语言要求,从而策划自己参与指导的重点和难点。第三,教师要了解每一位儿童在活动中操作工具的熟练程度,然后决定自己参与指导的时间分配等。

此外,在语言教育活动中还要注意主客体的交互作用。主体和客体交互作用在语言教育活动中具体体现为:主体(儿童)具有参与语言活动的主动性和积极性,客体(多种语言教育内容和适合的教育方式)从客观上能引起儿童的兴趣,激发儿童的情感,能起到促使儿童主动参与活动的作用。通过主客体不断地、连续地交互作用,促使儿童语言获得有效的进步。为使儿童主动、积极地参与活动,每次活动的内容和方式,必须达到激发儿童的听说兴趣和帮助儿童学习正确表述的目的。

3. 渗透性原则

语言教育活动是以语言教育为主要目的而开展的活动,在语言教育活动中,儿童学习的主要内容是语言信息材料。但是由于儿童认识过程具有直观形象性的特点,因此,在活动中除了语言,还会有艺术、科学、社会等不同领域的因素并存,体现出学前教育的整合性和学科间的渗透性特点。在设计与实施语言教育活动时,有美术、音乐、动作等符号系统参与活动,更有利于儿童主动积极地学习和掌握新的语言信息,也有助于他们对语言内容的理解与获得,从而能够促进儿童语言能力的提高。

在设计与实施语言教育活动时,应该根据语言活动的内容,引入具体形象的符号系统作为辅助学习的工具。但作为活动的设计者要把握这样一个原则:语言教育活动应当从语言角度来设计活动,语言活动是主线,其他学科的内容要自然地渗透在活动中。在设计活动时应注意下列几点:

(1)活动的要求、内容、形式都应从语言角度思考,为学前儿童提供适应其语言发展需要的学习机会。

(2)在语言教育活动中,其他领域活动因素的参与具有辅助的意义。例如,什么时候要辅之以什么内容,要根据语言活动的需要而定,要从如何帮助学前儿童更好地理解学习内容,更积极主动地完成学习任务的角度来确定,要有利于儿童更好地完成活动目标。

(3)语言教育活动从语言符号的操作出发,经过多种符号系统的参与,最后落脚在语言符号系统的活动上。教师在设计与实施活动时,既要将相关学科内容自然渗透到语言活动中去,又要最终落实到语言教育的根本点上,切忌简单无目的地将活动搞成"大拼盘"。

4. 层次性原则

理论研究成果已经证明,儿童语言的发展是存在个体差异的。有的儿童喜欢说,有的儿童不喜欢说;有的儿童语言发展较早,可以流畅地表达自己的要求和情感,而有的儿童语言发展较迟缓,不善于表达自己的见解和情感。因此,在设计与实施语言教育活动时,教师既要面向全体儿童,又要关注个体差异,必须充分考虑儿童语言发展的差异性,关注到不同儿童语言发展层次的需求,为他们提供有效的帮助。要根据本班儿童语言学习的特点,既要为语言能力较强的儿童提供进一步提升的机会,也要为语言水平较低的儿童提供发展的机会,使不同发展水平的儿童都能得到提高。

5. 积极活动的原则

学前儿童的心理发展水平和认识客观事物的能力都较低,不可能完全像成人那样,借助人类其他成员活动的结果来获得知识,而必须通过自己的亲身体验,才能获得对外界事物的清晰印象,逐渐积累并

图3-7　儿童积极参与活动

最终形成知识和能力。因此,学前儿童的语言发展是通过活动来实现的。在设计与实施语言教育活动时,必须贯彻让儿童积极活动的原则。要贯彻这一原则需要注意以下几点:

(1) 选材贴近儿童生活,具有趣味性。如果教师选择的内容是儿童不熟悉的,儿童无话可说,就难以激发儿童参与活动的积极性。

(2) 引导儿童在活动中进行操作。学前儿童的活动是通过一系列的动作实现的,而实现动作的方式就是操作。操作包括动手操作、动脑操作和动口操作等。在语言教育活动中,儿童操作的方式主要是指动口操作。因此,教师在组织语言教育活动中,要充分创造动口操作的条件,让学前儿童在操作中习得和巩固语言。

6. 自由与规范相统一的原则

学前儿童语言教育活动本身就是一种通过规范去学习语言规范的过程。这就要求学前儿童在规范的情境中,接受和练习规范的语言,用规范的语言进行语言交际。但是教育的目的之一,又是让学前儿童的个性得到自由发展,自由地去创造。因此,教师在组织语言教育活动时,应注意将自由与规范有机地结合起来。具体的注意事项有:

(1) 为学前儿童创造自由说话的机会。不论是哪一种类型的语言教育活动,当儿童掌握每一种新的语言经验之前,教师都要为其提供一定的时间和空间,让儿童运用已有的语言经验自由地交谈。即使在儿童获得了新的语言经验之后,也要允许他们在一定规范的范围内,自由练习所习得的新的语言经验。

(2) 引导学前儿童养成运用规范语言的习惯。学前儿童语言教育的目的是使儿童掌握规范的语言,因此,在提供学前儿童自由运用语言的机会的同时,一定不可脱离规范的要求。教师在组织语言教育活动时,要在语言形式、语言内容和语言运用方面,对学前儿童提出规范的要求。

二、学前儿童语言教育活动设计的步骤

在组织语言教育活动时,教师最重要的工作就是设计教育活动的方案,包括活动应达到的目标、选择能实现目标的具体内容、构思活动过程等。学前儿童语言教育活动的设计,就是要将一定的目标、内容及活动方式,转化成一个个具体活动方案的过程,是对学前儿童有计划、有组织、有目的地施加教育影响的具体体现。设计一个完整的教育活动一般包括确定活动目标、选择活动内容、设计活动流程和拟定活动方案这四个步骤。

(一) 确定活动目标

确定语言教育活动目标,是语言教育活动设计中最重要的一环。目标确定的恰当与否,将对整个活动设计产生决定性影响,直接影响到活动设计的方向、范围和程度。语言教育活动目标要依据语言教育的总目标和儿童年龄段目标,以及本班儿童语言发展的水平来确定,然后根据目标去选定语言教育内容。教师要改变那种只有内容没有目标,或者先选择内容后制定目标的本末倒置的现象。因此,要使语言教育活动产生良好的效果,就要制定好活动的目标。在制定目标时应注意以下几点:

1. 目标应着眼于学前儿童的发展

学前儿童语言教育活动目标的制定,一方面应适应儿童已有的发展水平,目标不能过高也不能过低,要符合儿童语言发展的规律;另一方面目标的制定应将促进儿童语言发展作为落脚点,落实到学前儿童对语言内容、语言形式和语言技能的掌握上。离开了这个根本目标,学前儿童语言教育活动就失去了自身的价值。

2. 活动目标的内容和要求在方向上应与总目标、年龄阶段目标相一致

在制定语言活动目标时,必须依据语言教育的总目标和年龄阶段目标,也就是说,活动目标要为终期目标和阶段目标服务。语言活动的总目标和年龄阶段目标要分解到每个具体的语言教育活动中,通过一个个具体活动来实现。因此,教师在制定活动目标时,要根据本班儿童的年龄特征和语言发展水平,循序渐进、由浅入深地设计活动目标,使其不断接近阶段目标和总目标。

3. 目标的内容应包含认知、情感与态度、能力与技能三个方面

学前儿童语言教育活动的目标,应涵盖认知、情感与态度、能力与技能三个方面。知识方面涉及语言知识概念的学习,包括所获得知识的数量和种类,以及操作这些知识的技能;能力方面涉及能力的训练,包括组词成句的能力、语言理解能力和在具体语境中实际运用语言的能力;情感态度方面涉及情感态度的培养,包括兴趣、态度和价值观等方面的教育。

4. 语言教育活动目标的表述应该采用特定的术语

语言教育活动的目标,应是对儿童通过教育活动之后,在语言等方面的能力和情感、行为技能方面的变化的描述,要便于教师进行活动的操作,也要易于他人理解和接受,还要便于教师在活动后对儿童的学习结果进行评价。因此,教育活动目标的描述要尽量用具体、明确、可观察、可测量的行为术语,陈述预期中儿童要获得的学习结果。因此,教育活动目标不应陈述"教师做什么",而应陈述为让儿童"体验某种具体的情感或培养某种性格品德""学习某些新词""会运用某个句式""能说完整的话"等。

(二)选择活动内容

活动内容是语言教育内容的具体化,是实现教育目标的手段,是目标转化为结果的中间环节,也是设计和组织活动的主要依据。因此,要使选择的活动内容能够真正体现活动目标,促进学前儿童语言的发展,教师应该遵循以下几项原则:

1. 根据目标选择活动内容

语言教育活动内容是为活动目标服务的,要直接根据活动目标来确定。教师在选择活动内容时,直接的参照点是活动目标,但需要将总目标和年龄阶段目标作为间接的参照点,否则将有可能偏离总的方向。根据目标选择活动内容,并不是说内容与目标必须一一对应。实际上,同一项目标往往需要通过多个内容来实现,而一个活动内容也可以同时实现几项目标。

2. 围绕儿童的已有经验选择活动内容

学前儿童语言学习是语言经验不断积累的过程,也是不断为学前儿童提供各种语言经验的过程。要使提供的各种新经验为儿童所理解,能够被纳入他们已有的知识体系,就要在确定活动内容时,考虑新旧经验之间的联系,利用已有的经验帮助儿童获得新经验。要做到这一点,教师在选择活动内容时,要注意活动内容的连续性,要从整体上进行构思和设计。

3. 活动内容要生动有趣

学前儿童天生好奇,情绪波动比较大,兴趣广泛,有意注意和记忆的能力比较差。因此,教师在选择活动内容时,要注意内容的新颖性和特殊性,要在儿童的生活经验范围内,使内容符合儿童的水平,以提高他们学习的兴趣和效果。同时要选择富有趣味的内容,使他们感到新奇有趣,这样不仅能吸引儿童的注意,而且能激发他们的情感,有利于儿童轻松、愉快、积极、主动地学习。

(三)设计活动流程

学前儿童语言教育活动是按照一定的环节展开的。活动进程是教师活动思路的体

图3-8 教师精心准备的活动材料

现,也是教师开展语言教育活动和学前儿童进行语言学习活动的时间流程。在策划整个活动流程时,教师要围绕活动目标,选择合理的方法和形式来完成活动内容,还要体现各种类型语言教育的特点,同时要为活动过程的实施留有余地。为有效地实施语言教育活动,使儿童有尽可能多的机会参与活动,教师必须精心策划活动方式,把活动环境和条件、活动方法和活动形式有机结合起来,引起儿童学习的兴趣,激发儿童参与语言教育活动的主动性和积极性。具体要求如下:

1. 活动的环境和条件

这是指学前儿童活动的空间和教具、学具、教学设备的提供,要考虑提供的内容、形式、数量、出示的时间和方法等。教师要为儿童设计一个有准备的语言活动环境,要考虑儿童的特点和要求,创设活动的空间,在活动过程中运用各种直观材料和教学设备,在适当的时间用合适的方法加以展示,以起到良好的教学效果。

2. 活动方法

凡是学前儿童语言教育的方法(如:示范模仿法、游戏法、表演法等)都可以使用。教师可以根据活动的内容,在活动的不同阶段,灵活地选择教育方法,也可以几种方法交替综合运用,以发挥其综合作用。

3. 活动的组织形式

学前儿童语言教育活动的组织形式,要根据活动的目标和内容来确定,还要考虑各年龄段儿童语言发展的水平和特点。语言教育活动组织形式可以是全班或大组的集体活动,也可以是在教师指导下的比较松散的小组活动和个别活动。这两种活动形式可以交替使用,从而帮助儿童积累语言经验,发展语言能力。

(四)拟定活动方案

为了实现学前儿童语言教育的目标,使语言教育活动更具目的性和计划性,教师在确定活动目标、选择活动内容和设计活动流程的基础上,还须认真拟定一个合理的语言教育活动方案,把活动目标、活动准备、活动过程等内容以书面语言的形式呈现出来,使教育实践活动沿着预定的轨道,朝着预期的目标前进。教师在拟定活动方案时,重点要体现出设计的思路,要包含一定的教育指导思想和理论观点。同时活动方案应具有一定的开放性,不能成为教师实施语言教育活动的桎梏,而应该为教师进行再创造留有空间。教育活动方案一般包含以下几项内容：

1. 活动名称

要写清楚语言教育活动的具体类型、活动的名称、适合的年龄段、具体内容等。活动名称要简洁，要易于儿童接受。具体格式如：散文诗欣赏活动"风在哪儿"（大班）。

2. 活动目标

活动目标是指通过本次教育活动应该达到的具体目标。根据教育的整体性和语言教育的渗透性原则，每次的活动目标应该包括知识、能力和情感态度三个方面。

散文诗欣赏活动"风在哪儿"（大班）的活动目标：

（1）懂得诗句中运用的"比喻""拟人"手法及作用，学习理解"郯郯""摇晃""挥动"等词语，学习运用"像……"的句式。

（2）帮助儿童理解散文诗的内容。学习散文时，要重点引导儿童想象：风在哪儿？它吹着什么？让儿童感知风带给万物的变化，感知风给万物带来的勃勃生机。

（3）通过欣赏，培养儿童对散文诗的兴趣，使他们喜欢聆听；根据原文的格局和句式，指导儿童大胆地想象并进行适当的仿编。

3. 活动准备

活动准备是指教师对语言教育活动内容和活动方式进行初步思考后所做的工作，包括三个方面：一是知识准备，指儿童对这次活动的学习应具备的知识储备基础。教师在组织活动前，应认真了解儿童已有的知识经验，在此基础上组织相关的活动，使儿童在活动中不会因知识经验的缺乏而难以理解所学的知识内容。二是物质准备，指语言教育活动所需的材料、设备、教具、学具等。教师都应在活动之前做好准备，为进一步设计活动过程的具体内容和方式奠定基础。三是语言准备，指在教育活动实施之前，教师应为儿童做好充分的语言表达能力的准备。比如，谈话活动的开展需要儿童具有一定的与人交流对话的能力，这要求教师在日常生活和其他教育活动中有意识地进行培养。

散文诗欣赏活动"风在哪儿"（大班）的活动准备：

（1）录音机一台，画有风、云、水、帆船、柳树、浮萍等散文诗内容的面具各一个和挂图一幅。

（2）录有风声和配乐朗诵散文诗的音频各一段。

（3）儿童已具有刮风天气的感性经验。

4. 活动过程

语言教育活动方案中活动过程的写法不拘一格,但从总体内容上来分析,一般包括:开始部分、基本部分和结束部分。在编写活动方案时,也可以按照教学的环节和步骤来加以设计和编写。

(1)开始部分。这是组织教学活动、集中儿童注意力的重要环节。开始部分的设计要具有情、新、奇、趣的特点,即要富有情趣,富有感染力,使儿童感到新奇,能激发儿童思考和探究的欲望。一般常采用儿歌、谜语、演示、承接、故事、悬念、歌曲、情景表演和游戏等导入方式。

散文诗欣赏活动"风在哪儿"(大班)的开始部分:

(1)采用谜语导入的方法。师:小朋友们,老师说一个谜语,你们猜一猜它是一个什么自然物好吗?看不见来摸不到,四面八方到处跑,跑过江河水生波,穿过森林树呼啸。

(2)采用演示导入的方法。教师打开电风扇并使风吹向儿童,然后提问:你们感觉到了什么?风是从哪儿来的?你们还知道风在哪儿吗?

应该注意的是,语言教育活动的导入环节不是活动的主体和重点,它所占的时间不能太长。此外,一个活动的导入方式可以是多种多样的,而不是唯一的。教师应时刻站在儿童的角度,立足于儿童身心发展的特点,设计出具有吸引力的导入方法,才能使教学活动收到预期的效果。

(2)基本部分。这是活动的主体部分,要写得详细,要求步骤清楚、环环相扣、时间分配合理。具体如何设计,要由内容来定。不同类型的语言教育活动,它的基本部分有自身特定的结构和模式。如果是语言游戏活动,先要交代游戏规则,再示范参与游戏,然后带领儿童参与游戏,最后还要进行游戏评价。如果是讲述活动,则要引导儿童感知和理解讲述对象,运用已有经验讲述,然后引入新的讲述经验,最后巩固和迁移新的讲述经验。

散文诗欣赏活动"风在哪儿"(大班)属于文学语言教育活动。教师在进行活动的基本部分时,应注意引导幼儿观察有关散文诗的图画,讲述风在哪儿,风吹动着什么?重点帮助幼儿理解比喻句,感知散文诗的优美意境;鼓励幼儿跟随教师一起朗诵散文诗;引导幼儿根据散文诗中的语言结构,完整地仿编"风在哪儿?风在……你看,它吹……"这一句式;让幼儿学习有表情地朗诵散文诗,感知风给自然界带来的各种各样的变化。

(3)结束部分。这是活动的最后环节。为了设计一个完美的结束形式,起到画龙点睛的作用,教师要精心设计结束部分。结束部分的设计有很多形式,常用的有总结性结束、悬念性结束、活动性结束三种形式。活动的结束也要讲究教学艺术,一般要简洁明快、生动有趣,使儿童有意犹未尽的感觉。教师具体采用哪种结束形式,要在教案中简练、明确地写出来。

示 例

散文诗欣赏活动"风在哪儿"(大班)的结束部分:
幼儿分别戴上画有云、水、帆船、柳树、浮萍等图案的面具,扮演云、水、帆船、柳树、浮萍等,然后围成一个圆圈。还有一名幼儿戴上画有风的面具扮演风,他(她)绕着其他几个幼儿跑,当跑到某个幼儿跟前时,就对他(她)吹一口气,被吹的幼儿头或身体倾斜,表示被风吹到了。

5. 活动延伸

活动延伸是指在教育活动后,教师继续设计一些与此次活动相关的辅助活动,从而将教育内容渗透到一日生活中,使学前儿童受教育的时间能够延续,教育目的能够更好地实现。语言教育活动可以围绕几个方面进行拓展和延伸:日常生活、家庭、其他领域、区角活动、环境创设、游戏等。

散文诗欣赏活动"风在哪儿"(大班)的延伸部分:
(1) 结合"神秘的四季""奇妙的大自然"等主题开展活动,引导幼儿感知风的特性,激发幼儿探索风的兴趣。
(2) 结合科学领域开展活动,探索、认识空气,寻找空气,通过实践让幼儿知道风就在我们身边,让幼儿了解风给人类带来的好处和危害。
(3) 启发幼儿在日常生活中寻找"风在哪儿"。教师可发放"风在哪儿"的调查表,请幼儿用图画的方式,或在家长的帮助下将自己的发现用文字记录下来,然后在活动室里展示。鼓励幼儿在日常活动中与同伴交流自己的发现,培养幼儿的观察力和前书写能力。

6. 活动评价

活动评价是学前儿童语言教育活动整体结构的一个组成部分。通过评价可以使教师了解语言教育活动的目标、计划、内容、过程、方法以及环境、材料等是否适合儿童的发展水平,是否促进了儿童语言能力的发展,是否达到了预定的教育目标,起到反馈、诊断和增效的作用。教师在拟定语言教育活动方案时,就应设计好评价的标准和范围,增加语言教育的科学性和有效性,以便在具体的教育活动结束后及时进行评价。

总之,活动方案是教师组织教学活动的理论依据,是教学设计的书面表现形式,无论详略都应当规范、条理清楚、表达恰当且美观实用。教师在使用活动方案时应注意,使用前要进一步熟悉方案内容,确保活动进行时能熟练使用;活动过程中根据实际活动需要,可以灵活调整活动方案;活动后要及时写出教学记录,对活动的得失进行反思。

思考与练习

1. 学前儿童语言教育的目标可分为哪几个层次?
2. 专门的语言教育内容包括哪些方面?
3. 学前儿童语言教育的方法一般有哪些?
4. 运用示范模仿法时要注意哪些问题?
5. 如何在教学实践中较好地运用视、听、讲、做结合法?
6. 设计与实施学前儿童语言教育活动应遵循哪些原则?
7. 设计一个学前儿童语言教育活动方案。

第四章
学前儿童谈话活动的设计与组织

学习目标

(1) 掌握学前儿童谈话活动的作用、特点及类型。
(2) 掌握学前儿童谈话活动的语言教育目标。
(3) 掌握学前儿童谈话活动的组织和指导要点。

思维导图

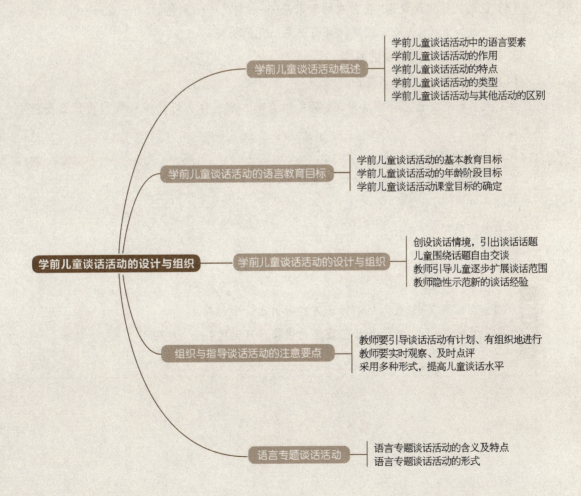

📋 案例导入

小班谈话活动：我喜欢的水果（部分）

👥 **活动过程：**

1. 导入

远看玛瑙紫溜溜,近看珍珠圆溜溜,掐它一把水溜溜,咬它一口酸溜溜。（打一水果）

师：请大家猜一猜这是什么水果？

谜语说明了葡萄的一些特点：紫溜溜、圆溜溜、水溜溜、酸溜溜,说明葡萄是紫色的、圆形的、酸甜的,还有很多果汁。你最喜欢的水果是什么样的呢？

2. 幼儿围绕话题自由交谈

（1）说一说你最喜欢的水果是什么？

（2）说一说你喜欢的水果的颜色、形状、味道以及口感。

（3）让幼儿连贯地说出"我喜欢的水果是……,它是……颜色的,样子像……"。

幼儿之间互相交流,教师以同伴身份参与幼儿的交流。

3. 教师引导幼儿拓展谈话范围

（1）通过提问,拓展谈话范围。

师：大家都有自己喜欢的水果,大家可知道吃水果有什么好处吗？我们为什么要吃水果？

夏天天气特别热,吃西瓜可以……

冬天有小朋友咳嗽,妈妈会给你煮梨汤喝,它可以……

长期不吃水果,身体会……

（2）教师总结。

想一想

（1）在该案例中,教师用了什么方式来引出谈话话题。

（2）在该案例中,教师是如何层层推进谈话活动的？

第一节 学前儿童谈话活动概述

一、学前儿童谈话活动中的语言要素

谈话是人与人之间最常使用的一种交流方式,指两个或两个以上的人就某一主题进行交谈。谈话是学前儿童口头语言能力的重要组成部分,谈话活动是儿童语言能力运用和发展的重要途径,良好的谈话能力是学前儿童口头语言能力的重要表现。谈话活动不仅能促进儿童语言能力的发展,同时也能对他们其他能力的培养提供辅助手段。《3—6岁儿童学习与发展指南》(以下简称《指南》)明确提出:"幼儿的语言能力是在交流和运用的过程中发展起来的",因此,谈话活动具有其他语言教育所不能替代的促进语言发展的独特作用。就一个完整的谈话过程而言,谈话包含谈话的传递、谈话的导向和谈话的推进等语言要素。

首先,谈话的传递要素是生成谈话的最重要的语言应用基础。当人们进行交谈时,必须经过编码、发送、接收、解码四个环节,才能有效地传递信息。所以,为保证谈话的顺利进行,双方必须知己知彼,要了解谈话的分界和进展程度,要用有效的方式给对方传递信息,对方要有能力接收并理解信息,同时用恰当的方式对别人所说的给予应答。另外,双方需采用轮流的方式去推进谈话,使谈话向纵深发展,还要通过补救的措施来纠正影响谈话正常进行的误解。学前儿童谈话也要注意组织语言,用清晰、响亮、准确的语音表达,学会倾听,并能对同伴的谈话内容及时作出应答,使谈话顺利进行。

其次,谈话意味着要在一定范围内传递信息和交往者的态度,因此要建立一种导向,以此来确定交流的方向,帮助说话者引起对相关信息经验的敏感性,将谈话的信息串联起来形成对固定的事件或其他事件的认识。同时,谈话的导向还可以帮助谈话者之间建立联系,分享他们共有的经验,从而使谈话顺利进行。教师的作用就是帮助儿童建立一种导向,组织、指导谈话有计划、有目的地顺利进行。

最后,推进谈话的策略方式是谈话在语言应用中的特殊要求。谈话的推进因素主要表现在以下三个方面:

第一,谈话者对谈话场合要有敏感性,根据场合的特性选择说话的方式。例如,是室内还是室外?是集体谈话还是个别谈话?是师幼谈话还是同伴间谈话?是正式谈话还是非正式谈话?明确谈话的场合,谈话者才能采用适当的音量和合适的方式去说话。

第二,谈话者对个人角色的意识要明确。不仅不同场合需要用不同的方式谈话,即使是同一场合,谈话者本人所处的位置、角色不同,也会影响交谈的各个方面。对于学前儿

图 4-1 教师组织谈话活动

童来说,同样要根据谈话对象来明确自己的角色。

第三,谈话者的语言应适应一定的场合和角色。例如,在室外谈话,音量要适当放大一些,在室内则需要音量适中,保持语音清晰。集体谈话时,声音要响亮,用比较正式的语言表达个人想法,而在个别谈话时则可以用语随意、简短,或倒装、省略等句式。与长辈谈话要注意文明礼貌,使用礼貌用语,与同伴交谈则不必拘谨。在正式场合谈话除要注意语音面貌外,还要注意姿态礼仪,非正式场合则要求相对较低。

了解以上谈话的语言应用要素,可以更全面地认识学前儿童谈话活动的特点,有效地组织和指导学前儿童谈话活动。

二、学前儿童谈话活动的作用

谈话活动是培养儿童语言技能的重要途径。语言技能的提高需要各种形式的训练,谈话活动是最方便可行、最快捷有效的方式,具体表现在以下几方面:

(一)激发儿童与他人交谈的兴趣

幼儿园谈话活动并不特别强调儿童语言表述的严密逻辑,也不注重儿童语言表达词语和内容的丰富性。谈话活动中,教师给出一个儿童感兴趣的话题,重点鼓励他们大胆表达自己的内心想法,激发他们说话的欲望。要求儿童积极主动地参与同伴的讨论,从而克服部分儿童的羞怯心理,使他们在轻松愉快的氛围中,有话想说,有话敢说,增进同伴间的交流,加深同伴间的友谊,从而增强交谈的兴趣。

(二)帮助儿童习得谈话的基本规则

通过谈话活动,儿童不仅学习语言,也学习谈话的规则。教师作为活动的组织者,全程观察参与活动,在适当的时候,会及时对儿童提出一些谈话要求,例如:"不能打断别人讲话""认真听小朋友讲话""不能说谎话""要轮流发言""不抢着说""注意说话的语气语调"等。3~6岁的儿童更愿意表达自己的观点,不愿意倾听别人的意见,甚至因此急得面红耳赤,或者直接抢断别人的话题。指导教师是规则的制定者,也是监督者,适时地进行干预和引导会帮助儿童习得谈话的基本规则。

(三)增强儿童通过交流获取信息的意识

在谈话活动中,儿童语言交流的信息量较大,思路相对开阔,交流范围也不再局限于教师、家长或相邻的同伴,他们之间能互通有无,取长补短,获得一些新鲜的知识。同时,儿童之间能互相启发、互相促进,思维碰撞中也能巩固交谈所得。在这种"互利互惠"的环境下,儿童获取了更多的信息,同时也掌握了获得信息的方法和手段,促进了他们自发交谈的兴趣,增强了儿童通过交流获取信息的意识。

(四)引导儿童关注周围生活

谈话活动的内容丰富多彩,谈话的主题事先由指导教师精心设计,这些话题与儿童日常生活密切相关,也与儿童心智水平相适应。通过不同的话题,能使儿童关注不同的领域。

比如,"我喜欢的小动物"这一话题能引导儿童观察动物的体形外貌,了解动物的生活习性,加深他们对小动物的感情,甚至增强他们对动物的保护意识。再如,通过"我的旅行"这个话题,能让儿童回忆并表述旅行见闻,描述景点特色,在谈话中了解祖国各地大好河山,了解各地不同的风土人情。

(五)促使儿童建立良好的同伴关系

谈话活动扩大了儿童的交往范围,交谈对象由相邻同伴扩大到了小组,使得他们有机会接触到更多不同的谈话风格和不同性格特征的同伴,促进他们调整交流方式,建立良好的合作关系。通过谈话中的信息交流与分享,可以增进同伴间的相互了解,更容易形成和谐的相处模式。谈话是儿童社会性发展的重要途径。在谈话过程中,儿童能够认真倾听他人谈话,并听懂他人意见;能够有礼貌地与人交谈,并把自己的意见清晰地表达清楚,这些构成了未来人际交往的基础和保证。

(六) 推动儿童的认知发展

谈话活动对儿童认知的发展也具有重要的作用。谈话中,儿童的语言能力表现在倾听和表达两个方面。倾听是语言接受和理解的过程,儿童可以从同伴或教师那里学习陌生的词语、新鲜的表达句式,并根据语境与自身经验理解记忆,从而扩大自己的词汇量,提高自身的语言能力;表达是语言编码并发送的过程,为了准确地表达自己的观点和意见,儿童需要充分利用已有知识经验,遣词造句,选择最适合此情此景的表达方式,及时调整说话的语气语调,从而促进思维能力的发展和语言表达能力的提高。

三、学前儿童谈话活动的特点

(一) 谈话活动有一个具体有趣的中心话题

谈话活动中,共有的话题限定了儿童交流的范围,主导了儿童谈话的方向,使儿童的交谈带有一定的讨论性质,促进儿童谈话向纵深发展。因此,选择一个儿童感兴趣的话题至关重要,它对谈话活动的顺利实施具有事半功倍的作用。指导教师设计的话题要使儿童有话可说,同时能够保持较高的热情,积极参与谈话。具体来说,至少要符合以下三个要求:

1. 儿童对中心话题具有一定的经验基础

儿童交流的话题来自他们参观、游览、日常生活中的观察、教育活动、游戏、电视或电影中所获得的知识经验。儿童的感性经验越丰富,谈话的素材积累越多,谈话的内容就越丰富。教师设计话题时,可以用"我"开头,比如"我喜欢的……""我知道的……""我家的……""我想要的……"等。完全陌生的话题很难使儿童产生谈话的兴趣。

2. 儿童对中心话题有一定的新鲜感

一般来说,使儿童感兴趣的话题往往是那些新颖的内容,老生常谈会使他们感到厌倦。教师要留心观察,精心设计,主动避开重复话题,保证话题的新颖性。

3. 儿童对中心话题有一定的兴趣

有趣的话题常常是儿童近日生活中的共同关心点。共同关心点可能是最近放映的一部动画片,也可能是刚刚流行起来的一款游戏;可能是刚刚过去的一个传统佳节,也可能是天气的突然变化。儿童在一起愿意谈论这些与自己生活息息相关的话题。另外,基于想象的科幻故事、神秘莫测的魔术、滑稽可笑的马戏表演都会激起儿童交流和分享的愿望。

(二)谈话活动注重多方的信息交流

谈话活动注重儿童之间的交往语言或对白语言,侧重于师幼间、同伴间的信息交流与补充。儿童的语言经验各自有别,语言水平也参差不齐,因此语言形式丰富多样。另外,谈话活动交流对象的范围也会相对大一些,因此,它给儿童提供的学习运用语言的机会,是其他活动所不具备的。

(三)谈话活动拥有宽松自由的交谈气氛

学前儿童谈话活动虽有教师指导,但教师不要求儿童对某一个话题有统一的认识和一致的意见,允许他们发表自己认为合理的看法和自己真实的感受,表达自己独特的见解,甚至话题本身也没有对错之分。另外在形式上,教师也不追求儿童语言的规范化、标准化,不强求用词的准确无误,不要求他们句式的完整合理和段落的连贯。教师只关注儿童听说的兴趣和表达的欲望。

图4-2 宽松的谈话氛围

(四)教师起间接的引导作用

教师是儿童谈话活动的设计者和组织者,活动开始后,教师也是一名参与者。作为设计者和组织者,教师需要暗中掌控整个活动的局面,要求活动按照预定的目标内容,紧扣谈话的中心话题,有效地推动谈话活动的进程;作为参与者,教师表面上也是活动中的一员,和儿童处于平等地位,但更多的时候教师要间接引导活动继续进行。这种间接引导体现在两个方面:第一,用提问的方式引出话题或转移话题,打开儿童谈话的思路;第二,教师用平行谈话的方式为儿童做隐形示范,让儿童在模仿中学习。

四、学前儿童谈话活动的类型

学前儿童谈话活动专指为帮助学前儿童学习,让儿童在一定范围内运用语言与他人进行交流的活动。根据活动进行的方式,我们可以把学前儿童谈话活动分为以下三种类型。

(一)日常生活中的谈话

随着语言教育改革的不断深入,人们越来越深刻地意识到,日常生活中的谈话看似随意平常,却是发展儿童口语的重要途径。这种形式的谈话有一定的灵活性,可以在任何情况下开始或结束,不受时间、空间、年龄、对象的限制;它有一定的情境性,一件值得交谈的事情发生或者想起一个有价值的话题就可以开始,并带有即时的感情色彩;它有一定的多面性,话题可以丰富多样,交谈对象也可以经常变化。这种谈话又可以分为以下两种形式:

1. 日常个别谈话

在一日生活的各个环节,如晨检、早操、盥洗、游戏、离园等各个场合,教师都可以利用这些零散的时间与部分儿童就某个话题进行交谈。不过这种交谈看似随意,却是教师有意为之的。教师要提前做好谈话准备,考虑好本次谈话的对象、谈话的内容、谈话的目的以及期望达到的谈话效果。

示例

早晨入园时,小班教师希望与来园的儿童谈谈来园的路上看到了什么,听到了哪些声音,问问他们同伴的名字,缓解他们入园的紧张感,帮助他们互相熟悉,培养他们主动、大胆地与人交往的能力,鼓励他们主动表达的积极性。盥洗时,教师与个别儿童交流洗手的重要性,培养他们从小讲卫生的好习惯。

图 4-3 鼓励儿童大胆表达

2. 日常集体交谈

与个别谈话相比,日常集体谈话活动的气氛更轻松活泼,谈话的话题更自由,可以同时有多个话题,可以是教师提出话题,也可以是儿童自发的话题。另外,交谈的形式也更多样,可以是师幼间的谈话,也可以是同伴间的谈话;谈话的进行可以是问答式,也可以是辩论式、讨论式等。另外,这种谈话遵循"自由参与"的原则,儿童可以参与谈话,也可以从事其他活动。

在户外活动时,教师可以把园内所见所闻作为话题与儿童进行交谈和讨论。比如,园内的花朵有多少种颜色?多少种形状?你是通过什么来辨认花朵的种类的?你家有没有养花?或者可以与儿童展开辩论,例如,晴天好还是雨天好?通过这样的日常集体谈话,教师既可以经常为儿童提供机会锻炼他们的表达能力,又可以培养儿童的观察力和注意力。

(二)有计划的谈话活动

这类活动需要教师制定一定的计划和活动方案,确定具体的活动目标,依据事先确定的话题,有目的地组织儿童进行谈话。谈话的话题可以丰富多样,凡是与儿童认知水平相适应的,或者与其生活密切相关的内容都可以作为话题。这些题目一般由教师拟定,也可以请儿童自己选择。

(1)我最喜欢的……(人物、动物、植物、玩具、图书、衣服等)。
(2)我熟悉的人(爸爸妈妈、爷爷奶奶、老师、同伴等)。
(3)难忘的节日("六一"儿童节、春节、国庆节、中秋节等)。
(4)我参加的一些活动(春游、参观、旅游等)。
(5)周围环境的变化(花草树木、建筑物、道路、居住环境等)。

这类活动需要教师事先精心计划和准备,活动的每个细节都要提前设计(如:话题的提出、话题的起承转合、话题的深入等),因此在指导活动的过程中,教师要注意做到以下两点:第一,要努力创设良好的语言环境,鼓励每个儿童都能积极参与,勇于发表自己的见解和看法;第二,要增加儿童交往的密集度。活动中,教师不能唱独角戏,也不能只让部分儿童得到锻炼机会,要让每个儿童有机会发言,可以是与教师对话,也可以是与同伴交谈,在交谈中相互学习,互相促进,不断提高语言运用能力。由于有计划的交谈活动对儿童的有意注意、有意记忆及语言能力的要求较高,因此不太适合小班初期的儿童,可以从小班下学期开始进行。

(三)开放性的讨论活动

讨论活动是一种特殊的谈话活动形式,是指在教师指导下,儿童围绕某一中心问题发表自己的看法,互相学习,互相启发的一种教学活动。它具有互动性、开放性、创造性等特点。

讨论活动的话题既要与儿童的已有生活经验、已有认知水平相符合,又要具有开放性、趣味性,甚至挑战性。

"假如我有一双翅膀"这个话题富有想象力,可以激发儿童的参与兴趣,又能使儿童自由想象,随意发挥。同时,这个话题没有标准答案,讨论可以在轻松愉快的氛围中进行。

讨论活动是一种开放性的语言交往活动。儿童具有活泼好动,善于自我表现的特点,这一点在同伴中表现得更为明显。讨论活动为儿童提供了一个自由表达的机会,他们既要清晰、准确地亮出自己的观点,又要善于倾听他人的见解并进行分析、反驳和接纳。在与教师、同伴的思维碰撞中,互相学习,互相促进,共同提高。

讨论活动中,教师的指导态度要开放。教师对儿童的点评、隐形指导都要体现开放的态度,尊重儿童天马行空的想象,不要一味地从成人的角度去评判儿童的某些想法合不合理。教师的指导重点应放在如何促进师幼互动、同伴互动,如何引发全方位讨论,并怎样使话题向纵深发展上。

比如在"假如我有一双翅膀"这一谈话活动中,有的儿童说"假如我有一双翅膀,就不怕堵车了!"也会有儿童说"假如我们都有一双翅膀,天空中就会堵车。"教师不必追究儿童的发言是否符合现实逻辑,对他们的每个答案都要予以鼓励。

五、学前儿童谈话活动与其他活动的区别

(一)谈话活动与讲述活动的区别

谈话和讲述都属于语言教育的范畴,都是提高儿童语言表达、表述能力的有效教学形式。它们有很多的共同点,比如:都应贴近儿童的生活;都要运用提问的方式引导儿童;都需要教师营造自由平等的活动气氛等。但它们毕竟是不同的教学形式,所以也有着各自的特点。

首先,两者的活动目标不一样。谈话活动旨在使儿童学会倾听,养成良好的倾听习惯,及时在谈话中捕捉主要信息;能围绕一定的话题进行交谈,不跑题,并能不断扩展谈话内容,层层深入,充分表达个人见解;掌握基本的语言交谈规则,如:轮流表达、举手发言、不随意打断他人谈话等,以提高语言交往水平。讲述活动的目标旨在感知和理解讲述对象——凭借物;提高独立构思与清楚完整表达的意识和能力;提高讲述调节技能,比如针对听者的特征和听者的反馈等调整讲述方式。

其次，活动方式不一样。谈话活动往往是在儿童已有经验的基础上进行交谈，包括围绕某一主题的谈话活动和开放性的讨论活动等。而讲述活动则是组织儿童针对一个凭借物进行独立讲述，包括实物讲述、图片讲述、经验讲述等。相比较而言，讲述活动的计划性会更强一些。

最后，两者对儿童语言表达的要求也不一样。虽然谈话活动和讲述活动都要求儿童进行口头语言表达，但是谈话活动比较宽松自由，语言形式不拘，以说明想法为目的。讲述活动则需要儿童运用独白语言，要求类似正式场合的语言，要求规范清晰且有条理地表述观点。

（二）谈话活动与某些领域的"总结性谈话"的区别

儿童谈话活动不同于幼儿园其他教育领域的总结性谈话活动，比如在幼儿园科学教育中，有一种重要的活动类型是"总结性谈话"，它与谈话活动的区别主要有两点。首先，二者的活动目标不同。科学教育的"总结性谈话"旨在帮助学前儿童更好地认识有关的科学教育内容，通过谈话来巩固和加深认识。而幼儿园谈话活动属于语言教育的活动，主要侧重于培养儿童的语言运用能力，没有科学知识学习的任务。其次，二者的活动内容不同。科学教育的"总结性谈话"以科学领域的知识作为教学内容。语言教育谈话活动则内容不限，儿童只要围绕一个话题进行发言即可，主题是宽泛的，可以是某天的天气，也可以是今天的早餐。

但是，我们必须明白，学前儿童各种类型教育活动的内容有着综合渗透的特点，往往不能截然分开。比如，科学教育的"总结性谈话"渗透着语言教育的内容，语言教育的谈话也有可能以科学领域知识作为谈话话题。从语言教育活动研究的角度出发，不必特别地去划清学前儿童谈话内容与其他学习活动的界限，重要的是研究如何利用各种活动，切实提高儿童的语言表达能力和思维能力。

第二节　学前儿童谈话活动的语言教育目标

一、学前儿童谈话活动的基本教育目标

（一）培养倾听的习惯和能力

有关言语交际功能的资料表明：在人们日常的语言活动中，"听"占45%，"说"占30%，"读"占16%，"写"占9%。这个数据表明，人们在交际的过程中竟有将近一半的时

间在"听"。倾听是谈话的基础,注意倾听并能听懂是进行谈话的第一步,也是确保谈话顺利进行的基础。只有懂得倾听才能真正理解谈话的内容,才能掌握与人进行语言交流的技巧,并且作出相应的回应。《指南》将"认真听并能听懂常用语言"列为学前儿童语言能力发展的首要目标。

(1)倾听习惯,包括儿童倾听的主动性、倾听的行为和回应的行为。倾听的主动性是指儿童逐渐从被动倾听到主动倾听、集中注意力地听、耐心地听,从而快速准确地捕捉有效的语言信息。倾听的行为主要表现为:在倾听的过程中,能够保持安静,会做出倾听的动作(如侧耳等),注意力能跟随谈话对象的变化而变化。回应的行为是指儿童在倾听的过程中会与交流对象进行互动,用眼神、肢体动作、面部表情或回应性口头语言向对方作出回应。教师在组织谈话活动时,要多方面鼓励儿童养成良好的倾听习惯,如用提问的方式促使他们主动倾听,用各种教具帮助他们集中注意力,并用眼神、肢体语言、表情与儿童进行交流,促使他们学会回应行为。

(2)倾听能力,包括辨析性倾听能力和理解性倾听能力。辨析性倾听能力是指儿童从倾听中能够分辨出不同的声音,包括说话人不同的声音特点所附带的语气语调和态度情绪等。理解性倾听能力是指儿童能够理解对方话语的直接含义,并做出相应行为。比如,对方说出的是一个指令,儿童能够做出相应动作;如果没有听明白,会通过提问或要求对方重复的方式来进一步理解。理解性倾听能力还要求儿童理解"话外音",即话语的隐藏含义。比如,当对方使用"反语"修辞格时,儿童应该明白对方是正话反说或反话正说;当对方使用"夸张"手法时,儿童不能理解为写实,比如,"外面的太阳好大呀,玉米都被晒成爆米花了!"

(二)掌握交流和表达的规则

谈话活动是一种小型的交往活动,谈话能力固然重要,谈话规则也不可忽视。在谈话活动中,教师要有意识地培养人际交往的基本规则。当然,学前儿童所学的交谈规则应该是符合他们年龄特点的,适用于一般情况下的通用规则,这些规则可以保证儿童正确地运用语言与人交流,使谈话水平不断得到提高。

根据《纲要》对各年龄段儿童提出的语言方面的培养目标,教师在组织谈话活动中,应为儿童创造学习以下谈话规则的机会。

1. 用适合的角色语言进行交谈

儿童会在不同的场合与不同的人谈话,比如在幼儿园与教师、同学交流,在家与父母或亲戚朋友交流,在公共场合与工作人员交流等,儿童应该学会因个人角色的变化而采用不同的交谈方式。这里所说的不同方式包括儿童使用不同的语音、语调、音量和组词造句的方式等。

2. 用轮流的方式进行交谈

如果是两人交谈,需要一一对应地说话,而多人交谈便要求儿童按潜在的顺序逐个说话。为此,教师需要要求儿童做到:不随意打断别人说话、不抢话、不插嘴以及耐心等待他人发言结束;自己发言时要举手示意,懂得给别人发言的机会。

> **示例**
>
> 在幼儿园的谈话活动中,多多每次站起来说话总是滔滔不绝,即使没话可说了,他还是不愿坐下,继续没话找话说,希望一直得到教师和同学的关注。多多的这一行为也是一种不懂规则的表现。

3. 适当使用礼貌用语

文明礼貌是交谈交往的润滑剂。儿童在谈话活动中要学会主动使用礼貌用语,能够在特定的谈话场合使用特定的礼貌用语。

> **示例**
>
> 见面使用称呼语,如:姐姐、奶奶、叔叔等。
> 一般场合使用问候语,如:您好、早上好等。
> 求助场合使用问询语,如:请问、打扰一下等。
> 得到帮助使用感谢语,如:谢谢、麻烦了等。
> 给别人带来不便使用致歉语,如:对不起、抱歉等。
> 听明白使用应答语,如:知道、了解、明白等。

4. 围绕一定的话题谈话

谈话活动既然作为一种正规的教育形式,它就必须完成一定的教学任务。所以谈话活动不能像平时闲谈一样随机进行,它要围绕一个中心话题有目的、有计划地展开,使谈话指向一定的目标。

> **示例**
>
> 在以"我喜欢的小动物"为题的谈话活动中,除了可以谈到我喜欢哪些小动物,还可以谈到为什么喜欢,如:喜欢它的外形、它的生活习性、喜欢它给你带来了欢乐等。最后,教师还可以将主题引申到保护动物这一方面,使话题向纵深发展。

(三)学习运用谈话策略

谈话是一个多向交流和沟通的过程,话题的展开、进行、维持及延续需要一定的方式和方法,如何自然地发起话题,怎样通过提问、追问、分享等方式维持谈话,又怎样通过修补的方法延续谈话,这些构成了谈话活动中儿童需要学习和运用的谈话策略。谈话策略包括发起谈话的策略、辅助表达的策略、维持谈话的策略及延续谈话的策略四个方面。其实,学前儿童在谈话中往往会不自觉地使用一些谈话策略,例如:在表达强烈的意愿或感情时往往会比较激动,会提高嗓音;对他人观点不认同时会不自觉地摇头、摆手等。但这些策略的使用都不是主动的、有意识的,策略使用的有效性比较低。因此,教师在组织谈话活动时,要有意识地帮助儿童学习和运用这些谈话策略,保证谈话活动的顺利进行。

1. 发起谈话的策略

发起谈话是活动进行的第一步,能否主动发起谈话是儿童是否"敢说"的重要表现。发起谈话的策略包括寒暄、自我介绍、分享自己的想法、表达自己的情绪以及提问、提议等。发起谈话的学习是一个由被动到主动的过程,儿童从最初的以回答问题的方式参与他人的谈话,逐步发展到会主动向熟悉的人发起谈话,会为了与他人交流而主动打招呼或进行自我介绍,并通过进一步的提问、提议等方式发起话题。

> **示例**
>
> 比如,小艾主动向组内的其他同伴提出:"我们一起来照顾小熊吧?"她通过这样的方式让同伴参与到"分享玩具"的这一谈话活动中来。

2. 辅助表达的策略

在谈话活动中,除了通过语言来表达意思之外,还需要通过其他手段来辅助自己表达,比如,在表达过程中使用表情、动作、语气、语调、表演等方式。态势语是一种很好的辅助手段,适度的手势语可以补充语言信息,生动丰富的表情可以渲染谈话气氛,明快的眼神交流可以与对方产生互动等。这对于年龄较小的儿童会有一定难度,教师可对大班儿童进行相关训练。

3. 维持谈话的策略

在谈话活动中,为了使交流能够持续进行下去,儿童还需要学习一些维持谈话的策略。常用的维持谈话的策略包括:提出新的话题;分享自己的想法、感受;提问或追问等。随着儿童语言运用能力的提高,其使用维持策略的意识性会不断增强,并且能够使用多样化的策略。

> **示例**
>
> 在"我喜欢的玩具"这一谈话活动中,巧巧说自己喜欢小兔,玲玲马上追问:"你为什么喜欢小兔呀?这个玩具是谁给你买的?这个玩具旧了,你还会喜欢它吗?"玲玲运用追问的方式使交流继续进行下去。

4. 延续谈话的策略

这是指用修补的方法延续谈话。所谓修补，就是在谈话活动中出现听错或理解错时，为保证传递信息的准确性，进行及时的修正和补充。修补行为有自我修补和他人修补两种方式。自我修补是谈话者在发现别人没有理解自己的意思时，进行自我重复或自我确认，从而让别人明白自己的意思。他人修补是指听话人在没听清或不理解对方的情况下，主动提出疑问，请求对方重复或解释的行为。在组织谈话的过程中，教师要通过示范、提问或引导，使儿童学习延续谈话的修补方法，增强这一方面的敏感性。

二、学前儿童谈话活动的年龄阶段目标

（一）学前儿童各年龄段谈话能力的特点

不同年龄阶段的学前儿童，其语言发展水平不同，谈话能力的高低也不同。我们需要先认识各年龄段儿童的谈话能力呈现出的特点，才有可能制定出合理的阶段性目标。

1. 小班阶段

儿童处于3~4岁之间，因为与班级中的同伴还不是很熟悉，加之认知经验有限，因此谈话中的表达不够积极。儿童还不善于有意识地倾听他人的讲话，对他人的讲话还不能很好地理解，对教师的提问往往只是作简单的回应。例如，教师提问："你喜欢的玩具有哪些？"儿童可能只是随口回答"小熊"，而不能做到列举二三，也不能完整地说出玩具的材质等信息。小班儿童在谈话中，也会出现声音过大或过小，吐字不清等现象。

2. 中班阶段

随着儿童对环境的熟悉，与同伴的交往更加密切，认知经验也不断丰富，口语表达能力得到相应的提高。在教师组织的谈话活动中，他们的发言积极性明显提高，开始能注意倾听成人和同伴的谈话，但难以持久，也不能较好地掌握谈话的规则，如在谈话过程中往往喜欢插嘴，随意打断成人或同伴的发言。中班儿童的谈话开始能围绕主题进行，但是表现为对主题的横向展开，不能向纵深挖掘，如有个别儿童跑题，大家会很快受到影响，忘记谈话的主题。这个阶段的儿童，其谈话能力发展的差异较为明显，有些儿童发展较好，而有些儿童却相对滞后。

3. 大班阶段

在大班阶段，儿童的语言表达能力明显提高，表达愿望增强，希望通过自己的发言得到教师和同伴的认可。他们能够逐渐完整地理解谈话对象的意思，自觉遵守谈话的规则，做到轮流谈话、举手发言、适时插话，并能使用礼貌用语。在谈话过程中，他们开始有意识

地运用举例、质疑等方式证明自己的观点,谈话中语句长度明显加长,复杂句出现得更为频繁。儿童在谈话中能较为密切地围绕主题进行,并会主动回应、质疑、反驳成人或同伴的观点。随着大班儿童思维能力的发展,他们在谈话活动中能够积极思考,提出新的观点和看法,促使话题向纵深发展。另外,儿童开始能利用肢体语言、声音表情等进行谈话。

(二)学前儿童谈话活动的年龄阶段目标

基于以上认识,针对谈话活动,我们能为每一年龄阶段的儿童提出具体的目标。

表 4-1 谈话活动的年龄阶段目标

年 龄 班	发 展 目 标
小 班	<ul><li>喜欢听悦耳、和谐的声音,乐意听别人说话</li><li>喜欢与同伴交谈,愿意在集体面前讲话</li><li>在围绕主题进行的谈话活动中,能在教师的引导下,用短句表达自己的意思</li><li>初步学习常见的交往语言和礼貌用语</li><li>能听懂普通话</li></ul>
中 班	<ul><li>能集中注意力、耐心、安静地倾听别人的谈话,不随便打断别人的话</li><li>乐意与同伴交流,能大方地在集体面前说话</li><li>学会围绕一定的话题谈话,不跑题</li><li>学会用轮流的方式谈话,不抢着讲,不乱插嘴</li><li>继续学习交往语言,提高语言交往能力</li><li>会说普通话,能较连贯地表达自己的意思</li></ul>
大 班	<ul><li>能迅速掌握别人谈话的主要内容,并从中获取有用的信息</li><li>能主动地用普通话与同伴交流,眼睛注视对方</li><li>能用恰当的语言表达自己的情感,与同伴分享感受</li><li>逐步学会用修补的方法延续谈话,进一步提高语言交往水平</li><li>能用普通话明白、清楚地表达自己的意思</li></ul>

三、学前儿童谈话活动课堂目标的确定

教师要以《纲要》和《指南》为依据,结合各年龄段儿童的语言能力特点,才能制定出每次谈话活动的具体目标。教师在组织某次具体谈话活动前,还要了解本班儿童实际的谈话水平和语言状况。例如:

- 了解本班儿童实际的交流能力和发展需要。
- 了解本班儿童交流方面存在的问题和缺点。
- 了解本班儿童的交流习惯和个别差异。
- 找到最适宜儿童进一步发展的"最近发展区"。

第三节　学前儿童谈话活动的设计与组织

从教育活动研究的角度来看,学前儿童谈话活动设计与指导有其特殊的规律。为了成功地组织有计划、有目的的集体谈话活动,教师要遵循一定规律,并在以下步骤中有所体现。

一、创设谈话情境,引出谈话话题

《纲要》中明确要求:"发展幼儿语言的关键是创设一个能使他们想说、敢说、喜欢说、有机会说并能得到积极应答的环境。"在谈话活动中,教师首先要激发儿童的谈话兴趣。德国著名的教育家第斯多惠说:教学的艺术不在于传授的本领,而在于激励、唤醒和鼓舞。教师要充分利用儿童的心理特点,精心创设儿童喜闻乐见的教学情境来引出谈话主题,让儿童有话可说、有话愿说,从而鼓励儿童积极参加谈话活动。在组织过程中,教师可以采用以下策略来引出谈话主题:

(一)运用实物创设情境

儿童是否具有学习的积极性和主动性取决于他们是否对学习的内容感兴趣。教具是儿童兴趣的激发器,教师可利用活动角的布置、墙饰、桌面玩具、实物摆设或者图片,向儿童提供与话题内容相关的材料,提高儿童谈话的兴趣,启发儿童谈话的思路。

> 示例
>
> 在谈话活动"各种各样的树叶"中,教师提前摘取了各种形状、颜色的树叶,让儿童在

图 4-4　用树叶布置教室

谈话过程中边观察实物边说。另外，教师还用各种形状的树叶布置了教室，展示了各种树叶的标本等，从而引发儿童对树叶的兴趣，使谈话活动顺利展开。

此外，学前儿童学习的特点是：有效注意持续时间短，稳定性差，容易受外界因素干扰。在话题进行过程中，教师适时地展示实物还可以集中儿童的注意力，防止他们跑题，推动谈话持续进行。另外，实物教具的使用还可以使儿童分散焦虑和不安的心理，使他们的压力消于无形，可以大胆、自由地开口说话。

（二）运用语言创设情境

有的谈话主题不方便通过实物、绘画、录像、照片等方式引入，但儿童对该主题又有一定经验，这种时候教师就应采取语言导入的方式来引出谈话的主题，如讲一个故事等。

示例

在进行"节约粮食"的谈话活动时，教师先讲了一个故事：有些小动物总是浪费食物，有的把食物丢在路边，有的把食物洒在桌子上，有的偷偷倒进垃圾桶，结果他们最后都受到了惩罚，主人停掉了他们一天的食粮。教师讲故事时，语调丰富，抑扬顿挫，充满激情，儿童借着故事情境很快就能进入话题讨论。

同样的话题，有的教师则声情并茂地朗诵了一首诗歌《悯农》，引导儿童从"粒粒皆辛苦"的诗句进入讨论。

（三）运用游戏、表演、实验演示等形式创设谈话情境

有些谈话主题需要儿童自己进入情境中，教师可以通过表演或实验演示的方式创设一个存在冲突或疑难的情境，引发儿童的讨论。

示例

在进行"方位问题"的谈话活动时，教师组织部分儿童排队，让每一位参与排队的儿童说出自己的前面和后面都是谁，然后再变换队形，说出自己的左边和右边是谁；或者以一个固定物体为参照物，让儿童按照指令分别站在它的前后左右，在游戏中展开话题。

在组织谈话活动"风的力量"时，教师做了几个关于风的小实验，包括：用风吹灭燃烧着的蜡烛；让风吹干了桌子表面的水迹等。

谈话主题的引入方式多种多样，教师要根据具体话题内容选择适合的方式，不论使用哪种方式引入话题，都要注意创设的情境和谈话话题之间的关系。

二、儿童围绕话题自由交谈

在儿童就谈话话题开始谈话之后,教师接下来要向儿童提供围绕话题自由交谈的机会。这一步骤的目的在于调动儿童个人有关对谈话中心话题的知识储备,运用已有的谈话经验交流个人意见。比如,在"各种各样的树叶"这一谈话活动中,教师把手头的树叶分发给各个小组,儿童在观察、触摸、比较中各抒己见。设计和组织活动的这一步骤时,应遵循以下原则:

(一)应当放手让儿童围绕话题自由交谈

在自由交谈过程中,教师要注重调动所有儿童谈话的积极性,既不能按着座位顺序谈,也不能总让几个讲话能力强的儿童谈。教师要注意帮助胆子小的、能力稍差的儿童大胆讲话。对儿童的谈话要求应由浅入深、循序渐进,先让他们回答一些简单的问题,以培养自信心,逐渐再提高要求,这样才能提高全班儿童的谈话水平。

另外,教师要营造一种安全的、积极的谈话氛围,让儿童敢谈并有机会谈。安全的谈话氛围是指:教师不以禁止谈话作为惩罚手段;儿童的谈话在规则范围内不会被限制;儿童在闲暇时间有随意交谈的自由;儿童说话出错,教师不能嘲笑、批评,而是要及时给予正确的示范和鼓励。积极的谈话氛围是指:教师本身要积极寻找时间和空间与每位儿童交谈,儿童也要有意识地主动参与各方谈话;要让儿童意识到,教师与他们的谈话不是检查、不是拷问,而是真诚的倾听、用心的交流;教师要有意识地通过自己的积极表现营造有利于儿童自我价值感发展的语言环境;在儿童进入自由交谈后,教师应允许他们说出任何与话题相关的想法;只要儿童的谈话围绕话题进行,教师就不需要做示范,不用给提示,也不用纠正儿童说话时遣词造句的错误。

(二)鼓励儿童积极参与谈话,真正形成双向或多向交流

活动开始后,教师可让儿童自己选择交流对象,可以多人自由组合,也可以一对一组合,这样有利于发挥每位儿童参与活动的积极性。即使是儿童之间,也有亲疏远近之分,也有投缘与否之别,所以鼓励他们找到可以畅所欲言的同伴很重要,这样才可以保证每位儿童有话可说、有话愿说、有话能说。

(三)适当增加儿童"操作"的机会

谈话是口头语言"操作"活动,口头交流有一定的随意性、不稳定性。因此,谈话过程中的跑题情况时有发生,儿童抢着说、乱插嘴、只说不听或只听不说也在所难免。为此,

教师可以组织一些有效的动手"操作"的活动来激发儿童说话的兴趣,调动其参与谈话的积极性,同时也能帮助儿童整理自己的思路,集中注意力,把自己的谈话内容集中在指定话题上。

> **示例**
>
> 在"各种各样的树叶"的谈话活动中,教师布置了以下"操作"任务:
>
> (1) 鼓励儿童将自己看到的树叶按一定标准分类,比如按形状、颜色、大小等标准分类。
>
> (2) 用简笔画的形式把各种树叶画下来。
>
> (3) 鼓励儿童互相交流讨论,与同伴分享自己的观点。
>
>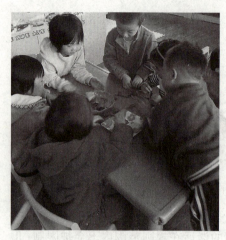
>
> 图4-5 将树叶分类
>
> 儿童动手给树叶分类的过程就是思考的过程,按照分类的结果再表达自己的思想就更加有条理、有依据;用绘画的形式表现自己想法的过程,就是一个在大脑中重新整理自己的思路并将其表达出来的过程。因此,当儿童把自己的想法画出来之后,再用语言来表达,思路会更加清晰,想法更为成熟,语言也更加连贯。

三、教师引导儿童逐步扩展谈话范围

经过让儿童围绕话题自由交谈的活动阶段之后,教师要集中引导儿童逐步拓展谈话范围。作为有目的、有计划的语言教育活动,谈话活动不同于日常交谈,它的目的不仅仅在于就事论事,而是要让儿童学得谈话的思路和谈话的方式,掌握一定的谈话规则,这就需要教师引导儿童扩展谈话范围。教师可以采用各种方法拓展儿童的谈话范围。

(一) 以提问的方式

陶行知先生曾写过一首诗:"发明千千万,起点是一问;禽兽不如人,过在不会问;智者问得巧,愚者问得笨;人力胜天工,只在每一问。"

传统的谈话活动是单一"问答"式的活动,极大地阻碍了儿童自主说话的热情,打消了儿童谈话的积极性,甚至压制了他们的创造性和想象力的发展。所以,如何提问直接影响着谈话的质量。教师应力求使自己的提问符合以下要求:

（1）问题要尽量具体明确，避免抽象笼统，所提问题的深浅程度要适合本班儿童的知识经验和思维水平。

在谈话活动"各种各样的树叶"中，教师可以问"树叶都是绿色的吗？""你手中的树叶是什么形状的？""你还见过什么样的树叶？"这样的提问有利于话题的展开。如果教师问"什么是光合作用？"这就超出了儿童的思维水平和知识范围。

（2）问题要有启发性，能启发儿童正确理解事物之间的关系，使他们懂得一些简单的道理。

教师问："观察一下，你手中有没有两片完全相同的树叶？"这样的问题可以启发儿童对事物进行多样性的思考。

（3）问题要有趣味性，能调动儿童谈话的兴趣。

教师用竞赛的口吻提出问题："谁知道……？""谁认识……？"也可以是议论性、评价性的问题，如："你喜欢……吗？为什么？"

提问是一种能有效启发、引导儿童思考的方式。经过设计的、富有启发性、有效的提问更能充分发挥语言的神奇魅力，引导儿童深入思考问题，学习触类旁通的思维方式。

在"各种各样的树叶"的谈话活动中，教师在讲清楚树叶有光合作用和水分蒸腾作用后提出一些问题，层层深入地引导儿童拓展思路，增长知识。

① 大家手中的树叶都有哪些形状？像什么？
② 松树的针形树叶有什么好处？
③ 有没有完全相同的两片树叶？
④ 有没有完全相同的两个人？

第一、第二个问题是让儿童通过观察树叶形状，发挥想象力，学会打比方，积极思考树叶形状与树叶的作用之间的关系。第三个问题的提出，是为了使儿童在观察的基础上学会比较两个事物之间的细微差别，并用语言表达出来。第四个问题是为了让儿童拓展此次谈话范围的宽度和广度，提升本次谈话的价值。

（二）以讨论的方式

谈话活动给儿童提供了一个集体讨论、充分交流的情境。在这个情境中，每个儿童已有的知识经验和语言经验都不同，当围绕共同的中心话题交谈时，语言包含和承载的信息量要远远大于儿童两两之间、小组之间或者教师与儿童之间单独交谈时的信息量。在这种集体环境创造的多方的信息交流过程中，儿童可以在集体讨论中大大拓展自己的已有经验。

示例

在"我喜爱的玩具"的谈话活动中，教师在儿童了解了玩具的材质、颜色、功能之后，请儿童分享自己与喜爱的玩具之间的故事。接着，教师出示一些家长提供的图片——一堆已经过时的玩具，抛出以下问题供儿童讨论。

① 过时的玩具该怎样处理？
② 你愿不愿意把它们送给别的小朋友？
③ 你愿不愿意接受别的哥哥姐姐送给你的过时玩具？

当听到这些问题时，儿童马上就活跃起来，各抒己见，议论纷纷，谈到与自己的玩具分离时竟然泪眼婆娑。由此，谈话活动展开了新的一页，谈话内容向更多的角度、更广的层面推进，帮助儿童增长了新的谈话经验，拓展了谈话的思路，唤起儿童更多的回忆和内心体验。这种谈话经验的习得，无论对他们有条理的讲述，还是发展读写能力，都是非常有意义的。

四、教师隐性示范新的谈话经验

对幼儿园语言教育来说，教师的示范是儿童进行语言模仿的基础，但是在具体操作示范这一步骤的过程中，往往容易出现由此限制了儿童想象和思维，阻碍儿童调动已有语言经验的偏差。在谈话活动中，教师应从直接示范转变为间接指导的方式，教师可以以参与者的身份参加谈话，用平行谈话的示范方式对儿童做隐性示范。

示例

在"我喜欢的季节"这一谈话活动中，教师可以谈的内容有：自己喜欢的季节是什么；这个季节有什么特征；自己为什么喜欢这个季节；一年之中只有这一个季节会怎么样等。通过示范暗示和启发儿童，让儿童在谈话过程中不知不觉地沿着新的思路去说，潜移默化地应用新的谈话经验，保证谈话活动的顺利进行。

第四节　组织与指导谈话活动的注意要点

一、教师要引导谈话活动有计划、有组织地进行

成人应鼓励儿童积极参与谈话,层层深入地扩展谈话范围,但与此同时,教师必须通过引导保证谈话活动的主题不变,防止跑题。

当儿童围绕中心话题进行交谈时,他们的思路是呈辐射状向外发散的,也是杂乱无序的。儿童根据自己的经验和内心感受直截了当地表达自己的想法,由此派生出来的子话题是丰富的,这就与有计划、有组织的谈话活动宗旨形成了矛盾。为此,教师要掌控局面,引导儿童逐层深入地推进谈话。

谈话活动具有"话题的导向"和"话题的传递"两个语言应用要素。教师通过递进式提问,巧妙地引导儿童朝着一定的方向进行交谈,并传递和转换谈话的内容,使话题逐层深入。

◯ 示例

在"我喜欢的玩具"这一谈话活动中,教师通过"你喜欢的玩具有哪些——它们是用什么做成的——它们有什么功能——你为什么喜欢它——如果它已经过时了,你准备怎么处理它"这样逐层推进的提问完成了话题的导向和传递,保证了话题的深入展开。

二、教师要实时观察、及时点评

教师应以参与者的身份参加谈话,用平行谈话的方式对儿童做隐性示范,但同时不能忘记教师是活动的组织者、策划者和指导者。在整个环节中,教师要全程观察儿童的表现,主要观察的内容有:(1)观察儿童的谈话内容,看看儿童对哪个小话题更感兴趣,更有话说,随时准备调整话题顺序。(2)观察儿童在谈话中语言能力的表现,比如:是否学会倾听;是否能够运用交流和表达的规则;是否使用了谈话的策略;整个活动是否达到了预期目标。在观察的同时,教师还要总结经验,及时弥补疏漏,使谈话活动顺利进行。

对于儿童的表现,教师要及时点评,当然应以鼓励为主。

◯ 示例

比如,教师可以说"宝宝说得很完整,加油""悦悦的词语用得非常准确""朵朵小朋友使用了'如果……那么'来连接两个句子""甜甜小朋友举手发言,做得很好",这样及时的点评既可以随时调整活动进程,又可以使儿童感受到成功的喜悦和满足。

三、采用多种形式,提高儿童谈话水平

除了有组织的集体形式外,还可以利用其他形式来提高儿童的谈话水平。

(一)开展课外语言活动

儿童谈话能力的提高不是一朝一夕就能完成的,需要我们在日常生活中有意识地培养其语言技能。在儿童休息或游戏时,教师可以组织儿童听、讲、编故事,组词造句等,不断丰富其语言经验。

(二)指导儿童在图书角中的活动

充分发挥图书角的作用,教师注意有计划地指导儿童在图书角中的活动。在儿童看书时,引导儿童相互交谈,讲述书中的故事情节,并及时对一些词语进行解释,帮助儿童不断地丰富词汇,为开展谈话活动打好基础。

图 4-6　引导儿童在图书角交谈

(三)随机教育

教师可经常不失时机地利用日常生活中的各个环节,引导儿童说出周围一切使他感兴趣的事物的名称、形状、性质、颜色、作用等,也可以让其使用准确的动词描述同伴的行为。

在吃饭后,教师可让儿童尝试说出今天饭菜的名称和味道;游戏时,让他们准确地表达自己的想法,鼓励与同伴交流和讨论,共同解决问题。总之,语言能力的培养无处不在,随机教育不可忽视。

第五节　语言专题谈话活动

一、语言专题谈话活动的含义及特点

所谓语言专题谈话活动,是指定期组织的围绕某个话题展开的语言活动。语言专题

谈话活动是语言教育的重要形式。语言专题谈话活动除了有一个有趣的中心话题和宽松自由的谈话氛围外,还具有以下两个特点:

(一)相对固定的活动时间

不同于一般的谈话活动,语言专题谈话活动一般都具有相对固定的活动周期,可以是每天,也可以是每周,比如"晨间谈话"固定在每天早晨,"周末评议"固定在每周五下午,这种活动作为常规性教学活动在日常教学中有规律地进行。

(二)多种多样的活动形式

语言专题谈话活动来源于学前儿童日常生活,它的谈话内容与儿童的饮食起居、班务管理等相联系。因此,它的活动形式也不拘一格,自由随意,多种多样。各年龄段的学前儿童语言发展的特点不相同,即使是同一个阶段的儿童,也会因其生活背景、兴趣爱好、性格气质、交往特点的不同而存在很大差异。语言专题活动要根据各年龄段儿童的身心特点因势利导、灵活设计,这样才能满足各年龄段儿童的身心发展需要。语言专题谈话活动不仅可以丰富学前儿童一日活动的内容,还可为其开辟一个崭新的语言学习空间。

二、语言专题谈话活动的形式

日常生活中,语言专题谈话活动的形式多种多样,一般有如下几种常见形式:

(一)周末评议

在每周相对固定的时间里(如:每周五的下午),教师可引导儿童围绕一个专题进行沟通和交流,可以评一评、议一议、选一选。活动可以由教师和儿童共同参与,也可以在儿童之间分组展开,让他们在自由宽松的对话交流中发展他们的对话语言,同时也可处理解决一些班级管理方面的琐事。这个活动可以在各年龄段班级进行。

1. 活动内容

(1)夸一夸。一周结束,教师可以组织类似班会的活动,可以引导儿童夸一夸自己做得好的地方,夸一夸自己进步的地方,也要夸一夸同伴的优点或他看到的值得表扬的事情,甚至还可以夸一夸自己的老师,夸一夸某天的饭菜。这种活动不仅可以培养儿童的口语表达能力,还能促进他们良好的社会情感的发展,懂得赞美别人,享受赞美别人的幸福感。

(2)议一议。在周末,教师可以组织儿童对自己一周以来的日常生活、学习、游戏等方面进行评议。为了使话题相对集中,教师可以选取本周内儿童印象较深的活动作为评议对象。儿童在评议时，各抒己见，教师不作评价，充分发挥儿童的主动性和积极性。

（3）选一选。为了表扬先进，树立榜样，教师每周可以进行"每周一星"的选拔，或者轮流值班，选出下周的"值日班长"。这个工作可以交给儿童自由投票选举，投票时说出自己的理由，要求理由充分，有事实依据；也可以自己参加竞选，毛遂自荐，谈谈自己的优势，说服别的儿童为自己投票。

2. 指导要点

（1）根据不同年龄班级的特点设计组织形式。小班儿童语言表达能力尚弱，没有充分的谈话经验，加之入园不久，对环境不够熟悉，对同伴比较陌生，所以，小班阶段应以教师引导为主。中班和大班的儿童已经非常熟悉幼儿园的生活，语言表达能力有所提高，积累了部分谈话经验，发言的积极性普遍提高，这种活动就可以由儿童自己主持，进行小组评议。教师可以适当参与，并给予一定帮助，比如：引发其他儿童评议的兴趣；在活动过程中适当引导，做评议记录；活动结束后作简短小结等。

（2）逐步提高评议的水平。随着学前儿童年龄的增长，语言水平的增强，以及儿童对活动形式的熟悉，教师在组织评议活动时，活动范围应逐步拓宽，话题内容逐步深入，语言表达要求随之提高，表达所用词语更加准确、生动，句型句式更灵活多样，适当使用关联词语，注意说话的逻辑顺序。

（二）晨间谈话

"一日之计在于晨"，晨间谈话活动是儿童在幼儿园生活的开始。早晨是儿童精力最充沛的时候，注意力集中，干扰少，心情愉快，最易接受教育，可以说是一天中的"黄金时

图 4-7　晨间谈话

间",这个时候对儿童进行的教育效果最佳。另外,儿童早晨三三两两来到幼儿园,思想上有些分散,这个时间组织他们谈话,不管是从形式上和思想上都能在一定程度上让他们集中起来,有利于一日活动正常而有效地进行。

1. 活动内容

每天早晨待儿童到齐后,教师抽出一些时间与全班儿童谈话,时间一般为 5~10 分钟,谈话内容每天不同。教师可以结合班级实际对儿童进行思想品德教育和礼貌教育,也可以进行行为习惯和卫生习惯教育,还可以结合季节、时令、天气等自然现象组织谈话,或者可以就节日或特殊事件展开话题。

2. 指导要点

(1)提前做好充分准备。教师在确定谈话内容时,要从本班儿童的实际情况出发,结合幼儿园具体工作安排,根据教育重点,结合季节、节日,提前安排好谈话内容。必要时可提前安排儿童搜集谈话素材,寻求家长帮助,教师也可以提前准备好教具或者相关图片、视频等资料。

(2)注重谈话内容的多样性。如果每天的晨间谈话内容雷同,儿童就会失去谈话的兴趣,缺少参与的积极性。教师要善于观察儿童的关注点,捕捉他们的兴奋点,结合时事、热点话题和儿童的实际情况,拟定不同的谈话题目,让儿童有话可说,有话愿说。

(3)丰富晨间谈话形式。最常见的晨间谈话形式是教师问儿童答,但这一种形式远远不能跟上时代的步伐,教师可以增设"儿童演讲""小组交流""实验演示""视频教育"等形式,打破传统模式,使晨间谈话变得丰富多彩。

(三)旧物义卖

成功销售一件商品需要买卖双方多次的交谈,儿童为了卖出自己的商品,会积极地表达自己的意见,夸张地描述自己的商品,会尽力说服对方,使对方接受自己的意见,儿童谈话的积极性也会因此高涨。在整个活动中,交谈可能是一对一的,也可能是一对多的,而且交谈主题比较单一,容易把握,不易偏题。

1. 活动内容

幼儿园可以定期组织旧物义卖和交换活动,目的是锻炼儿童的口语表达能力。

图 4-8 旧物义卖

在销售过程中,卖方儿童需要说清楚自己商品的优点,用积极的词汇描述商品的属性、功能等特征,并标明商品价格;买方儿童则需要根据自己的意愿选择商品,询问商品信息,甚至讨价还价。义卖的钱物放募捐箱,捐给需要帮助的人们。

2. 指导要点

(1) 做好前期准备工作。提前引导儿童准备好要义卖的商品,并要求其从商品的功能、颜色、质地、价格方面进行详细描述,要求他们讲一讲这件商品的来历,比如是谁给自己买的、为什么买、是否有纪念意义、自己为什么喜欢它、又为什么要卖出去等。

(2) 做好过程指导工作。义卖活动开始后,教师要鼓励儿童大胆吆喝,教师可以参与进来(卖自己的商品),儿童就会争相模仿。当买卖双方开始交谈时,教师可以设置一些障碍,避免买卖双方用简单的一句话就完成交易,要让双方都有表达的机会。

(3) 做好善后总结工作。义卖结束后,教师要给儿童交代清楚义卖所得的去向,并一起畅想需要的人们得到自己的资助时的心情。与儿童分享助人为乐的喜悦,培养他们互相帮助、互相关心的品德,让他们把今天的所见所闻讲给父母听。

(四) 专题调查和访问

教师和家长、儿童共同设计一些主题,可以是儿童感兴趣的,也可以是家长关心的,还可以是教师需要了解的。儿童以小组形式和小记者的身份开展采访活动,采访之后可相互进行交流。一方面,这种活动不仅可以激发儿童强烈的谈话欲望,还可以使儿童获得丰富的第一手资料信息。另一方面,在活动进行的过程中,儿童可以接触到形形色色的同伴,各种各样的答案,开阔视野,丰富经历,又能在活动中学会使用谈话规则,提高沟通效率。

1. 活动内容

活动内容主要包括问卷调查和专题访问两种形式。

2. 指导要点

(1) 认真确定活动主题。教师可以配合班级教育活动的内容或者是单元教学的主题来确定调查和访问的主题,也可以把儿童最关心的问题或者儿童成长过程中家长特别关注的焦点作为主题。但总的来说要贴近儿童的生活,访问对象是儿童非常熟悉的、容易接近的人

图 4-9 专题访问活动

物。其次，主题范围要小，要有可操作性。

（2）精心拟定采访提纲。儿童还不具备问卷设计和拟定提纲的能力，教师要提前帮儿童设计问卷题目，包括题目的数量、难易程度都要教师把握。采访提纲也需要教师安排，包括采访对象的确定、采访问题的设计等。

（3）协助儿童做好采访记录。由于儿童书写能力有限，需要家长或教师协助做好采访记录。访问应有明确的主题、具体的内容，提问的设计也应符合学前儿童的心理特点，不应以成人的关注点为标准。教师和家长协助儿童使采访活动有序进行，提醒儿童在活动过程中应遵守谈话规则，运用谈话策略，帮助他们养成倾听的好习惯。

> 案例
>
> **专题访问活动：男孩和女孩（大班）**
>
> 【活动目标】
> （1）通过访问，幼儿能初步比较男孩、女孩的兴趣爱好之异同。
> （2）幼儿会使用恰当的语言向别人提问，并体会采访的乐趣。
>
> 【活动建议】
> （1）专题采访活动要根据采访目的、采访内容、采访对象提前写好采访提纲，采访所用问题难易要适中，要适应幼儿的认知能力和表达水平。
> （2）幼儿也可能临场发挥，说出采访提纲以外的话题，教师要积极鼓励，不要过多约束。
> （3）由于幼儿还不具备书写能力，教师要帮助做好采访记录。
> （4）被采访对象也是训练对象，教师要注意谈话策略的运用，采访要轮流进行，教师要掌控整个采访过程。
>
> 【活动过程】
> （1）在教师的引导下，幼儿熟悉自己的采访对象和采访内容。
> （2）教师协助幼儿记录，幼儿有序地进行采访。
> （3）幼儿交流采访结果，并比较所采访的男孩和女孩的相同点和不同点。
> （4）小结：通过专题访问活动，训练幼儿与他人交流过程中的口语表达能力，实现谈话活动的训练目标，掌握谈话活动的规则和策略。活动结束后，教师要从以上几方面进行总结，不足之处在有计划的谈话活动中加强训练。

【采访提纲及内容】

表4-2 采访提纲及内容

采访人		采访时间	
被采访人	康小朵(女孩)		王沐阳(男孩)
采访内容			
最喜欢的颜色			
最喜欢的玩具			
最喜欢的动画片			
最喜欢的游戏			
最喜欢做的事			
最喜欢的事物			
……			
相同的地方			
不同的地方			

注：以上内容均可用图画来表现。

(五)开心时刻

幽默是生活的润滑剂和开心果,可以为我们的生活带来开心和笑声,消解矛盾和冲突。幽默可以缩短人与人之间的距离,可以创建和谐愉快的沟通氛围。教师引导儿童随意说说,讲讲笑话和小幽默故事,可以减轻儿童说话的压力,帮助其理解话语的深层含义,培养儿童的幽默感。小班儿童年龄尚小,喜欢听,不喜欢说。到了中班和大班,儿童的认知能力和语言表达能力都随之提高,他们不仅可以听懂,还会表演,也能讲给别人听,甚至会举一反三,现场创编。教师可以根据本班儿童的实际情况,定期开展这类活动。

1. 活动内容

活动内容以讲笑话为主,还可以学说相声、编顺口溜、做打油诗等。在讲完笑话后,与同伴聊聊该笑话为什么可笑,聊聊你看过的小品,学一学剧中的人物等。

2. 指导要点

(1)教师要注重素材的积累。教师平时要多听、多看,广泛收集小品、少儿相声、笑话等,经常讲给儿童听,并借助现代多媒体技术让儿童收看文娱节目。教师要善于捕捉生活中即时发生的有趣、滑稽的片段,引导儿童关注、懂得幽默,培养幽默的品质。

(2)鼓励儿童自由学说。开心时刻主要由儿童边演边说,教师不要限制儿童说话的题材,儿童与成人对幽默的理解有时会有出入,不要强加成人的意志给他们。儿童学说的形式也可以灵活多样,可以个人演说,也可以两人学说相声,教师巧妙参与,与儿童同乐,这样更能提高儿童活动的积极性。

思考与练习

1. 学前儿童谈话活动的语言教育目标是什么?
2. 在设计与组织学前儿童谈话活动时,应注意哪些问题?
3. 试根据谈话活动设计与组织的步骤,设计一个谈话活动教案,并在小组内模拟试教。
4. 设计一个语言专题谈话活动教案,并在小组内模拟试教。
5. 写一篇学前儿童谈话活动的观摩评价。

第五章
学前儿童讲述活动的设计与组织

学习目标

(1) 理解学前儿童讲述活动的特点。
(2) 明确学前儿童讲述活动的基本目标和年龄阶段目标。
(3) 在明确学前儿童讲述活动主要类型的基础上,掌握讲述活动的设计与组织方法。

思维导图

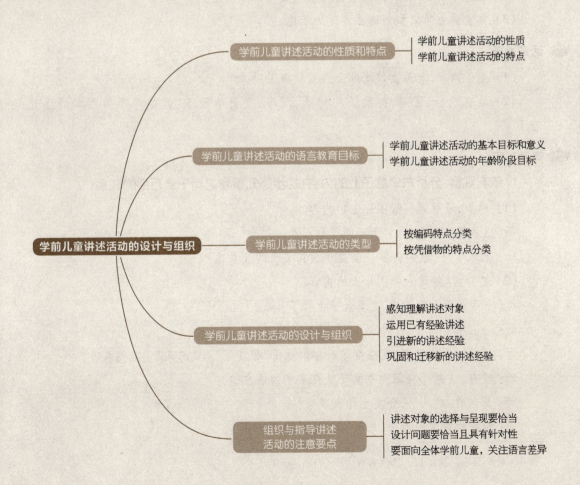

> 案例导入

大班讲述活动：起风了，猫瘦了①（部分）

活动背景：

《起风了，猫死了》是一首英格兰童谣，它用简单的语言讲述了一个有趣的故事。"起风了""猫死了"这两件看起来好像是风马牛不相及的事，因为一连串具有因果关系的事情而产生了间接联系，这样的故事可引发人的联想，开拓人的思维。由于该故事较长，且"猫死了"不符合学前儿童的情感需要，所以我对故事做了删减和修改，更名为"起风了，猫瘦了"，以符合学前儿童的情感需要和学习特点。

活动目标：

(1) 感知"起风"和"猫瘦"之间的因果关系，初步了解事物间都有一定的联系。

(2) 能想象出事物间的联系，并用较完整的语言讲述。

(3) 体验自由想象和创造性讲述的乐趣。

活动准备：

(1) 盒子六个，盒面上依次贴上六幅故事图片。

(2) 绘有轮船、厨师、打翻了的椅子、汽车、大哭的孩子、鲜花等不同图案的图片若干。

活动过程：

1. 依次观察、分析六个盒子上的内容，初步感知事物之间千丝万缕的联系

(1) 感知、理解第一张图片上的内容。

师（出示第一个盒子）：上面画了什么？

幼：刮风了。（教师将第一个盒子放在桌子的最右边）

(2) 感知、理解第六张图片上的内容。

师（出示第六个盒子）：这个盒子上画了什么？

幼：一只猫。

师：这只猫原来很胖，现在瘦了。你们觉得"猫瘦了"跟"起风了"有关系吗？

幼：没有。（教师将第六个盒子放在桌子的最左边）

师：想想看，起风了，会发生什么事情？

幼：树被吹得东倒西歪（东西会被吹得飘来飘去）。

---

① 杨方.起风了，猫瘦了[J].幼儿教育，2016(Z1)：48—49.

幼：冬天会很冷(夏天会很凉快)。

(3) 感知、理解第二张图片上的内容。

师(出示第二个盒子)：发生什么事了？

幼：窗子被吹开了。

师：窗子被吹开了会怎样？

幼：房子里会变得很冷。

师：还会怎么样呢？我们来看看。(教师将第二个盒子置于第一个盒子左侧)

(4) 感知、理解第三张图片上的内容。

师(出示第三个盒子)：怎么了？

幼：窗子被风吹开了，风把花瓶吹倒了，水流出来了。

师：水流出来，又会发生什么事情？

幼：地板会湿，会打滑。

师：地板打滑会造成什么后果？

幼：有人走过来会摔倒。(教师将第三个盒子放在第二个盒子的左侧)

(5) 感知、理解第四张图片上的内容。

师(出示第四个盒子)：谁摔倒了？

幼：老奶奶摔到了。

师：这下可麻烦了，该怎么办？

幼：送到医院去。

师：是啊，老奶奶摔伤了，必须把她送到医院去。(教师将第四个盒子按顺序放在第三个盒子的左侧)

师：现在你们想想，猫为什么瘦了？

幼：因为奶奶到医院去治伤，没有人喂小猫吃东西，所以小猫就瘦了。

(6) 感知、理解第五张图片上的内容。

师(出示第五个盒子)：看看是这样的吗？

(7) 完整观察六张图片上的内容，初步理解事物之间的联系。

师(将六个盒子依次排好)：看看这六张图片上的内容，现在你们觉得"起风了，猫瘦了"有关系吗？

师：我们还可以把这些画面编成一个"起风了，猫瘦了"的故事。

师幼一起指图编讲故事：起风了，窗子被吹开了，花瓶倒在了地上，水流了一地。老奶奶走过来了，滑了一跤。老奶奶住进了医院，没有人喂猫吃东西，猫瘦了。

师(小结)："起风了"和"猫瘦了"看起来一点关系都没有，但是连续发生了一件又一件的事情后，它们之间就发生了联系。

2. 根据图片联想讲述

（1）选择两张图片联想讲述。

师：这里有很多图片，我先选一张，请你选一张和我的这张图片做朋友，说一段有趣的故事，好吗？（如师幼选出了厨师、轮船的图片）

幼：有一条大轮船在海上行驶，船上有很多人。到了中午大家肚子都饿了，于是请厨师来给他们做好吃的。

（2）选择多张图片联想讲述。

师：你们还能选出更多的图片讲述一段更长的故事吗？（如一儿童选出了打翻了的椅子、汽车、大哭的孩子、鲜花）

幼：一辆汽车开得很快，"呼"一下把旁边一把椅子带倒了。小孩子吓得大哭起来。好朋友送了一些花给她，她开心地笑了。

3. 自由选择图片合作讲述故事

师：现在大家自己选择一张图片，和旁边的朋友一起讲述两张图片的故事，然后找更多的朋友把图片加在一起讲更长的故事。活动结束后，再把它装订成故事书，在封面上写上大家的名字和故事的名字，放到阅读区，大家一起来编故事。

想一想

（1）该案例属于哪种讲述类型？（叙事性讲述、描述性讲述、说明性讲述、议论性讲述）

（2）在该案例中，故事盒子和各种图片起到了什么作用？

（3）说一说该案例与之前所学的谈话活动有什么区别？

第一节 学前儿童讲述活动的性质和特点

一、学前儿童讲述活动的性质

讲述是面对一定范围的听众或特定的对象,根据具体交际环境的特点和交际目的的需要,把事情或道理全面、准确、生动讲出来的一种口语交际形式。讲述与谈话是儿童语篇能力发展的两大重要组成部分,学前儿童讲述活动可以有效促进儿童讲述能力的发展。

学前儿童讲述活动是一种有目的、有计划地培养学前儿童语言讲述能力的语言教育活动。教师创设一个相对正式的语言环境,要求学前儿童借助一定的凭借物,使用较规范的语言表达对人、事、物等的认识。讲述活动主要培养学前儿童的连贯性语言和独白语言;要求学前儿童讲述时能围绕中心、用词正确、词语搭配恰当,做到条理清楚、前后连贯。

二、学前儿童讲述活动的特点

(一)讲述活动有一定的凭借物

所谓凭借物,即在活动中讲述的对象,主要指讲述活动中教师为儿童准备或儿童自己参与准备的图片、实物等,它决定了学前儿童讲述的内容范围和指向。

大量观察研究发现,3岁后儿童的思维活动由具体的动作、实物或情境引起,思维活动与具象的事物不能分开。而且,学前儿童的经验和表象积累不足,不能完全凭借记忆进行讲述。讲述活动中,一定的凭借物往往能成为儿童讲述的客体,对儿童讲述有提示作用,且能让儿童有明确的讲述范围。否则有可能出现两种情况:(1)因记忆中材料不够而无法达到讲述要求。(2)因集中注意搜索记忆中的经验,而忽视讲述内容的组织与表达。同时,讲述活动是一种集体参与的活动,明确的凭借物可以让所有参与的儿童都能集中注意,使活动中心明确。

图 5-1 将照片作为凭借物

(二)讲述活动有相对正式的语境

语言的表达离不开具体的语境,不同的语言环境对说话者语言的运用有不同要求。讲述活动为儿童提供的是一种相对正式规范的语言运用场合。这种规范包含两方面内容,一方面是环境规范,另一方面是语言规范。环境规范指讲述活动是一种有目的的教育活动,是一个在集体场合下进行的正式的语言学习环境。这就要求儿童独立构思讲话内容、讲述顺序、讲述重点和中心,如先讲什么再讲什么,重点讲述什么,用什么词来描述等。语言规范即指讲述时能完整、连贯、清楚地表述所讲内容;且语言风格与谈话时的随意风格不同,应更严密、正式。

(三)讲述活动的语言是独白语言

心理学中一般把语言分为外部语言和内部语言。外部语言是用来进行社会交往的语言,又可分为口头语言和书面语言,其中口头语言可分为对话语言和独白语言两种形式。谈话活动中儿童运用的是对话语言,讲述活动中儿童运用的是独白语言。独白语言是一种复杂、周密的口头语言表达形式,指学前儿童经过独立思考后在集体面前表达自己的感受和体验的语言,要求语言完整、连贯,能够清晰反映所思所想。独白语言较谈话语言要更正式、更严谨,具体而言即中心明确、重点突出、逻辑清晰。

(1)中心明确。要求儿童不离题,不说与中心内容无关的事情。

(2)重点突出。要求儿童能感知事物的主要特征,突出表达最重要的信息。

(3)逻辑清晰。要求儿童按照一定的逻辑顺序来表述自己的语言,增强其说话的条理性。

讲述活动旨在通过锻炼,使学前儿童的独白语言最终能达到上述要求。

(四)讲述活动中需要调动学前儿童的多种能力

儿童的多种能力可以用"智力"来概括。美国哈佛大学心理学家霍华德·加德纳认为,智力不是某一种能力或围绕某一种能力的几种能力的整合,而是相对独立、相互平等的8种智力,即语言(语言智力)、音乐(节奏智力)、逻辑(数理智力)、视觉(空间智力)、身体(动觉智力)、自知(自省智力)、交往(人际关系智力)和自然观察智力。在讲述活动中,学前儿童需要调动其多元智力:运用自然观察智力去观察凭借物,空间智力去辨别高低远近,逻辑智力去安排讲述的顺序,节奏智力掌控讲述的节奏快慢,语言智力将想说的内容整合成语言进行讲述。这一过程中多种能力的结合最终形成实践能力和创造能力,将所讲述事物清楚表达,被人理解。总之,多种能力的运用是讲述活动的重要特征。

第二节 学前儿童讲述活动的语言教育目标

一、学前儿童讲述活动的基本目标和意义

《指南》指出:"幼儿期是语言发展,特别是口语发展的重要时期。幼儿语言的发展贯穿于各个领域,也对其他领域的学习与发展有至关重要的影响……幼儿的语言能力是在交流和运用的过程中发展起来的。应为幼儿创设自由、宽松的语言交往环境,鼓励和支持幼儿与成人、同伴交流,让幼儿想说、敢说、喜欢说并得到积极回应。为幼儿提供丰富、适宜的低幼读物,经常和幼儿一起看图书、讲故事,丰富其语言表达能力,培养阅读兴趣和良好的阅读习惯,进一步拓展学习经验。"根据《指南》的要求及讲述活动的特点,讲述这一教育活动的基本目标和意义可以归纳为以下几点:

(一)培养学前儿童感知理解讲述对象的能力

学前儿童需要认真仔细地观察讲述客体——凭借物,运用感知和思维最终充分认识凭借物。学前儿童的感知可以分为感觉和知觉两类。感觉包含视觉和听觉等,知觉包含空间知觉和时间知觉等。讲述活动中,教师应根据儿童的不同年龄阶段特征充分培养和发展他们这两大感知系统,让儿童运用视觉和听觉去直接感受,继而从空间和时间上认识凭借物的特征,在形成直观印象的基础上理解凭借物。

理解凭借物意味着结合自身经历的生活、掌握的信息等认识凭借物。凭借物不同,理解的角度和方法也就不同。比如对所谓故事这一凭借物的理解,指理解故事中信息的一种行为,它不仅包含了解故事主题,还包括对于主题或情节中相关细节的了解。同样地,除对故事这一凭借物的理解外,还应培养儿童对图画、实物等凭借物的理解能力。

图5-2 儿童在理解凭借物后进行讲述

(二)培养学前儿童独立构思与清楚完整地表述的意识、情感和能力

独白语言与对话语言相比,对学前儿童有更高的要求。儿童在1岁左右已开始学着讲话,随着年龄的增长,其口语表达能力不断提高,基本能表达出自己的思想、感情,但儿

童的口语表达在连贯性、逻辑性和丰富性上还较差,需要提高。维果茨基认为,语言的学习是社会化和文化的行为。学前儿童通过与周围成人的互动,与同伴的合作,语言能力就可以超越其现有水平。在"最近发展区"这一观念的指引下,经由教师的引导,让学前儿童在真实、有趣、有意义的情境中探索和学习,获得同伴以及教师的社会性支持,则其语言学习可获得成功经验,有利于促进其语言能力的提高。讲述活动为学前儿童提供了这样一个独立构思和清楚完整表述的情境。通过这类活动可以从三个方面提高学前儿童的语言水平。

第一,在集体场合自然大方地讲话。3岁儿童已萌生了在集体面前讲话的意识,但将意识转化为行动仍需要诸多学习。首先,需要提高学前儿童在集体场合讲话的主动性,即通过讲述活动促使学前儿童积极、主动地在许多人面前说出自己的想法。教师在这一过程中要帮助儿童克服自身的胆怯、害羞等心理,鼓励儿童乐意和同伴分享自己的观点,积极地表达。其次,培养学前儿童在集体面前自然大方地讲话,不脸红害羞,不扭捏作态。自然大方需要学前儿童在集体面前的心理状态与平常相同,不局促紧张,情绪放松,这样才能正常地表达自己的认识;同时能用大于平时讲话的音量和正常的语调、节奏在集体面前说话。

第二,使用正确的语言形式和内容进行讲述。正确的语言形式和内容指规范的语言,即语音、语法、词汇等正确。学前儿童仍然处于语言学习的过程之中,表达时会出现语言形式的错误,也会出现对讲述对象不能正确认识时语言内容的错误。通过讲述活动,可以增加儿童运用语言的机会,教师可以从中发现其语言方面的错误,并示范正确的表达方法,这样错误才可以不断得到修正,逐渐向正确方向靠拢。

第三,有中心、有顺序、有重点地讲述。在语言内容和形式正确的基础上,讲述活动要求儿童讲述要有一定的逻辑,要有中心、有顺序、有重点地讲述。如前所述,有中心即不跑题;有顺序即能遵循一定的逻辑关系,如时间顺序、空间顺序、因果关系等;有重点即能突出讲述核心,能准确把握讲述对象的突出特征。讲述活动的这一目标,与学前儿童逻辑思维的形成和独立性的增强紧密联系,不可分割。

(三)培养学前儿童对语言交流信息清晰度的调节技能

语言是人类最重要的交际工具,交际强调的是双向性的交流,这对于学前儿童讲述活动而言,就是要求讲述者和倾听者能进行双向交流,讲述者的"讲"和倾听者的"听"是交流双方,双方都对讲述活动有影响。作为讲述者的儿童,"讲"是其主要方面,同时倾听者的反应也是儿童讲述过程中重要的内容。儿童应通过观察倾听者的表情反应等,不断调整自己的讲述方式和讲述内容,最终达到双方清晰交流的目的。这一过程对讲述的儿童而言,需要他们掌握交流信息清晰度的调节技能,这种调节技能是针对交往场合中各种主

客观因素,以及这些因素与个人使用语言关系的敏感性而言的。培养交流信息清晰度调节技能,可以从以下两个方面着手:

第一,增强对听者特征的敏感性。根据听者的特征来调节说话的内容和形式,使自己的语言适合听者的能力,让听者能理解和接受,这是保证交流信息清晰度的一个方面。

按照皮亚杰的观点,4岁前儿童的语言主要以自我为中心,他们之间没有真正的相互交流,即使在一起游戏,他们也常常自说自话。每个儿童在讲自己的事情时,既不注意听者的态度,也不关心听者是否在听自己说。此时,他们对听者的特征是不敏感的。学前儿童在语言发展过程中,通过教育可逐步提高语言交流清晰度的调节技能。幼儿园的讲述活动可促使儿童关注别人的言谈,以及自己与别人所说内容之间的关系,努力使听众对自己所讲内容产生兴趣,并使他们理解这些内容。由此,儿童就能够渐渐地学会准确把握听者特征的方法,提高这方面的敏感性。

第二,增强对语境变化的敏感性。语境指使用语言的环境。内部语境指一定的言语片段和一定的上下文之间的关系,外部语境指存在于言语片段之外的语言的社会环境。学前儿童讲述活动具有相对正式的语境,它是由教师创设、由教师和学前儿童共同构建的。每一次教师创设给学前儿童的语言环境不尽相同:讲述类型不同,语境就不同,如看图讲述和实物讲述就有差异;讲述内容不同,语境也不同,如讲述"夏天的雷声"与讲述"我的爸爸"语境就不一样。每一次具体的讲述活动都要求学前儿童感知具体的语境变化。在学习讲述的过程中,学前儿童逐步锻炼自己对语境变化的敏感性,培养能随语境变化而调节自己表述方式的能力,从而保证交流信息的清晰度,帮助听者理解其讲述的内容。

二、学前儿童讲述活动的年龄阶段目标

根据学前儿童讲述活动的基本目标和意义,结合儿童身心发展的特点,我们可以总结出各年龄段的具体目标。

表 5-1　学前儿童讲述活动的年龄段目标(三维度)

年龄段	维　度	目　标
小班	认知方面	• 能运用各种感官,按照要求进行讲述 • 能理解内容简单、特征鲜明的实物、图片和情境
	情感与态度方面	• 能有兴趣地运用各种感官去感知讲述内容 • 能安静地倾听教师或同伴讲述,并用眼睛注视讲述者
	能力与技能方面	• 能正确地说出讲述内容的主要特征或主要事件 • 愿意在集体面前讲述

(续表)

年龄段	维度	目标
中班	认知方面	• 能在仔细观察后进行表达讲述 • 逐步学会理解图片和情境中展示的事件顺序
中班	情感与态度方面	• 愿意运用各种感官感知讲述内容 • 能积极地倾听别人的讲述内容并发现异同,从中学习好的讲述方法 • 能主动在集体面前讲述
中班	能力与技能方面	• 学习按照一定的顺序讲述实物、图片和情境中的内容 • 在集体面前讲述时声音响亮,句式完整
大班	认知方面	• 能认真、有礼貌地倾听他人讲述,乐意说出自己的想法或做出相应的反应 • 能正确地感知并理解实物、图片、情境中蕴涵的主要人物关系和思想感情倾向
大班	情感与态度方面	• 能积极主动地观察和理解讲述的内容 • 在集体面前讲话态度自然大方
大班	能力与技能方面	• 能够做到讲述流畅、不停顿,用词用句较为准确 • 能有重点地讲述实物、图片和情境,突出讲述的中心内容 • 能根据场合的需要调节自己讲话的音量和语速

第三节 学前儿童讲述活动的类型

一、按编码特点分类

(一)叙事性讲述

叙事性讲述是学前儿童口头语言学习的核心经验之一。叙事又称讲故事,是一种脱离语境进行有组织表达的语言能力。叙事性讲述是一种口语叙事能力,指用口头语言把人物的经历、行为或事情的发生发展变化讲述出来,要求说清楚人物、时间、地点、事件和事件发生的原因,并要说明白事情发生、发展的先后顺序。学前儿童的叙事性讲述有三种类型:(1)个人生活故事:包括学前儿童与亲人、陌生人之间共同发生的真实生活故事。(2)想象故事:想象是人脑对原有表象进行加工改造后建立新形象的心理过程,想象故事指儿童根据他人的语言描述或图样、符号、实物等进行讲述的故事。如为儿童出示一个相关的玩具,儿童根据玩具进行故事讲述。(3)脚本:脚本是指对常规性、惯例性活动的描述,如早晨起床后你通常做什么?① 学前儿童叙事能力是随多种因素的发展而提升的,如学前儿童的年龄、语言、认知、心理等。

学前儿童叙事性讲述核心经验包括运用丰富的词句进行讲述、有条理地组织讲述内容、感知独白语言的语境等。基于此,教师在指导时应注意把握各年龄段学前儿童叙事性讲述的学习与发展目标,创设叙事性讲述的语言运用情境,提供有效的支架。

> **案例**

讲述活动:掉进酒桶里的老鼠②(中班)

【活动背景】

一个偶然的机会,我在网上看了"掉进酒桶里的老鼠"故事的录像,故事中的情节深深地吸引了我。当馋嘴的小老鼠掉进酒桶里时,跑来的却是老鼠的死对头小猫,小老鼠该怎么办?小花猫会救小老鼠吗?被救后小老鼠会被小花猫吃掉吗?故事充满了矛盾的情节,引人入胜,给人以丰富的想象空间。对于想象丰富的儿童来说,这不单单是一个非常好听的故事,还是一个极好的语言想象创编活动素材。于是,我设计了这次中班创编讲述活动,让儿童在看一看、想一想、讲一讲的过程中,发展他们的创造性讲述能力,并知道在危险的情况下应该用智慧战胜困难,做个聪明勇敢的孩子。

【活动目标】

(1)能借助画面内容创编"救鼠"和"逃生"的故事情节。
(2)能用连贯的语言大胆地讲述,发展语言能力及想象力。
(3)通过活动引导儿童体验创造性讲述的快乐。

【活动准备】

(1)故事"掉进酒桶里的老鼠"的录像、电视机。
(2)鼠、兔、鸟、狗、羊、鸭、鸡、猴、猫、牛及装有许多酒的酒桶图片各一张,将这些图片布置在黑板上:酒桶图片在中间,鼠、兔、鸟、狗、羊、鸭、鸡、猴、猫、牛的图片呈圆形翻贴在酒桶图片外圈。

【活动过程】

1. 教师出示小老鼠图片,激发儿童的活动兴趣

提问:小朋友,你们看谁来了?(小老鼠)这是一只聪明勇敢的小老鼠,今天我们

---

① 张放放,周竞.儿童叙事能力发展研究综述[J].幼儿教育(教育科学版),2006(6):47—52.
② 教育部教育管理信息中心.全国优秀幼儿语言教育活动课例评析[M].重庆:西南师范大学出版社,2011.

一起听听这只小老鼠的故事吧!(教师用一种神秘的口吻引出儿童即将看到的录像内容)

分析:活动一开始,教师出示小老鼠图片,然后过渡到听小老鼠的故事,导入自然。

2. 教师分段播放录像,儿童欣赏并创编故事

(1)播放录像第一部分:从故事开始到"小老鼠掉进酒桶里等着有人来救它"。

① 教师出示事先布置好的黑板,把小老鼠图片放在黑板上的酒桶图片上。

提问:小老鼠为什么掉进酒桶里?(想喝酒桶里的酒)小老鼠掉进酒桶里后是怎么做的?(一边挣扎一边喊救命)

② 教师引导儿童创编"救鼠"情节。

提问:谁会来救小老鼠呢?怎样救的?(老鼠妈妈、小狗、大象、小朋友……)儿童每说出一种动物,教师就把相应的图片翻过来,用粉笔画线,把动物与酒桶连起来。如果黑板上没有儿童创编的动物的图片,教师就用粉笔画出来;儿童没有提到的动物,教师最后把它的图片翻过来,并引导儿童进行创编。(教师给儿童一定的思考时间,鼓励儿童大胆想象,用连贯的语言大胆讲述)

分析:此环节中,教师为儿童提供了丰富的语言环境,让儿童利用动物图片进行故事创编,同时运用翻转图片这种具有吸引力的教学手段,极大地调动了儿童创编的积极性,使他们全身心地投入创编活动中。

(2)播放录像第二部分:从"来了一只小花猫"到"我的命就是你的了"。

提问:小花猫和小老鼠是好朋友吗?(不是)小花猫为什么要救小老鼠?(想吃小老鼠)小老鼠为什么同意小花猫救自己?(想从酒桶里上来)

通过提问帮助儿童理解故事内容,为下面的创编打下基础。

(3)播放录像第三部分:从小花猫"把小老鼠救上来"到"张嘴想吃小老鼠"。

教师引导儿童创编"逃生"情节,提问:小老鼠被小花猫吃了吗?它是如何逃脱的?儿童用连贯的语言大胆创编小老鼠"逃生"的情节。

(4)播放录像第四部分:从"小花猫张嘴想吃小老鼠"到故事结束。

提问:当小花猫要吃小老鼠时,小老鼠说了什么?(我浑身是酒,你吃了肯定会醉的,不如先把我身上的酒烘干了,到时候再吃也不迟呀)

小花猫是怎么做的?(小花猫把小老鼠叼到火炉边烤着,用两只爪子摁住小老鼠)

小老鼠逃回洞里又是怎么说的?(我在酒桶里喝多了,说的全都是醉话,哪能算数了呢?)

教师要求儿童用故事中的语言回答问题。

分析：教师利用提问的方式，帮助儿童理解故事内容，并且让儿童尝试用故事中的语言回答，这有助于提高儿童的语言表达能力。

3. 教师引导儿童完整地欣赏故事录像

教师要求儿童边看边尝试着讲述故事。

4. 儿童借助放慢的无声录像复述故事

提问：这个故事真好听，小朋友还想听吗？下面，我们请几个小朋友看着没有声音的录像为我们讲故事。

教师把录像放慢，请4名儿童采用接龙方式，看着无声录像为大家讲故事。

这个故事那么好听，大家想不想学会了回家讲给家人听呢？下面，请小朋友跟着无声录像一起讲讲这个故事。（录像放慢）

分析：教师采用为无声动画配音的方式，引导儿童借助影像讲述故事，边看边说，符合儿童的年龄特点。

5. 迁移故事主题，渗透品德教育

（1）提问：你喜欢故事里的小老鼠吗？为什么？（聪明、勇敢）我们应该向小老鼠学习什么？（遇到困难想办法解决，不害怕）

教师结合自然灾害、迷路等日常生活实际对儿童进行安全教育。

（2）小结：我们应该像小老鼠一样做个聪明勇敢的孩子，遇到困难的时候不要害怕，要动脑筋想办法克服困难，学会保护自己。

分析：教师注意拓展故事的教育功能，在完整讲述故事后让儿童说说为什么喜欢小老鼠，利用故事内容适时地对儿童进行品德教育。

【附故事】

掉进酒桶里的老鼠

农夫买了一桶葡萄酒，放在了地窖里。有一天，他想喝酒，就叫小儿子去舀酒，可是小儿子太粗心，舀完了酒，却忘了把酒桶的盖子盖上。酒的香气呀，就慢慢地飘了出来。飘呀飘呀，有只小老鼠闻到香味，它嗅着嗅着就爬上了酒桶，准备好好喝一喝，一不小心脚下一滑，"扑通"一声，就掉到桶里去了。酒桶里呀满满的都是酒，老鼠四只爪子乱扑腾，怎么也爬不上来，只好一边喊救命，一边拼命地挣扎。这时来了一只小花猫，老鼠连忙对小花猫说："猫先生，快点救救我吧！"小花猫说："让我救你也行啊，但是你上来后愿意让我吃掉吗？"小老鼠有点犯愁了，但转念一想，能出去总比淹死强啊。就对小花猫说："我尊敬的猫先生，只要能把我救上来，我的命就是你的了。"小花猫听了很高兴，就伸出爪子，把老鼠救了上来。

> 小花猫张开嘴巴想吃掉老鼠的时候,老鼠连忙说:"慢着,慢着。"小花猫不放心地问:"干什么?想赖账吗?"老鼠转了转眼珠子说:"当然不是了,我是想呀,现在我浑身是酒,你吃了肯定会醉的。不如,先把我身上的酒烘干了,到时再吃也不迟呀!"小花猫一听,觉得很有道理,就把老鼠叼到火炉边,用两只爪子摁住老鼠,免得它溜走了。
>
> 火暖烘烘地烤着,小花猫忍不住打了好几个哈欠,慢慢地睡着了,还大声地打起了呼噜,爪子也慢慢地松开了。老鼠一看,哈哈,机会来了,就悄悄地爬出来,"吱溜"一声钻进洞里去了。小花猫被惊醒了,赶紧跑到鼠洞前,非常生气地问老鼠:"老鼠,老鼠,你不是答应让我吃掉的吗?"老鼠笑着说:"啊,刚才,刚才我在酒桶里喝多了,说的全都是醉话,哪能算数了呢?"小花猫气得吹胡子瞪眼睛,扑上前要去捉老鼠时,"嘭"的一声撞到了墙上,疼得它"喵喵"直叫。这时候呀,老鼠早就钻到洞的深处去了,再也不出来了。小花猫左等,右等,但老鼠却再也没有露面了,小花猫只好灰溜溜地走了。

(二) 描述性讲述

描述性讲述指用生动形象的语言,把人物的状态、动作或物体以及景物的性质、特征具体讲述出来。描述性讲述的重点在于初步尝试使用具体、生动、形象的词语说话,同时抓住事物的主要特征进行描述。学前儿童的描述性讲述有实物描述、图画描述、季节描述等。

学前儿童描述性讲述能力的发展大致可分为:3~4岁,描述时能适当地配合动作和音韵;4~5岁,能说出某些物件的独特颜色,如香蕉是黄色的;5~6岁,能描述一幅图画,用不同的形容词来描述一个人或一件物品,对四季节令作简单描述。

(三) 说明性讲述

说明性讲述是指学前儿童在较正式的语境中使用简单明了的语言把事物的形状、特征、功用等解说清楚。说明性讲述活动并不要求学前儿童使用生动形象的语言,而是要求儿童用简洁、准确、规范的语言进行表达。如"桃子的肉肉"可以用"果肉"一词来代替,"苹果上面的杆杆"可以用"苹果柄"一词来表述,以达到简洁的表达效果。说明性讲述强调表述的条理性、逻辑性和重点突出。根据儿童的语言发展规律,可将说明性讲述的核心经验归纳为以下三条:使用规范准确、简洁明了的说明性词句;以独白语言的形式进行说明性讲述;理解说明性讲述的内容组织方式。为促进学前儿童说明性讲述核心经验的形成,教师可以从以下几方面着手:帮助儿童为进行说明性讲述做好认知准备;注重凭借物的选择与使用;通过多种活动方式开展说明性讲述活动。

(四) 议论性讲述

议论是讲道理或论是非,议论性讲述通过讲观点、讲事实来说明自己赞成什么或者反对什么。议论性讲述需要学前儿童有一定的逻辑思维能力。逻辑思维是在感性认识的基础上,通过概念、判断、推理来揭示事物的内在联系、本质联系的过程。学前儿童的思维具有极大的具体形象性,但由于知识经验的积累和语言的发展,到了大班阶段,在其经验所及的事物范围内,也开始能初步地进行抽象逻辑思维。以推理思维为例,我国心理学工作者采用玩具得奖方法,通过儿童具体操作来研究学前儿童推理思维的发展。结果表明:3岁组,基本上不能进行推理活动;4岁组,推理能力开始发生;5岁组,大部分能进行推理活动;6岁和7岁组,全部可以进行推理活动。① 这一研究能够说明学前儿童抽象逻辑思维发展的一般趋势。

尽管学前儿童的逻辑思维水平不高,议论能力还不强,但是仍然可以进行初步的议论性讲述。比如讲述"我为什么喜欢这本书",儿童可以通过讲观点、举例子来论述自己喜欢这本书的原因。

二、按凭借物的特点分类

(一) 看图讲述

看图讲述是指教师启发学前儿童在观察、理解图片的基础上,根据图片提供的线索,运用恰当的词语和完整连贯、有条理的语言表达图意的一种教学活动。看图讲述为学前儿童提供了直观素材,促使儿童能完成从图画的知觉形象到语言的转化,从词语再到完整的语句表达的转化。看图讲述所使用的每一幅图片,所提供的每一个情节,暗示了前后的逻辑联系,儿童借助它,对照图片的顺序,能够较轻松地、有逻辑地讲述

图 5-3 看图讲述活动

一个完整的事件或情景,使语言表达能力得到发展。这类活动中的图片可以是教师提供的,也可以是儿童自己准备的;可以是印刷出版的图画,也可以是教师或儿童自己构图制作的;可以是完成的图画,也可以是未完成的边讲边画的图画。

---

① 朱智贤.儿童思维的发生与发展[J].北京师范大学学报,1986(1):5.

1. 看图讲述的形式

根据讲述特点的不同,看图讲述可以有以下几种形式:

(1) 描述性看图讲述,要求学前儿童能结合图画对其中的人或物进行形象性描述、动作性描述、过程性描述、情境性描述等。描述时能突出对象和现象的主要特征,而且能观察到细节部分以及事物之间的关系,并能恰当地运用语言进行细致的描述,讲清楚图片上表现的内容。

(2) 创造性看图讲述,需要学前儿童在对画面的感知和理解的基础上,运用想象,讲出画面上没有明显展现的内容,如人物之间的对白等。这种能力在3岁、3岁半开始显现,随年龄增长而逐步发展,表现为讲述的内容逐渐丰富,语句逐渐复杂。一般的看图讲述,主要是对画面的观察分析,而创造性看图讲述主要是由画面引发的想象。创造性看图讲述是发散型的,其答案是不确定的。

(3) 排图讲述,是训练学前儿童判断推理思维能力的一种形式。排图讲述的具体方法是:给儿童提供一套没有序号的图片,让儿童根据画面的内容,结合自己的理解和想象,按照画面中所呈现出来的简单情节来判断这些情节发生的顺序。儿童要将无序的图片排出一定的顺序,构成一个完整的情节,并将故事的内容讲述出来。

(4) 拼图讲述是看图讲述的拓展形式,其特点是教师不直接提供讲述的载体,而是向儿童提供各种构图材料,如贴绒图片、立体图片等,其中包括人物、动物、花草树木、天气状况以及不同的地点等,学前儿童根据一定的主题自由构思,将这些图片摆放成一幅画面,展开丰富的想象,构成一个完整的、有情节的故事,并将它们清楚地表达出来。也可以由教师提供一定的情节背景或故事开头,在教师的引导启发下,儿童通过拼图讲述一个开放性的完整故事。

2. 看图讲述图片的提供方式

看图讲述的重要凭借物是图片,图片的选择直接决定教学效果。图片的选择应遵循以下原则:

(1) 根据学前儿童的认知特点选择图片。儿童图画讲述能力表现为以图画中的主要事件为中心,对画面所反映的情节的发生、发展进行联想和补充,并逐步围绕画面的主要内容和事件进行有层次的讲述。各年龄段儿童看图讲述的特点和水平如表5-2所示。

表5-2 各年龄段儿童看图讲述的特点和水平

年龄段	特 点	水 平
3~4岁	零散罗列画面上的事物; 简单讲述图画表面的、片断的联系	低水平
4~5岁	主要关系型:建立事物之间的关系	低水平向高水平发展
5~6岁	结构完整型:形成有情节结构的完整故事内容	高水平

教师需要根据儿童看图讲述的特点和水平选择合适的图片：

① 在图片的数量上，先安排单幅图片，后逐步增加图片的数量。前者只需要儿童把图片中所表现的人、事、物讲述出来即可；后者则要求儿童根据图片中的因果关系或事物发生、发展的前后顺序进行讲述，要求儿童进行一定的判断、分析、推理才能准确讲述。

② 在图片的难易度上，先安排情节背景简单、人物形象较少的图片，再逐步过渡到情节较复杂，能反映事件发生的时间、地点等内容以及有一定心理活动和较多对话的图片。

③ 在图片的出示方式上，先逐幅出示图片，以便儿童仔细观察，接着再一次性出示全部图片，让儿童对所有图片有概括性的了解，然后是只出示其中的几幅，要求儿童进行想象，讲出未出现的几幅图中可能发生的事物，最后是让儿童自己排出图片的顺序，要求其从不同角度进行合理的排图讲述。

（2）根据学前儿童的审美特点选择图片。就图画的审美特点而言，"学前儿童的审美已超越内容和色彩的范畴，向造型画技等多方面综合发展；部分学前儿童表现出对艺术特征的认识和理解；学前儿童的审美偏好有一定的动态性。"[①]鉴于以上审美特点，为儿童提供的图片应以童话卡通风格为主，画中的人物形象应具有夸张、诙谐的特点，富有儿童的情趣。[②]

（3）根据教学目的选择图片。为学前儿童提供的讲述图片既应根据语言教学的总目标而合理安排，又应依据每一次教学目的的不同而有所差异和侧重，使图片真正成为激发儿童学习兴趣，促进儿童口语表达能力、思维和想象能力发展的得力助手。教师首先要考虑的是，图片的内容必须有助于对学前儿童进行审美教育或某方面知识的教育，然后根据本班儿童的具体情况和本次活动所确定的目的而选择，如为了提高儿童讲述的连贯性，我们提供的图片内容应尽量带有一定情节，且故事的发生、发展先后顺序比较明显。

（二）实物讲述

实物讲述是以实物为凭借物引导学前儿童的一种讲述活动，实物包含现实的物品、玩具、教具和外在自然景物等。这种讲述形式使用具体的物体来帮助儿童讲述，有真实可感的特点。指导儿童感知理解实物并进行讲述时，重点是帮助儿童把握实物的特征。

实物讲述还可以采用拟人讲述的方式，以实物为角色，引导儿童编出各种情节。这些实物可以是日常用品，如：玩具、家具、文具、餐具等；可以是食物，如：水果、蔬菜等；还可以是自然物，如：石子、树叶等。实物讲述属创编类讲述，它必须运用创造性思维才能进行。所以，实物讲述能有效开发学前儿童的创造潜能。

---

① 张治.学前儿童对儿童读物插画的审美偏好特点研究[D].上海：华东师范大学，2008：64.
② 李甦,李文馥,杨玉芳.3~6岁儿童图画讲述能力的发展特点[J].心理科学，2006,29(1)：25—29.

(三) 情境讲述

情境讲述是根据学前儿童的经验设计主题明确的情境,可以是真人表演或预先录制的视频,引导儿童观看后,要求儿童根据自己对情境表演的理解进行较完整、连贯讲述的一种语言教育活动。情境讲述可以包括真人表演的情境和用木偶表演的情境,或是真人与木偶共同表演的情境。情境讲述来源于学前儿童的生活认知与经验,着重于儿童语言的表达与思维开拓,发展于教师情境的创设与讲述指导。教师在教学中要注意激发儿童的观察力和想象力,帮助儿童积累讲述经验,避免儿童机械地复述情境,鼓励儿童有创造性地运用不同的讲述思路灵活迁移讲述经验,进一步提高儿童的讲述能力。

在情境讲述开始时,教师要用表情和有吸引力的语言提示内容、介绍场景、角色和主演者,以引起儿童观察表演的兴趣,并提醒儿童仔细观看表演者的表情、动作,记住表演内容,以便在观看后进行讲述。观看表演时,教师可以安排分段表演,也可以完整表演,如何安排应结合活动目标、班级实际水平来决定。教师还要根据表演的内容进行启发性提问,帮助儿童理解表演内容。

(四) 与美术活动结合进行的讲述

将美术活动与语言活动中的讲述结合起来,能使儿童获得的知识不被消极地"储备"起来,而是进入积极"周转",成为获得新经验、新知识的基础与前提。根据美术活动的不同,这种讲述活动可以包括绘图讲述、捏泥讲述、染纸讲述、凭借手工制品的讲述等。

图 5-4 与美术活动结合的讲述

与美术活动结合的讲述,打破了传统的语言教学形式,将美术与语言这两门学科自然有机地结合在一起。这样的活动既丰富了教学内容,又培养了儿童的能力;既活跃了活动气氛,又调动了儿童学习的积极性。美术活动是一种教学的手段和方法,而通过讲述发展儿童口语表达能力则是目的。先美术活动后讲述的程序是不可改变的,美术活动是讲述的基础与前提,而讲述则是教学的重点与主旨。

(五) 创造性讲述

从广义上讲,所有儿童经过自己的思考和想象,比较完整地表达自己想法的讲述都叫创造性讲述。它可以不受时间、空间、事物的约束,随时随地进行。从狭义上讲,是指在专门组织的语言活动中,学前儿童在教师的引导下进行的创造性讲述,包括看图编故事、续编故事结尾等。不同年龄段儿童的故事续编能力也不同,如表 5-3 所示。

表 5-3 不同年龄阶段的儿童续编故事能力

年 龄 班	内 容
小 班	在故事续编活动中很少能够展开新的故事情节,即使有的学前儿童讲述时间很长,也只是对道具操作动作的描述,内容缺乏连贯性,且注意力分散
中 班	在故事续编中能够将注意力集中到编故事上,故事的连贯性、逻辑性都有所提高,并且对话的使用增多了。另外,中班儿童在该活动中也存在较大的个体差异,有些儿童仅仅用一句话给出一个结尾,而有些儿童可以延伸出更多的情节,编出一个相对完整、丰富的故事
大 班	当研究者告诉儿童后面需要他们继续编故事时,他们会专心、认真地听故事开头;当研究者读完开头部分,学前儿童一般能够迅速、流畅地接着往下讲,有序地展开故事内容。大班儿童的讲述内容有高潮部分和结尾部分,前后呼应,内容丰富且有一定的长度

第四节 学前儿童讲述活动的设计与组织

一、感知理解讲述对象

讲述活动中的讲述对象是相对固定的。感知理解讲述对象是讲述活动的关键,这一过程主要通过观察进行,同时强调各种感官的综合感知。在各种讲述活动进行之前,教师可先让学前儿童仔细观察图片、实物、情境等凭借物,从而感知理解讲述对象。儿童在观察的同时,也可以利用其他感觉通道去获得直接认识,如:听觉、触觉、味觉、嗅觉等。

在讲述活动"春天幼儿园的花朵"中,教师要求儿童描述春天里的不同花朵。为了帮助儿童更好地感知花朵,教师让儿童通过观察具体说出花朵的颜色和形状的不同,利用嗅觉去闻花朵不同的味道,利用触觉感受花朵的不同质感等。

另外,在运用感觉通道的时候,有时会突出某一种感官。

在触摸实物讲述活动"神奇的口袋"中,教师要求儿童闭上眼睛从口袋里摸出一样物体,然后通过触摸感觉物体的特征,猜出物体名称并描述物体。而在听录音讲述活动"夏天的池塘"中,则需要引导儿童利用听觉分辨出录音中的各种声音,如:知了、青蛙、蝈蝈、流水等声音,再将各种声音联系起来,想象出夏天池塘的情景。

教师在这一步骤中应重点指导学前儿童观察、感知理解讲述对象,并依据讲述类型的特点、凭借物的特点以及活动的具体要求说明讲述对象,以便为学前儿童的讲述活动奠定认识的基础。

(一)依据讲述类型的特点感知、理解讲述对象

(1)叙事性讲述:应重点感知理解事件发生的过程以及人物在其中的作用,同时可以引导儿童观察发现各种时间次序模式。

(2)描述性讲述:观察重点应放在人物的状态、动作或物体和景物的性质、特征等。

(3)说明性讲述:应重点感知事物的形状、特征、功用等,同时可以引导儿童观察发现各种空间次序模式。

(4)议论性讲述:重点帮助儿童感知事件的本质,揭示事物的内在、本质联系等。只有从这样的角度把握住了讲述对象,才能为讲述做好准备。

(二)依据凭借物的特点感知、理解讲述对象

讲述活动中凭借物是多种多样的。根据凭借物的不同,教师可引导学前儿童采用不同的认知方法。比如图片,可重点采用视觉观察法,而实物、情境等则需要通过视觉观察与听觉、嗅觉等多种感觉通道去认知。教师在指导儿童感知理解讲述对象时,应抓住讲述对象的特点去组织观察活动的过程。

(三)依据活动的具体要求感知、理解讲述对象

每一次活动的要求是不一样的,有时要求儿童有中心、有重点地讲,有时要求儿童有顺序地讲,有时要求儿童简洁明了地讲,有时又要求儿童生动形象地讲。教师的任务是根据活动的具体要求,指导儿童观察和认识对象,以便为讲述打好基础。

二、运用已有经验讲述

在学前儿童感知理解讲述对象的基础上,教师要指导儿童运用已有经验进行讲述。此阶段,教师应尽量放手让儿童自由讲述,给予儿童充分的机会实践和运用已有的经验进行讲述。这是儿童自由发挥的阶段,要让他们不被限制地主动讲述。通过这一阶段的自

由讲述,可以活跃讲述气氛,提高儿童参与活动的积极性,并且帮助教师了解每位儿童的讲述水平。组织学前儿童运用已有经验自由讲述的方式很多,主要有集体讲述、分组讲述、个别交流等。

(一) 学前儿童集体讲述

这种方式虽然保持集体活动的状态,但是要给每位儿童围绕感知对象充分自由发表个人见解的机会。

示例

在中班讲述活动"我的书包"中,教师在设计、组织活动时,可让儿童根据个人生活经验向同伴介绍自己的书包,教师不做规定和提示。

(二) 学前儿童分组讲述

一般情况下,每小组 4 人,儿童可有更多机会围绕同种感知对象,轮流进行讲述。这种形式具有一定的直接交流的性质,能保证每位儿童均有讲述的机会。

示例

教师在组织"我的书包"这一活动时,可将儿童分成若干小组来讲述各自的书包。

(三) 学前儿童个别交流讲述

个别交流讲述常常是学前儿童一对一的讲述。教师可让儿童邻座结伴,轮流讲述,也可让儿童对着假想角色讲述。

示例

在讲述活动"我心爱的一件玩具"中,儿童对着自己的玩具讲述玩具的可爱之处。这样的讲述方式对儿童具有相当的吸引力。

运用已有经验讲述是一种开放性的活动程序,这一开放的步骤对于讲述活动的进行十分必要。如果没有这一开放过程,教师就不能了解儿童已有的讲述经验,也不能遵循"以儿童为中心"这一原则。

三、引进新的讲述经验

在开放性的讲述之后,教师应将活动导入"收"的程序,为学前儿童引进新的讲述经验。新的讲述经验是每次讲述活动的学习重点，具体是指讲述的思路和讲述的方式。在制定活动目标时，教师应考虑上次活动的重点、解决的问题、需要达到的目的等，以便在此基础上向儿童提供新的讲述经验。教师可以采取以下方式引入新的讲述经验。

（一）教师示范新的讲述经验

教师在学前儿童自己讲的基础上，提出一种新的讲述思路，就同一讲述对象发表个人见解。

在大班拼图讲述活动"森林、猎人和狼"中，在儿童自己拼图讲述之后，教师重新拼摆图片，构成一个合理的画面，并添画小鸟、小兔等小动物，然后按照这一完整画面，将猎人、小鸟、小兔、狼和森林构成有情节的内容并讲述出来。

教师的这种示范只是讲述思路中的一种，绝不是儿童复述的范本。如果教师误解了示范的作用，要求儿童照教师讲述的内容一字不漏地模仿，儿童便会感到毫无兴趣，会极大地影响儿童讲述的积极性和创造性。

（二）教师通过提示引进新的讲述经验

在有些活动中，教师可以用提问、插话的方式引导学前儿童的讲述思路，为他们导入新的讲述经验。在运用这类方法时，教师表面上顺着儿童的讲述内容，实际上却通过提问、插话等方式改变儿童的讲述思路。

（三）教师与儿童一起讨论新的讲述思路

教师可从分析某一位儿童的讲述内容入手，与儿童一起归纳新的讲述思路。

在组织讲述活动"我心爱的玩具"中，教师说："刚才××小朋友讲得真好。他在讲述自己心爱的玩具时，先讲了什么？先讲了玩具的名称，然后呢？又讲了玩具是用什么材料做的。接下来又说了什么？说了玩具的特点（好玩的地方），最后又说自己多么喜欢这个玩具……"教师讲这段话时，用边问边答的形式和儿童一起分析讨论，帮助儿童厘清讲述的顺序，从而引入新的讲述经验。

四、巩固和迁移新的讲述经验

学前儿童教学的科学性原则告诉我们，当儿童掌握某种知识后，要让儿童对已获得的知识进行迁移,使他们能触类旁通、举一反三,具有应变能力,这样才有利于儿童真正掌握知识、发展智力、提高能力。所以,当儿童获得一种讲述经验后,不能只局限在某一具体对象的讲述上,而应该让儿童把所获得的讲述经验迁移到新的讲述内容中,使儿童将这些讲述经验在迁移活动后得到同化和顺应,真正被吸收和转化为自身的知识经验。具体做法有以下几种:

(一)讲述经验在相同内容中的巩固迁移

在教师示范新的讲述经验并帮助学前儿童厘清思路后,让儿童尝试用新的讲述方式来讲同一件事、同一情景。

示例

在学习讲述"扇子"的思路后,教师让儿童打开扇子并进行展览,向小班的弟弟妹妹介绍各种各样的扇子。值得注意的是,在这种情况下,教师应要求学前儿童创造性地运用新的讲述经验,尽可能地避免绝对模仿和复述教师的话。

(二)讲述经验在相似讲述内容间的巩固迁移

当学前儿童学习了一种新的讲述经验后,教师应随即提供相似的讲述内容,让儿童用新的经验思路去讲述。所谓相似可以是情境的相似、感觉模式的相似等。

儿童学习描述秋天后,教师可让他们用同样的思路去描述春天、夏天、冬天;儿童学习讲述铅笔后,可让儿童用同样的思路去讲述圆珠笔等。

通过相似讲述内容的不断增加和变化,帮助学前儿童掌握之前学习的新的讲述经验。

(三)讲述经验与相关讲述内容之间的巩固迁移

所谓相关是两个或多个情境之间、事件之间、活动之间的相关。用这种方法组织第四步骤的活动,教师可以在原讲述内容的基础上,提供一个扩展或延伸原内容的讲述机会。

示例

在故事讲述"要是你给老鼠吃饼干"这一活动中,在教师示范过故事的讲述经验之后,进一步要求学前儿童自己创编故事。师:"故事又开始了,这一次又会发生什么有趣的事呢?我们来做一回故事大王,把这个故事编下去。"然后鼓励儿童进行讲述,通过这样一个环节让儿童巩固和迁移新的讲述经验。

总之，在讲述活动组织的四个步骤中，存在一套内在的、完整的组织程序。可以说，每一次儿童学习新的讲述经验，都会在活动中获得操练、实践，以利于巩固和迁移。

讲述活动：小鸭找朋友①（小班）

【活动背景】

"小鸭找朋友"这一讲述活动内容简单、情节单一，特别是小鸭与朋友间的对话简单重复，符合小班学前儿童的语言特点。故事讲述了小鸭觉得自己一个人玩很难受，于是一次又一次邀请朋友（小兔、小鸟、小乌龟）一起玩。在小鸭与朋友的对话中，让学前儿童明白了小鸭要找的朋友是会游泳的小动物，同时也让儿童明白：只有和朋友一起玩，才是最开心的事。

【活动目标】

（1）培养学前儿童语言的完整性和连贯性，丰富相应的动词：跳、飞、爬、游。

（2）指导学前儿童充分运用触觉、听觉和视觉，完整地感知理解并讲述图片的主要内容。

（3）培养学前儿童安静地听别人讲述的习惯，并鼓励他们在集体面前大声表述。

【活动准备】

（1）背景图。

（2）小鸭、小兔、小鸟、小乌龟、猫、鸡、青蛙图片各一幅。

【活动过程】

1. 观察理解讲述对象

出示背景图，不断出示小兔、小鸟、小乌龟的图片，并通过提问，引导儿童观察、理解图中的主要内容。

师："嘎嘎嘎"谁来了？小鸭来到了什么地方？它在干什么？只有自己玩，它心里怎样啊？

评析：教师应抓住图片的三要素（人物、地点、事件）进行提问，为学前儿童进行完整的讲述奠定了基础。在进行情感引导时，教师要注意加强语境的创设。

---

① 匿名.小鸭找朋友[EB/OL].http://data.06abc.com/20110521/82796.html.

2. 运用已有经验讲述

教师逐一出示小动物图片。

师：看看，谁来了？小兔(小鸟、小乌龟)是怎样来的？(学前儿童用动作表示动词)小鸭看见小兔(小鸟、小乌龟)来了，会说什么？它们是怎么说的？

评析：小班儿童的生活经验还比较贫乏，当问到"小鸭是怎么说的？"他们想到的就是"小兔，你好！"之类的礼貌用语。这时，教师应及时用语言引导："小鸭想找小兔玩，会怎么说呢？"从而调动儿童已有的经验，启发儿童积极参与讲述。

3. 引进新的讲述经验

(1) 逐一出示小动物图片，教师引导儿童边回答边集体讲述图片内容。

(2) 告诉儿童故事的名字"小鸭找朋友"，学前儿童边看图边连贯、完整地讲述图片的内容。

(3) 请几名语言能力强的儿童到前面讲述。教师以鼓励的口吻和插话的方式帮助其进行完整、大胆的表述。

评析：在这一环节，教师采用了"平行提问"的方法，学前儿童在教师的引导下，能较完整地讲述图片的主要内容。特别是能力强的学前儿童，已经能独立地完整讲述图片的主要内容。

4. 引导学前儿童迁移讲述经验

教师讲一个不一样的"小鸭找朋友"的故事(找其他动物)，引导儿童把"小鸭找小兔、小鸟、小乌龟"的讲述经验迁移到新的经验上面来，并完整、连续地讲述。

评析：儿童能根据小动物的特征，将原故事中的动物置换成小猫、小鸡、小青蛙。在教师的引导下，儿童都能迁移经验进行讲述。

【附故事】

小 鸭 找 朋 友

一天，小鸭到池塘边去游泳。只有自己玩，它很难受。这时，一只小兔跳来了，小鸭说："你能和我一起游泳吗？"小兔说："对不起，我不会游泳，你找别的朋友吧！"一只小鸟飞来了，小鸭说："你能和我一起游泳吗？"小鸟说："对不起，我不会游泳，你找别的朋友吧！"一只小乌龟爬来了，小鸭说："你能和我一起游泳吗？"小乌龟说："好啊！我和你一起玩！"于是，它们一起高兴地游了起来。

第五节 组织与指导讲述活动的注意要点

一、讲述对象的选择与呈现要恰当

（一）内容选择的多向性

讲述活动应努力拓展内容选择的范围,从生活、儿童喜闻乐见的事情中汲取有用的部分作为讲述内容。讲述内容既可以是故事性的,也可以是科学性的;既可以偏重趣味性,也可以偏重逻辑性。教师要从多方面、多角度丰富讲述内容,丰富儿童的讲述经验。同时,在准备讲述对象时,可以采用现有的图片、实物等凭借物,也可以由教师自己绘制图片或和儿童一起绘制图片。

（二）内容的选择要符合讲述活动的特点

讲述活动的语言是独白语言,要求有较正式的语境。对儿童来讲,独白语言刚刚开始形成,发展水平还很低。因此,教师所选择的讲述内容篇幅不能过长,情节不能过于复杂,教师不能直接用图书作为儿童讲述的内容。此外,所选的内容还要适合儿童运用独白语言。

（三）内容的选择要符合儿童的身心发展特点

教师在选择讲述活动内容时,应充分考虑到学前儿童心理发展的特点,尤其要考虑到儿童知识经验和语言经验的局限性。例如前文中所说的关于为小中大班儿童选择图片的标准,就体现了这一点。

就情境讲述而言,所选的内容动作性要强,要便于表演。同时要求主题突出,情节简单,人物角色不宜太多,一般以2~3人为宜。表演中可以有适当的对话,但不宜过多,以免影响儿童的想象与思维。此外,教师还要注意情境表演的预设时间不要太长。

二、设计问题要恰当且具有针对性

提问是教师引导学前儿童主动探索的方法之一。在讲述活动中,教师的提问对学前儿童观察、理解、想象和表述构思均有重要影响,恰当而有针对性的提问能起到一定的教育效果。

(一)提问要围绕主题,突出重点

在讲述活动中,教师的提问一定要紧扣主题。

示 例

在中班看图讲述活动"兔子搬家"中,教师应围绕"兔子在雨天搬家时,该想什么办法避免淋雨"这一点来提问,并要求儿童学会使用"抱、背、顶、抬"等动词描述搬家的情节。教师没有必要提与画面内容无关的问题,如:时间、地点等。

图 5-5 兔子搬家

(二)提问要有顺序

活动中,教师要把握教育契机,根据学前儿童的观察水平,用富有启发性的提问,引导儿童根据凭借物提供的线索,大胆表述,层层深入,并要随时把握儿童的思维动向。当儿童在思维和讲述中出现断裂或者模糊的时候,教师要有意识地通过简单的问题对儿童进行提示,从而提高儿童思维的清晰度,引导儿童讲得清楚、连贯、完整、有条理,促进儿童语言能力的提高。

示 例

就看图讲述而言,教师可以根据画面中景物的远近、人物出现的先后、事件发生的前后来设问。首先,设问要从易到难。教师必须逐步增加问题的难度,由浅入深地提出问题,而不是提一个问题,就让儿童望而生畏,失去自信心;其次,设问应由整体到局部、从主要情节到次要情节,这样才能紧扣主题,同时也为儿童掌握故事情节提供条件;最后,设问应由具体到抽象。儿童思维具体形象的特点，决定了教师在提问时必须将更多的精力放在具体的事物、事件的发展上，但随着儿童年龄的增长，教师要有意识地逐步锻炼儿童的抽象思维能力，向他们提一些需要抽象思维才能解决的问题。

（三）提问要有开放性和挑战性

儿童观察讲述对象一般比较粗略，容易看到外显的特征，而常常忽略讲述对象的内在特点，这就影响了其表达，所以教师的设问必须具有启发性，要有意识地引导儿童就讲述对象的内在联系进行思考，以促进儿童思维的发展。

图 5-6 猴子学样

在看图讲述活动"猴子学样"中，教师可设计以下几个连续性的问题："这群猴子戴草帽是为了遮太阳吗？它们都对老公公伸出双手，是问老公公要东西吗？它们为什么也在搔脑袋？老公公为什么把帽子送到箩筐里？"通过这些问题，可以启发儿童的积极思维，进一步领会猴子学样的滑稽、幽默之处。教师应避免提那些包含答案在内的选择性问题，因为对于这样的提问，儿童只需机械地回答"是"或"不是"，不利于其积极动脑。

（四）不同年龄阶段，提问的要求应不同

不同年龄阶段学前儿童的认知水平和理解力均不相同，因此对大、中、小班儿童的提问要求也不同。

表 5-4 各年龄班的提问要求

年 龄 班	提 问 的 要 求
小 班	• 小班儿童认知能力有限，教师的提问应该明确、具体，例如：讲述对象是什么颜色，有什么具体特征等。儿童可以通过感官接触直接回答，用简短的语言描述讲述对象 • 问题必须依次进行，不能连续发问
中 班	• 中班儿童已具备初步的理解能力，教师在对其进行提问时，可以将问题主要集中在"对讲述对象进行简单描述"这一方面，引导儿童将相关内容之间的联系讲述清楚 • 鼓励儿童运用不同的词语和短句来描述讲述对象

(续表)

年 龄 班	提 问 的 要 求
大 班	• 大班儿童已有相当的理解概括能力,因此教师可连续提问,提问时可设计一些概括的问题,例如:这件事情说明了什么道理,这件事情背后的原因是什么 • 可以提一些与讲述对象有联系但不能直接通过观察发现的问题,让儿童通过一定的逻辑推理来思考和回答问题

总之,在讲述过程中,教师的提问要进行总体设计,提问难易要适中,要有意识地培养儿童的创造性思维,要帮助儿童培养精练的语言表达能力。在提问中,教师要鼓励儿童自己寻找答案,同时注意在候答中给儿童小小的思考间隙。

三、要面向全体学前儿童,关注语言差异

同一年龄阶段的学前儿童在语言、认知、心理的总体发展特点上有一定的一致性,但由于个体之间的差异,同一年龄阶段的儿童也呈现出不同的特点。这就决定教师在讲述活动中需要面向全体儿童,关注儿童的不同特点和个体差异,这些差异和不同可能导致儿童的兴趣、认知、习惯等方面的不同,教师需要关注和尊重个体差异,在教学中努力满足不同儿童的学习需求。具体体现在以下两点中:

(1) 构建和谐讲述活动,促进全体儿童全面参与;以适当的组织方式,促使儿童积极参与,尽量给每个儿童机会。例如,对于胆小害羞的儿童,教师应恰当地给予其讲述的机会,并能及时肯定其讲述。

(2) 注重个体差异,因材施教。比如针对语言发展好的学前儿童,提问可以适当增加难度,促使他们思考;而对于语言发展较弱的儿童,则可以问一些容易的问题,增强其自信。

通过上述方式可以使不同发展水平的学前儿童,通过讲述实践提高语言能力,使语言能力得到有效发展。

思考与练习

1. 什么是讲述活动?讲述活动的主要特点是什么?
2. 教师在设计讲述活动提问时应该注意什么?
3. 选择一种讲述活动(看图讲述、实物讲述、情境讲述、与美术活动结合进行的讲述、创造性讲述),设计一份活动教案,准备教具并进行试讲。
4. 如何帮助学前儿童巩固和迁移新的讲述经验?

第六章
学前儿童语言游戏活动的设计与组织

学习目标

（1）理解学前儿童语言游戏活动的特征和类型。
（2）明确学前儿童语言游戏活动的基本目标与年龄阶段目标。
（3）掌握学前儿童语言游戏活动的设计与组织的方法。

思维导图

📖 案例导入

小班语言游戏：小花狗和大石头（部分）

活动目标：

(1) 积极愉快地学习朗诵儿歌，学习词语：碰到、跌、摔，丰富相应的词汇。

(2) 运用听说游戏的方式，通过玩手指游戏、集体表演，感知、理解儿歌的内容。

活动过程：

1. 教师引导儿童了解儿歌中的角色

教师神秘地出示手偶，引起儿童的兴趣。提问："这是谁呀？它出门去干什么？"

2. 教师示范

教师借助手偶，示范朗诵儿歌。

儿歌《小花狗和大石头》：一只小花狗，出门走走走，碰到大石头，跌个大跟头。骨碌骨碌碌……

3. 师幼互动，学习儿歌

(1) 在手偶表演的提示下，儿童跟随教师一起朗诵儿歌。

(2) 用接念的方式朗诵儿歌。教师念一句，儿童念一句。

在这一环节中采取游戏的方法，引导儿童和教师进行一问一答的儿歌表演。儿童在游戏中，不知不觉掌握了儿歌的内容。

4. 表演儿歌，复习巩固

(1) 儿童右手食指套上小狗的指偶，边念儿歌，边表演手指游戏。

歌曲开始，手指一边摇动一边逐渐向拳头移动。唱到"碰到大石头"时手指碰到拳头；唱到"摔个大跟头"时，手指与拳头歪斜表示倒下。

(2) 教师和儿童一起边念儿歌，边集体进行形体表演。（出现"石头"道具）儿童和教师一起扮演小花狗，边念儿歌边用动作表演。

> **想一想**
>
> 结合案例讨论语言游戏活动的基本程序。

第一节　学前儿童语言游戏活动概述

《指南》指出,学龄前的语言教育,对儿童一生都有着十分重要的影响,在社会环境、语言教学中,通过倾听和表达的练习,儿童具备了能听懂他人的语言,并准确表达自己的能力。

游戏是有效教学的重要载体。正是通过游戏,"儿童过去的经验得以再现,当前的现实得以表征,未来的可能得以萌发和预期。在游戏中,儿童既有对客观知识与规律的探索与发现,有对做人准则的道德规范的实践与演练,也有对美的事物的崇尚和体验"。[①] 由于游戏不仅为儿童提供了持续不断的发现、提出、分析、解决问题的演练机会,更为儿童的成长与发展提供了身体运动、情绪情感、语言认知、社会交往等多样化的活动方式,因而科学、合理设计的游戏教学必然成为有效的教学。

语言游戏是儿童学习语言的一种重要途径,对学前儿童的语言发展有着十分重要的作用。

一、学前儿童语言游戏活动的含义

学前儿童语言游戏是用游戏的形式组织的语言教育活动,是一种由教师设计组织,学前儿童凭借兴趣自愿参加的游戏,具有活动和游戏的双重性质。游戏内容体现在听和说上,游戏目标是培养倾听和表达。

需要强调的是,首先,学前儿童语言游戏是以语言材料为游戏的主要媒介。离开语言材料或将语言作为辅助工具开展的游戏活动都不是语言游戏。语言游戏正是通过语言活动来带动儿童语言能力、思维能力的发展。其次,对语言信息的理解与产出是语言游戏的关键。儿童对语言信息的理解包括对语言信息的知觉分析,高水平的句法、意义加工等过程;语言信息的产出包括确定要表达的思想、将思想转换成言语形式、将言语形式表达出来等过程。理解和产出语言信息的过程,对于儿童来说是多种能力的学习和锻炼过程,也是获得各种有益的学习经验的过程。

二、学前儿童语言游戏活动的特征

(一) 有明确的语言教育目标

学前儿童语言游戏在生动活泼的游戏中蕴含了语言教育任务。语言游戏有明确的语

---

① 丁海东.游戏:给予儿童有灵性的生活[J].教育导刊(幼儿教育),2004(Z1):4—7.

言教育目标,包含了学前儿童语言学习的具体要求。在学前儿童愉快积极地参与游戏活动时,将具体的、带有练习意味的教学任务,落实到儿童接受理解和尝试掌握的教育过程中去。学前儿童语言游戏的教育目标具体、细致,需要儿童在游戏中反复体会进而落实。

示 例

比如,在中班听说游戏"我给小鸡起名字"中,教育目标就是巩固发清易混淆的字音"鸡、西、七、三、散"。在小班听说游戏"公鸡头,母鸡头"中,教育目标是要求儿童能够正确发出"g、j、h"的音,正确说出公鸡、母鸡、黄豆等词。

针对类似这样的教育目标,教师根据近阶段儿童语言学习的重点需求设计游戏活动,让儿童在游戏中复习巩固已学的语言内容,掌握一定的语言知识,真正获得这一方面的语言运用能力。

学前儿童语言游戏的教育目标有含蓄的特点。语言游戏强调智力发展的"游戏性",而非"训练性"。即在语言游戏中,学前儿童语言和思维的发展得益于游戏活动的开展,而不是训练活动。因此,与其他的语言教育活动相比,语言游戏将教育目标贯彻在游戏活动之中,让儿童边玩边说,不知不觉地完成学习任务,达到本次教育活动的要求。

(二)将语言学习的重点内容转化为游戏的主要规则

语言游戏教学不同于其他的教学活动,其中一个最主要的原因是,语言游戏是一种规则游戏。教师在设计语言游戏时,根据具体的语言教育目标,选择适当的语言学习内容,并将本次活动的语言学习重点转化为一定的游戏规则。它始于学前儿童所获取的语言信息,是儿童在遵循一定规则基础上的语言信息理解。学前儿童在进行语言游戏的过程中,需要听懂教师的要求,明了游戏的规则;需要理解同伴的语言和动作,明白游戏中传达的各种信息;需要想象和思考自己扮演的动物或人物角色,按照规则准确表达思想和情感。

学龄前是语言发展的关键期,儿童的语音、词汇、语义以及语用能力都将得到极大发展。但是从整体来看,儿童的词汇量比较少,简单句所占的比例比较高,其语言表达带有很大的情境性,仍处于从情境性语言到连续性语言的过渡阶段。儿童思维发展以形象思维为主,抽象思维仅处于初步产生阶段,并且具有明显的自我中心特征。儿童语言与思维发展的基本特点决定了语言游戏的规则性,决定了教师对语言游戏进行指导的必要性。通过一定规则引导儿童感知语言信息,帮助儿童正确理解语言信息,诱发儿童语言与思维的相互作用,鼓励儿童勇敢准确地表达自己的想法,正是教师制定语言游戏规则的依据。

同时,教师制定的语言游戏规则恰恰是语言学习的重点内容的转化。教师设计的语言游戏规则是为实现语言的教学任务而定的,是将本次活动的语言学习重点转化成规定。从性质上看,可以分为具有竞赛性的规则和不具竞赛性的规则两种类型。

（三）具有教学和游戏的统一性

学前儿童语言游戏兼有教学和游戏的双重性质，开始以活动的方式进入，最后以游戏的方式结束。开始时教师占主导作用，随着儿童熟悉程度的提高，教师逐渐退出，直至儿童完全自主地进行游戏。

在学前儿童语言游戏中，教师要按照游戏的本质特点来组织和指导儿童的语言游戏，让儿童在游戏活动中产生游戏性体验，并在游戏性体验中发展智力。决定和影响儿童产生真正游戏性体验的外部条件是：儿童自由选择的权利和可能；儿童自主决定活动的方式和方法；儿童能力与活动难度的匹配。儿童不用为游戏之外的奖惩而担忧，也不以奖惩为目的。因此，教师在指导过程中要学会放权与等待。放权意味着教师给出谜语等语言信息之后，要让学前儿童自己去思考和理解，不要过分限定儿童的思考方式和表达方式，让他们可以采用独立思考、与伙伴讨论等方式来理解，采用语言、图画、动作、表情等方式来表达。等待意味着给学前儿童充足的思考和表达时间，不要催促儿童，不要对儿童抱不切实际的期望，如指望他们在接收到语言信息之后就能够立即给出答案或作出正确的回应。当然，教师在等待过程中的个别指导也非常重要。

在语言游戏中，学前儿童"在游戏活动中获得的游戏性体验，实质上是一种主体性体验。这种主体性体验包括行动的自主自由感体验，对活动内容和方式的兴趣感体验，对事物、行为以及它们之间相互关系的支配感、胜任感体验。"[①]游戏性体验是语言与思维发展的前提。同时，学前儿童语言游戏存在着以下由活动逐渐向游戏过渡的三种转换。

其一，由外部控制向内部控制转换。听说游戏刚开始时，由教师主导创设游戏情景，交代游戏规则，儿童只被动观察、听讲、思考；当他们产生兴趣时，会不由自主地跟随教师参与游戏；在掌握规则之后，他们会自己尝试游戏，最终主动、积极地投入游戏中去。这一过程实际上是由外部控制转换为内部控制的过程。

其二，由真实情境向假想情境转换。无论教师如何提供游戏的场境，在语言游戏开始时，学前儿童所处的仍然是真实情境。教师向儿童交代活动内容，解释活动规则，甚至示范游戏玩法，此时儿童均以旁观者的身份进行观察思考，所有的一切对他们仍然是真实的环境。随着儿童自己参与游戏，他们开始扮演某一角色，并想象可能有的情节、动作、物品、语言，此时儿童所处的环境便发生了变化，成为假想的情境，听说游戏活动因此发生由真实情境向假想情境的转换。

其三，由外部动机向内部动机转换。学前儿童刚开始参与听说游戏时，和其他教育活动一样，外部动机决定了其参与的积极性。由于语言游戏活动的特点，儿童在游戏中自主

---

① 刘焱.儿童园游戏教学论[M].北京：中国社会出版社，1999：93—34.

的成分越来越高,他们的主动性、积极性逐渐得以充分发挥。随着他们对语言游戏规则的掌握和对游戏内容方式的了解,他们在活动中保持着越来越明显的内部动机。当然,必须说明的是,儿童能否将外部动机转换为内部动机,很大程度取决于这个游戏是否真正具有游戏的特点,是否能真正对儿童产生强大的吸引力,儿童自己能否真正地玩起来。否则,在活动中儿童便无法实现由外部动机向内部动机的转换。反之,如果在语言游戏中不能将外部动机转换为儿童的内部动机,那么这种语言游戏便只能称为语言活动,甚至是一种蹩脚的语言活动,因为它不具有游戏的真正价值,也不能发挥语言游戏作为一种特殊的语言教育活动所应发挥的作用。

第二节 学前儿童语言游戏活动的目标及类型

一、学前儿童语言游戏活动的基本目标

(一)通过练习提高口语表达能力

口语表达能力是指人们运用口头语言进行表情达意、传递信息的能力。学前儿童的口语表达能力体现在游戏、交往、独处、表演等日常生活和学习中,是通过发出某种声音来表达自己思想、情感和观点等,并以其与人交流的一种语言能力。

学前儿童语言游戏是以语言材料为主要媒介的游戏活动,这类活动可以帮助儿童按一定规则进行口语表达练习。这里所说的一定规则,主要是指教师按照语言的规范制定的游戏规则。在儿童参与语言游戏的过程中,在他们遵循游戏规则的过程中,儿童自觉地参与规范语言的学习,改变随意零散的口语表达方式,掌握使用规范的口语进行表达的能力,实现从语音、词汇到句子的规范化表达。由于语言游戏的一个重要特点是游戏性,因此教师若能为儿童提供平等、轻松、自然的环境,他们就能更容易在语言上学习与模仿。

(二)在游戏中提高儿童积极倾听的水平

听觉是重要的信息通道,倾听是一种重要的语言能力。但由于学前儿童自我控制能力还较弱,进行有意注意的时间还较短,同时学前儿童对于倾听的价值不清楚,或者缺乏有效的倾听方式,因而他们在语言交流中常常会不注意倾听,或者没有进行有效的倾听。

学前儿童语言游戏为儿童提供的是一种不同于其他语言学习的情境,儿童在参与学

习时具有更多的主动性和自主性,因而有利于他们积极倾听水平的提高。学前儿童语言游戏首先需要的就是儿童的倾听,他们要通过倾听获得游戏的规则。教师在语言游戏开始时,总是要向儿童提出一定的要求并且安排活动的教程任务,讲解示范游戏的规则。这一过程对儿童的倾听提出了具体要求。能否听懂教师布置的任务、理解游戏的规则,直接影响儿童参与游戏的状态。因此,这可以让学前儿童认识到倾听的价值,明确倾听的重要性。这方面能力的培养,将有利于提高儿童在所有交往场合的倾听水平,甚至对儿童进入小学阶段之后的学习都十分有益。

图 6-1 儿童认真倾听游戏规则

(三)培养儿童在语言交际中的机智性和灵活性,促进智力发展

语言是思维的工具,儿童早期的语言能力是他们智力发展的重要标志。语言游戏属于智力游戏的一种,是发展儿童智力的重要手段。作为特殊的语言交往场合,语言游戏对儿童运用语言与人交际提出了特别的挑战,能够使儿童语言和思维得到更好的发展。

语言游戏将儿童语言学习的重点内容转换为游戏规则。游戏中,儿童需要迅速领悟游戏规则,否则便会落后,无法实现参与游戏的愿望。在听懂游戏规则之后,儿童需要快速运用个人积累的语言经验,进行游戏中的互动交流。如果速度太慢,游戏便要受到影响。在这样的语言游戏中,儿童语言的机智性和灵活性得到发展,为儿童的智力发展提供了特别的机会。

二、学前儿童语言游戏活动的年龄阶段目标

（一）小班

(1) 乐于参加游戏活动,在游戏中大胆地说话。
(2) 发准某些难发的音,初步掌握方位词及人称代词,学习正确运用动词。
(3) 在游戏中尝试按照规则运用简单句说话。
(4) 养成在集体活动中倾听别人讲话的习惯,能听懂并理解较简单的语言游戏规则。

（二）中班

(1) 在游戏中巩固练习发音,正确运用代词、方位词、副词、动词、连词和介词等。
(2) 能说简单而完整的合成句。
(3) 能听懂并理解多重游戏规则。
(4) 能较迅速地领悟游戏中的语言规则,并能及时作出相应的反应。

（三）大班

(1) 在游戏中学习正确运用反义词、量词和连词等,并能说完整的合成句。
(2) 养成积极倾听的习惯,迅速把握和理解游戏中较复杂的多重指令。
(3) 不断提高倾听的精确程度,准确掌握和传递有细微差别的信息。
(4) 在游戏中按照规则迅速调动个人已有的语言经验编码,并进行迅速的语言表达。

三、学前儿童语言游戏活动的类型

（一）语音教学的游戏

语音教学的游戏是以提高儿童辨音能力和练习正确发音为目的而开展的一种语言游戏活动。

据学者研究发现,2~3个月的婴儿就能够分辨语音的细微差异,9~12个月时儿童开始发出语音。学前儿童发音能力随着发音器官的成熟和大脑皮层对发音器官调节机能的发展而发展,特别是在3~4岁间发展最为迅速,在4~5岁时发展速度有所下降。总体上儿童发音的正确率与年龄成正比。这些基本特征决定儿童学习语音的关键期是学龄前。

1. 练习听音的游戏

准确地感知语音,是儿童准确发音的先决条件。准确地区分语音的差别,特别是区分

相似相近的语音,是儿童正确发音的前提。利用游戏发展学前儿童的语言听觉十分有效,可以让儿童在游戏中愉快地学会辨音,培养儿童的倾听习惯,发展理解语言的能力。

进行听音游戏的材料很多,可以听各种动物叫声、各种乐器声,也可以听自然界中各种现象的声音。从辨音的角度来说,可以听有韵律的儿歌、绕口令等,也可以利用其他游戏方式。

示 例

在听说游戏"山上有个木头人"中,教师利用"山,山,山,山上有个木头人;三,三,三,三个好玩的木头人,不许说话不许动……"这一儿歌来对儿童进行辨音练习。

在"捉蜻蜓"这一游戏中,教师利用"天灵灵,地灵灵,满天满地捉蜻蜓;捉蜻蜓,捉蜻蜓,捉到一只小蜻蜓"这一儿歌来训练儿童的辨音能力。

在"听音连线"这一游戏中,教师请儿童看卡片,说出卡片上的物品,并正确发出 g、k 和 n、l 的读音。教师读出文字,请儿童找出相应的卡片,例如:

g:咯咯叫——花母鸡,清早起来咯咯叫。

k:喀喀喀——小松鼠,清早起来嗑瓜子。

l:乐乐乐——小朋友,清早来上幼儿园。

n:呢呢呢——小宝宝,妈妈爸爸爱你呢。

学前儿童在游戏中既学习了一些重要的语音,又在游戏中体验到了语言的乐趣。

---

2. 练习发音的游戏

针对发音,《指南》指出:3~4 岁儿童能口齿清楚地说儿歌、童谣或复述简短的故事;5~6 岁儿童会说本民族或本地区的语言和普通话,发音正确清晰。无论是口齿清楚地说,还是发音正确清晰,都要求儿童积极地学习发音,通过练习发音的游戏可以寓教于乐地达到这一目的。

4 岁以上的儿童一般能掌握全部语音,但在某些发音上还存在困难,不能准确而清晰地发音。其中,儿童韵母发音的正确率较高,声母发音的正确率较低。研究资料表明,3~6 岁的儿童对声母 n、zh、ch、sh、r、z、c、s 的发音较为困难,特别是 3 岁儿童对声母中的舌尖浊鼻音和翘舌音 zh、ch、sh、r 的发音有困难;对舌尖前音 z、c、s 的发音困难更大、错误更多。3 岁儿童往往还不能掌握某些发声方法,如 g 音和 d 音,n 音和 l 音常常混淆。在单韵母 e 和 o 的发音上有时会出错,某些鼻韵母,如 en、eng、ing 等也容易读错。这些研究结论为教师有针对性地对学前儿童进行发音练习提供了依据。

针对儿童发不准或容易发错的音,教师可以选择多种练习发音的游戏形式。比如,结合儿歌设置情境,让儿童在情境游戏中进行发音练习。

> **示例**
>
> 在中班听说游戏"我给小鸡起名字"中,教师结合儿歌内容设置角色游戏,角色分为取名字的人和被取名的小鸡。取名字的儿童,必须按顺序清楚、大声地说出小鸡的名字。扮演小鸡的儿童,必须记住自己的数字名字以及前后顺序。当取名字的儿童问"我的小鸡在哪里",演小鸡的儿童就回答"在这里",之后小鸡就不能走动,必须按从小到大的顺序轮流快速地用"叽叽叽,我是小……"的句式说话,并按数字顺序排横队。学前儿童在这样的游戏中能轻松愉快、毫无负担地纠正自己不正确的发音,学习正确的语音。
>
> 附儿歌:
>   一、二、三、四、五、六、七,
>   妈妈买了七只鸡。
>   我给小鸡起名字:小一、小二、小三、小四、小五、小六、小七。
>   小鸡一下都走散,一只东来一只西。
>   于是再也认不出:谁是小七、小六、小五、小四、小三、小二、小一。

练习发音的游戏除针对难发的音外,还包含方言干扰音的练习和声调的练习。一些区域方言有可能对学前儿童的普通话学习产生干扰,影响儿童正常的发音。例如:l 和 n 不分,an 和 ang 不分,会影响儿童的正确发音。声调错误也会影响儿童正确的语音,念准普通话声调也是儿童语音学习的一个重要部分。教师可运用基于各种类似音和声调因素的语言教学游戏,让儿童在游戏中学说,在学说中提高辨别能力,从而掌握正确的语音。

(二)词汇教学的游戏

词汇教学的游戏是以丰富儿童的词汇量,帮助儿童正确理解和运用词汇为目的的一种语言游戏。词汇教学的游戏中涉及的游戏类型和词汇的种类有关,包括名词、动词、形容词、代词、量词、连词、同义词、反义词、礼貌用语及纯语言游戏等。

1. 丰富词汇的游戏

国内关于儿童词汇发展的研究表明,3~7岁是儿童一生中词汇量增加最快的时期,7岁时儿童词汇量大约增长到3岁时的4倍。依据这些研究可知,在学前儿童对词汇敏感时期进行丰富词汇的练习非常重要。而且大量积累词汇、增强口语表达的内容是学前阶段儿童语言学习的一个重要方面。儿童的词汇是在日常生活经验的积累过程中逐步增加起来的。用语言游戏的方式帮助儿童学习词汇,就是有针对性地为儿童学习词汇提供机会,会有事半功倍的效果。

教师可以设计一些有针对性的游戏来帮助儿童增加词汇量,扩大词汇范围。

示例

在游戏"小鸡在哪里"中,小花鸡蹲在盆子里,小黄鸡钻到椅子下,小黑鸡站在石头上,小白鸡躲在树后面。在讲述故事的过程中,教师可以请4名儿童分别做蹲、钻、站、躲的动作,使儿童初步理解这几个动词的含义,然后再通过游戏的方法一步步消化。

在游戏"果子熟了"中,小象来到果园里,发现了一个苹果,并说了一句话。教师请儿童猜小象说了一句什么话。儿童的回答也是多种多样的,如"一个大苹果""一个又圆又大的苹果""这苹果真大""我把它摘下来吃""用鼻子卷下来"等。儿童踊跃发言,其语言中涉及了动词、名词、形容词、代词、量词等,使他们在游戏中学会了不少词语,丰富了词汇量。

在丰富词汇的游戏活动中,教师应根据各年龄班儿童掌握词汇的特点,设计出目标明确、玩法有趣的游戏。研究表明,3~6儿童的词汇在发展上存在词类间的差异。在儿童词汇增长的过程中,不同词性的词汇增长速度是不同的。总体来说,儿童一般先掌握实词,再掌握虚词。在各种词类的掌握上,遵循着从具体到抽象的顺序。实词在3~4岁增长的速度较4~5岁更为迅速,而虚词在4~5岁时的增长速度较3~4岁时更为迅速。

结合以上研究,教师可以为小班学前儿童设计能丰富名词、动词、形容词、代词等的游戏,为中班儿童设计可丰富时间副词、空间方位词等的游戏,为大班儿童设计可丰富同义词、反义词等的语言游戏。

在确定游戏中丰富词汇的内容后,要用恰当的形式进行游戏。

示例

教师可以采用词语接龙的方式,让儿童学习字头接字尾的组词形式,即教师说出一个词语,儿童就词语最后一个字为另一词语的起始字,如:人名—名牌—牌子……也可以采用词语开花的形式,即将儿童分组,每组派一位代表说一个字,如:花、水、火等字,然后本组用这个字组词,教师记录,比一比哪一组说得多。教师通过这些方式,可以达到扩充儿童词汇量的目的,同时也可以培养儿童思维的发散性、流畅性和变通性。

2. 正确运用词汇的游戏

要正确使用词汇应注意两点。一是正确理解词义。教师可以利用同类词的经验来帮助儿童理解词义。同类词指的是词与词之间,或属于同一语法类别,或在同一语义类聚内的词。语言游戏可以让学前儿童做同一类词汇的扩词练习,实际上也是向儿童提供某一类词的使用范例,鼓励儿童在游戏过程中按照一定的规则去组织扩展。

示 例

在"怎样走"的听说游戏中,教师要求儿童用一定的副词描述走的动作。儿童可以说"轻轻地走""重重地走""小跑步地走""一蹦一跳地走"等。在学习过程中,儿童可依据规则创造性地运用词汇进行描述练习。

二是正确搭配词语。词是语言的重要单位,离开了词,语言便不能成为语言。但人们在语言活动中,无法用孤立的词来进行交际(独词句属于非一般的情况)。词必须和词搭配成短语,短语和词或短语组装成句子,两个或两个以上的句子组合成语段,进而形成篇章。这样,语言才能完成交流思想的任务。在语言组装的整个链条上,词语搭配是重要的一环。因而,教师需要引导儿童在游戏中进行词语搭配的练习。词语搭配有两种类型:(1)纯属习惯性的,没有什么道理可讲的;(2)属于事理性的,有相应的搭配规则,是讲得出道理来的。大部分的词语搭配属于第二种类型,它决定着词语搭配的本质。例如:量词有明显的搭配规则,且受到量词本身语义的影响。在大班阶段,学前儿童对量词开始产生一定的敏感性,在这个时期给他们提供听说游戏的机会,可以很好地帮助他们掌握一般量词的使用方法。此外还有介词和方位词的学习等,都可以通过听说游戏产生良好的教育效果。

(三)学说句子的游戏

学说句子的游戏是以帮助儿童掌握按照语法规则正确组词成句,并运用各种句式、句型的一种语言游戏。

我国心理学工作者对儿童语言发展的研究发现,学前儿童在句法结构方面的发展可概括为如下几方面:(1)复合句所占比例随年龄增长而增长,对某一句型的掌握往往会经历一个复杂的过程。学前期,儿童使用的句型中陈述句占三分之一,随着年龄的增长,儿童开始使用疑问句和否定句等。朱曼殊等人的研究发现,儿童陈述句句法结构的发展经历了一个从浑浊一体到逐步分化、从结构松散到逐步严谨、从呆板到逐步扩展和灵活的过程。(2)语句趋于完整。3~6岁儿童简单句的正确率逐步提高,所说出的语句中缺主语少宾语的现象渐趋减少,到6岁,简单句的完整率达90%。同时,儿童的复合句表达也在不断完善。到了5~6岁,儿童在幼儿园教学的影响下,已逐渐掌握反映因果关系的复合句,能正确使用因果连接词,使用的复合句趋于完整。

综上所述,学前儿童句法的发展经历了一个较为复杂的过程,从简单句发展到复合句,从陈述句发展到多种形式的句子,从不完整句到完整句,句子从短到长。教师可以结合上述特点,设计专门的听说游戏活动,从而帮助儿童把握某一种句法的特点规律,并在尝试运用过程中提高使用的水平。

> **示 例**

比如,教师设计了一个关于"有"字句的游戏。教师制作了一些卡片,数量为班上人数的4倍或6倍,卡片上的图画是所学过的内容,如2个红苹果、3个黑色的足球、4个绿色的冰激凌等各种带有数字、颜色的词语。卡片数量应成对,如做80张卡片,应为40对。教师发给每个儿童约4至6张卡片,儿童拿到卡片时,不能让其他人看到自己的卡片。在游戏中,其中一人问另一人:"你有3个黑色的足球吗?"如果对方正好有这张卡片,那么就要将该卡片给刚才提问的儿童,这样提问的儿童就有1个对子;如果对方没有该卡片,就说一句"没有",那被提问的儿童就可以从提问的儿童手中拿1张新卡片,接着问下一位儿童。最后获得对子最多的儿童获胜。该游戏练习的句子是"你有……吗"。

(四)识字的游戏

研究结果表明,儿童字意识的获得要早于词意识的获得,字意识的起始年龄可能是5岁,到6岁时字意识已经获得,这时词的意识刚开始发展。《指南》提出,5~6岁儿童应"对图书和生活情境中的文字符号感兴趣,知道文字表示一定的意义",同时需要"引导儿童体会标识、文字符号的用途"。因此3~6岁的儿童在一定程度的口语发展的基础上,需要认识一些书面语言。但在引导儿童识字的过程中,教师要注意利用游戏的方式,使识字变得生动有趣。

> **示 例**

在"游动物园"的识字游戏中,教师把许多字卡围成一圈当作动物园的围墙,围墙里面放了许多写有各种动物名字的字卡。教师告诉儿童:"有许多小朋友要上动物园去玩,开哪个门进去呢?看门人说走'龙'门进去安全,如果开错门,老虎会逃出来咬人的。"这时候儿童要去找"龙"门,开对了才能进动物园,开错了重开。进了"动物园",教师还可让儿童捡一个字卡来问:"老师,这是什么呀?"教师说:"唷,好大的大老虎的'虎'字。"如果场地大,还可在动物园内设置猴山、虎山、鸡禽馆、熊猫馆之类的小圈圈,把各种飞禽走兽的名字都教儿童认读。运用这样的方法来复习旧字和认新字,效果很好。

在"踩字过河"这一识字游戏中,教师在地上画两条平行直线当作是一条河,河中间放若干个字卡当作桥。儿童如要从桥上过河,就要先读出一个字,然后才能上前踩中它并跨到后面的字上,读错了重教重读。过了河还要从桥上返回,再一个字一个字地读过来复习一遍,能做到一字不错返回来的儿童,教师可予以表扬鼓励。

(五)描述性游戏

描述性游戏是训练儿童用比较连贯的语言具体形象地描述事物,以提高口语表达能力的游戏。它要求儿童语言完整、连贯,具有一定的描述能力。教师可以通过在游戏中与学前儿童对话、对答等方式,提高儿童语句的完整性、用词的准确性,发展儿童的观察能力和表达能力。另外,要注意的是,这种游戏主要在中大班进行。

示 例

在中班语言游戏"动物猜猜乐"中,教师在桌子上准备了很多动物图片,请一组儿童找一张图片藏在手心,然后每人找到一位好朋友,对着他把手心里动物的样子、动物的本领描述出来,请好朋友猜。

在大班语言游戏"看谁说得好"中,教师准备各种形态的大树、老奶奶、小弟弟、小兔、猴子、大灰狼等图片若干套,引导儿童仔细观察图片人物、动植物的动态、神情,启发儿童用已掌握的形容词描述图片。教师可以问:"这是一个怎样的小弟弟?"要求儿童用学过的形容词来形容,例如用"胖乎乎的、聪明的、可爱的、淘气的、活泼的"等词语来描述。也可以问:"这个可爱的小弟弟在做什么?"要求儿童根据图片内容说一句完整的话,例如"可爱的小弟弟在跑步",或"可爱的小弟弟在锻炼身体",也可以把话说得更长一些。

(六)故事表演游戏

《指南》指出:应为幼儿创设自主、宽松的语言交往环境,鼓励和支持幼儿与成人、同伴交流,让幼儿想说、敢说、喜欢说并能得到积极回应。故事表演游戏就能提供给儿童这样一个自主宽松的环境,它是儿童以故事(儿童自己创编的或来自文学作品的)为线索展开的游戏活动,是深受学前儿童喜爱的一种游戏。让儿童自主、积极地参与表演游戏,与同伴和教师交流,形成想说、敢说、喜欢说的语言表达氛围,对提高儿童的口语表达能力有显著作用。

故事表演游戏中,表演游戏内容的选择可以以学前儿童自主创编的故事为蓝本,还可以传统、优秀的语言文学作品为蓝本。

图 6-2 故事表演游戏

在选定材料后,教师可以按以下步骤组织儿童进行故事表演游戏。首先,教师与儿童一起阅读欣赏。教师依据儿童的年龄特点用形象化的语言、表情和动作去展现故事中的人物和情节,使儿童不仅能了解故事的情节,理解角色,想象角色,而且能选择有特色的人物进行表演。教师不单单要教会儿童学说故事中的对话,更要利用自己的面部语言、肢体语言,激发儿童的表演欲望,让儿童能挖掘自身情感特点,尝试将自己置身于一个真实的故事情境中并大胆表演。比如,当讲到"一步一步,走啊走",教师就可以让儿童模仿乌龟、小兔、鸵鸟等动物走路的样子。当教师在塑造一个个形象生动的小动物的同时,也要鼓励儿童结合自身的生活经验和情感体验,用语言或身体动作去表达其对绘本故事的理解,这样就为故事表演拉开了序幕。其次,儿童自己进行表演。儿童把所想的内容用行动演出来。教师对儿童的表演不应太苛刻,可以让儿童根据故事或童话内容自由发挥,允许儿童夸张地表演故事内容。最后,表演游戏结束时,教师要和儿童开展"议"的活动。"议"其他儿童在表演游戏中的表现,如在表演游戏中谁玩得最开心、谁演得最好。"议"儿童自己在游戏中的体验,如你在这次的表演游戏中高兴吗?为什么?每个儿童在游戏中的体验和感受都是不同的。接着,教师可以根据儿童"议"的情况进行小结。教师的小结性语言是对儿童所反馈的信息的概括和梳理,应有助于儿童经验的提升。教师在评价时不应以既定的同一目标为依据,而应考量每个儿童在自己原有水平上是否有进步。

第三节　学前儿童语言游戏活动的设计与组织

一个好的语言游戏需要教师精心设计和准备。准备充分的游戏有利于提高儿童的学习积极性,有助于增强教师的教学效果。因此,教师应该充分设计好语言游戏的教学程序。学前儿童语言游戏活动的设计与组织,有其独特的规律。教师应从语言游戏具有游戏和活动的双重性质出发,按照一定的思路去设计和组织活动,这样会产生更好的教学效果。

一、学前儿童语言游戏活动的设计与组织

(一)语言游戏的运用策略

儿童热衷于游戏,追求游戏过程所带来的快乐,游戏也是儿童的一种特殊形式的审美活动。抓住这一特点作为语言游戏活动的切入点,通过儿童游戏的亲身实践来调动儿童的学习兴趣,让儿童愉快地接受教育并成为学习的主体,促进其想象思维的发展。

1. 用游戏的方式导入活动

用游戏的方式导入活动,可以吸引学前儿童的注意力,调动儿童的兴趣和积极性。

示例

在中班语言游戏"蹲蹲魔法"中,教师以"魔法咒语"游戏导入,让儿童感受听指令做动作的乐趣。师幼分别扮演魔法师与小助手,教师用魔法棒指引儿童玩"听口令做动作"的游戏,与儿童一同互动,使儿童了解蹲、站、走、跳、转等动词,锻炼儿童听指令做动作的

能力。在这一过程中，儿童兴致高，能按教师的口令做动作，为后面的替换动词、创编"魔法"等游戏作了铺垫。

在小班语言游戏"小马小马跑呀跑"中，教师以手指游戏"芝麻开门"导入。

师：今天我们班来了一位小客人，看，是谁呀？哦，原来是小马呀！今天小马可高兴啦，胸前挂了一只小铃。瞧！多神气啊！身后的尾巴摇呀摇。小马在草地上高兴地跑呀跑，一边跑一边唱起歌。

然后教师可以边唱歌边引导儿童做动作。

师：小马小马跑呀跑，前面小铃叮铃响（摇小铃）；小马小马跑呀跑，后面尾巴摇呀摇（用手摇动尾巴）。

2. 用游戏的方式提高儿童的理解水平

理解能力是儿童语言能力的重要内容之一，恰当运用游戏可提高儿童的理解水平。

在大班故事表演游戏"高老鼠和矮老鼠"中，教师在带领儿童欣赏完故事之后，让儿童进行表演游戏。教师手拿一根魔棒，当念起魔咒"魔棒魔棒，变变变"时，穿红颜色衣服的儿童就要变成高老鼠，穿蓝颜色衣服的儿童就要变成矮老鼠。通过表演游戏，大班儿童产生了有意识地变换角度去观察事物的兴趣，能有效理解"高矮"这一组反义词的意义，也能发挥想象力，大胆地在集体面前表述。

3. 用游戏的方式巩固学习效果

语言的学习效果需要不断重复运用才能巩固，游戏的设置可以让儿童巩固所学内容。

在小班语言游戏"彩色的梦"中，教师在活动结尾处播放《梦幻曲》的音乐，然后引导儿童：

师：哇，你们看，这么多颜色的小屋，真漂亮！这些小屋呀，是梦的小屋，你喜欢做什么颜色的梦，就到它的小屋里去休息一会儿。咱们来看看都有什么颜色的小屋。

然后，教师交代游戏规则：当老师说天黑了，你们就到梦的小屋里去做梦；当老师说天亮了，你们就赶快回来。记住了吗？在儿童进入小屋后（做梦），教师到梦的小屋里去引导他们说出梦的颜色，并把他们的梦以儿歌的形式说出来。

（二）语言游戏的结构

一个完整的语言游戏，包含游戏名称、游戏目标、游戏准备、游戏玩法和游戏规则五个部分。游戏名称就是游戏的主要内容。游戏目标是这个游戏最终需要达到的教学目的,又可以分为语音目标、词汇目标、句法目标等。有价值的语言游戏都是需要经过教师精心准备的,不仅要包含新颖的构思,还要包含丰富的材料,如:卡片、各种道具、奖品等。适合学前儿童的游戏往往需要各种各样的材料,其中新颖的道具能够吸引儿童的眼球。教师还应该熟悉相应的游戏规则和程序,便于在活动中给儿童讲解游戏规则。这些都是语言游戏的前期准备内容。游戏玩法即游戏过程中的具体操作内容。游戏规则就是为确保游戏的顺利开展或进行,需要游戏者在游戏活动前或游戏过程中根据游戏情节需要,共同约定并遵守的某种要求。

教师对游戏名称、游戏目标、游戏准备、游戏玩法和游戏规则各个方面的表述应该做到完整规范。游戏名称应符合游戏本身特点;游戏目标应该从儿童角度进行表述,从认知、情感、能力三个维度进行具体阐述;游戏准备应该包括相应的玩具材料和知识经验准备;游戏玩法应该做到清晰具体、简洁明了、水平适宜和生活化;游戏规则应该符合游戏本身和玩法。下面结合具体案例来分析游戏结构:

案 例

语言游戏:小鞋匠(小班)

【游戏目标】

(1) 听懂游戏规则,了解"缝、钉"的字音。
(2) 在同伴合作的过程中,感受小鞋匠做鞋的快乐。
(3) 发准"缝、钉"等不同字音,并能按照指令进行动作。

【游戏准备】

(1) 小鞋匠的围裙。
(2) 心理准备:学习过游戏儿歌《小鞋匠》。

【游戏玩法】

根据儿童的发展水平,将语言发展水平相当的儿童分为一组,两两结伴游戏,一人说一人表演相应的动作,轮流进行。

【游戏规则】

(1) 说游戏儿歌的儿童,必须完整、正确地说出游戏儿歌。
(2) 进行动作表演的儿童,需要认真倾听另一名儿童是否说错,并做相应的动作。

(三) 语言游戏的基本程序

1. 创设游戏情境

在语言游戏开始时,教师需要设置游戏情境,目的在于为儿童营造语言游戏的氛围,引发儿童参与游戏的兴趣。创设游戏情境的方式有很多种,比如:用实物创设情境,引起学前儿童参与游戏的兴趣,将儿童带入游戏的情境之中;用语言创设情境,以唤起儿童的记忆,调动儿童的经验,引导儿童进入角色;用动作表演创设情境,让儿童想象游戏中的角色,想象游戏的内容和进行方式,激发儿童参与游戏的兴趣和愿望;综合运用多种方法创设情境,调动儿童多种感官,积极参与游戏。

语言游戏情境的创设应巧妙、适宜。教师在组织语言游戏时,要根据语言游戏的目标、内容以及学前儿童的语言发展需要和认知程度努力创设巧妙的、适宜的、生动有趣的氛围和情境,以调动儿童的积极性,引发儿童参与游戏的兴趣和热情。

在语言游戏活动"改错"中,教师用语言创设情境:"今天早上,我吃完汤,喝完饭,出门看见太阳落山了。"教师的话未说完,教室里已满是儿童的说话声、笑声。见此情景,教师趁机提问:"你们为什么笑?我什么地方说错了?应该怎样说?"可见,教师创设的这一情境,激发了儿童的兴趣,巧妙地将儿童带入"改错"的游戏中。

总之,教师既可用幽默风趣、充满激情或具有悬念的语言来组织游戏,也可借助实物、头饰、图片、多媒体课件等来刺激学前儿童的感官,调动学前儿童进行语言游戏的兴趣。

2. 交代游戏的玩法和规则

在创设游戏情境之后,教师接着就要向儿童交代游戏的规则。其目的是要儿童通过教师的任务布置和要求讲解来明确游戏的玩法。教师通过用讲解和示范相结合的方式,引导儿童理解游戏的规则。教师在交代游戏规则时应注意:用简洁明了、形象生动的语言讲解;要讲清楚语言游戏的规则要点和游戏的开展顺序;用较慢的语速进行讲解和示范。

在小班听说游戏"我们都是好朋友"中,教师这样讲解游戏规则:(1)拿着食物的幼儿需要找到与食物对应的小动物。(2)扮演小动物的幼儿,待拿着食物的幼儿找到自己后,需要正确表达"我们是好朋友",拿食物的幼儿需要回应他"我们是好朋友",并说"我喂你吃"。这种表述清晰明确,易于小班儿童理解规则。

3. 示范参与游戏

教师示范参与游戏,就是由教师带领儿童开展的语言游戏,是一种以教师为主导指导儿童游戏的过程。根据不同年龄阶段儿童不同的认知特点,教师参与的程度也不相同。对于小班儿童来说,教师在这一阶段的游戏中充当重要的角色,可以主宰游戏的进程。此时,儿童可以部分地参与游戏过程,即先让部分儿童参加游戏,实行轮换,使另一部分儿童有观察和熟悉游戏的机会;也可以是全体儿童参与游戏的一部分,待儿童熟悉游戏的规则和玩法后再参加游戏的完整过程。但对于中大班儿童来说,教师讲清楚规则后,也可以先请部分能力强的儿童试做游戏,如果发现有错误,教师可以及时纠正。

同时,教师也要注意针对不同的游戏类型采取不同的示范指导方式,如故事表演游戏的"表演性"要求儿童以自身为媒介,运用包括语言、表情、动作姿势等在内的手段来再现特定的故事,这种再现的过程对于儿童来说是多种能力的学习和锻炼的过程,也是儿童获得各种有益的学习经验的过程。另外,教师还要根据儿童的年龄特点进行示范指导。有关中大班儿童表演游戏的一般规律和年龄特点的研究表明,儿童表演游戏要经历一个从一般性表现到生动性表现的发展过程。但是,儿童自身并不能完成从一般性表现到生动性表现的提升,也不能完成从目的性角色行为到嬉戏性角色行为,再到更高水平的目的性角色行为的回归。表演游戏的"表演性"和中大班儿童表演游戏的一般规律和年龄特点决定了教师对儿童的表演游戏进行指导的必要性。

图 6-3　教师示范

教师指导儿童游戏,有利于儿童在活动过程中熟悉游戏规则,进一步明确和掌握游戏的玩法,掌握在游戏中运用语言交往的基本思路,从而为儿童独立开展游戏做好充分的准备。

4. 儿童自主游戏

通过前三个步骤的活动，儿童已经比较熟悉并掌握了游戏的规则和玩法，具备了独自开展语言游戏的基础，可以进入自主游戏的阶段。这是语言游戏的重要环节，在这个环节中，教师要使全体儿童都能积极地参与游戏，基本实现游戏的教育目的。在儿童自主游戏的阶段，教师可以放手让儿童自己开展游戏活动，教师充当观察者，以间接控制为主要策略。

此时，教师应仔细观察儿童的游戏，随时提供帮助。观察的目的有两个：一是了解儿童对游戏玩法、游戏规则的掌握情况，对个别不熟悉规则和玩法的儿童进行及时的指导，帮助这些儿童更快地加入游戏，促使其顺利完成游戏目标。二是注意及时解决游戏中可能出现的矛盾和纠纷，以免因角色分配不当或其他问题影响游戏的顺利进行。对于游戏中表现出色的儿童，教师可以及时肯定。教师对儿童游戏行为的评价和态度能激发儿童游戏的积极性，促使儿童更加主动、积极地活动，圆满地完成语言游戏的教育任务。同时教师应注意作为旁观者，不应过多地限制和束缚儿童。

5. 组织游戏评议

在游戏结束后，教师通过对游戏过程的观察，对儿童参与游戏的情况和游戏的实施过程进行评价，以便总结和改进。

游戏后的评价是为了促进儿童语言的进一步发展，是语言游戏活动的重要部分。教师的评价可以帮助儿童分享、感受游戏成功所带来的喜悦，可以给儿童提出有价值的建议，可以激发儿童学习语言、提高语言水平的愿望，从而促进儿童语言的发展。儿童的自评、互评可以提高儿童对语言的理解能力、分辨能力，发展其口语表达能力。

二、设计与组织学前儿童语言游戏活动的注意要点

（一）把握不同年龄班语言游戏活动的侧重点

语言教学中，教师指导游戏要遵循主体性原则。学前儿童是游戏的主人，同时也是教学活动的主体，教师要以主体的眼光看待学前儿童，从学前儿童的身心发展特点出发，这是教师组织语言游戏的根本依据。3~6岁的儿童处于语言和智力的发展关键时期，发展有其本身的阶段性和持续性，他们是通过直接的操作感知来学习的。儿童语言游戏的内容是否合宜、科学，是否在考虑儿童身心和年龄发展特点的基础上设置，是否在儿童的最近发展区上，直接关系到儿童的语言、智力和社会能力等方面的发展。

对于小班儿童来说，由于认知水平有限，应以简单游戏为主。对于大班儿童来说，他

们已不仅仅满足于简单的游戏,游戏最好有较为丰富的情节内容,并具有一定的难度(当然前提是不能过度超越此阶段儿童的身心发展水平),这样才能引起儿童的好奇心与游戏的欲望。

另外,关于语音、词汇、句子的学习,不同阶段儿童有不同的学习重点,这点在前文已有论述。比如,大班儿童语言教育的重点应放在倾听、交际上,教师可以在大班语言游戏中设计颠倒歌、正反话等游戏方式。

示例

如大班语言游戏"正反话",教师在设计中考虑到儿童刚升入大班,且发展存在着差异性,因此在材料的投入上注重生活化、多样化和层次性,确保每一个儿童都能在活动中获得满足与成功。同时,根据儿童的思维特点,从儿童身边熟悉的事物着手,逐步过渡到能够摆脱实物。儿童的表现也能从两种物品中找出一对反义词,到从两种物品中找出多对反义词,最后到只出现一种物品找出多对反义词。

(二)语言游戏规则可适当调整

不论是在设计游戏时,还是指导游戏时,教师都要注意给儿童预留适度的发挥空间。教师不能把游戏过程等同于"脚本",要求儿童按照脚本来"演"。脚本式的游戏只会让儿童感到拘束与紧张,生怕因出错而受到教师批评。在语言游戏中,教师要根据儿童对游戏的适应程度,灵活变换游戏规则,以利于游戏顺利且有意义地开展。

示例

在中班语言游戏"捏一捏"中,教师一开始设定的游戏规则为:(1)两人合作完成游戏,一人出示蝴蝶、小羊、小熊等动物的图片,并做出该动物的相应动作。(2)另一人说出和这个动物相对应的一句儿歌。在实际活动中,儿童可以根据所见的动物图片做动作,但不能清晰说出相应的儿歌。教师根据儿童的表现,将游戏规则改为:(1)两人合作完成游戏,一人出示蝴蝶、小羊、小熊、小狗等动物的图片,并做出该动物的相应动作。(2)另一人按照"捏只蝴蝶飞飞飞"的句式说出与图片中动物相对应的儿歌,创编儿歌后面的三个字。

调整后的游戏,语言训练要求更明确,儿童能够根据教师示范的句式进行简单的创编,如"捏只小羊咩咩咩"。教师对游戏规则的这一调整,提升了游戏的机智性和趣味性,且更符合中班儿童的年龄特点。

(三)对违规情况要适当处理

游戏参与者必须遵守游戏规则,这是决定游戏能否顺利进行的关键。游戏规则是为完成教学目标服务的,因此在游戏过程中,教师要督促儿童遵守游戏规则,保证教学目标的完成。如果发现有不遵守规则的情况,教师应及时分析原因,予以适当处理,以保证语言游戏的顺利开展。如果儿童不了解规则,教师就要补充示范讲解;如果儿童因兴奋而忘了遵守规则,教师要及时提醒;如果儿童故意不遵守规则,教师就要以坚定平和的态度告诉其规则,并引导其遵守规则。同时,教师对于儿童的进步要及时表扬,通过榜样示范潜移默化地让儿童遵守游戏规则。榜样示范法就是要利用正面的榜样为儿童树立正确的行为方式,引起儿童的模仿。这种方法能够提高儿童理解规则的能力。游戏的规则性在某方面也体现了游戏以及儿童发展的社会性,在游戏中学会遵守规则是个体社会化的需要。

(四)把握"教"与"乐"的结合

语言游戏的目的在于,借助游戏的娱乐性来改变儿童对某些枯燥乏味的传统教学方式的厌倦心理,消除儿童的生理与心理的疲劳,使他们积极投身到教学活动中去。因此,能带给游戏者愉悦的情绪是任何一种游戏的基本特征。保证游戏教学的娱乐性除了要遵循游戏活动本身的基本原则和规律外,还应注意要让游戏新颖奇特、出乎意料,这样才能使游戏教学变得更有色彩,使游戏中掌握知识的过程变得引人入胜。

但是,语言游戏的娱乐性并不是其主要目的,它的根本目的在于完成一定的教学任务,因此,仅靠形式上的游戏不能使儿童获得规定数量的知识和技能。只有根据一定的教学任务,将教学内容有机地转化为游戏内容,才能让儿童在获得游戏体验的同时也获得语言能力的发展。总之,语言游戏的"乐"与"教"相结合的实质,就是语言游戏在激起并满足儿童的情感需要的同时,还要激起并满足儿童的认知需要,使以情感需要等为核心的一系列非智力因素得以加强,从而帮助儿童的学习和发展。

案 例

语言游戏活动:虫虫虫虫爬①(中班)

【活动背景】

儿歌《虫虫虫虫爬》简单、有趣,每一句儿歌连接起来就像是一幅慢慢展开的分格式漫画,陆续出场的角色将儿歌内容一波一波地推进。这是一首循环的儿歌,有很强的节奏感。每一句的末尾和下一句的开头呼应,非常有利于儿童进行预测。同时在知识经验方面,还展现了不同动物的生活习性特征,如用"爬、飞、跳、游"等动词描绘了小动物各自的活动方式。

---

① 李玮玮. 虫虫虫爬[EB/OL]. http://jsjxxx.shanghang.gov.cn/jxcs/xqjy/jyhd/201410/t20141013_210679.htm.

【活动目标】
(1) 通过游戏和表演的形式,感知图片的内容,体验儿歌的韵律和节奏。
(2) 感受图片分格线的样式,以此猜测儿歌的内容并学习仿编儿歌。
(3) 体验参与游戏的快乐。

【活动准备】
图片、伴奏音乐、动物卡片。

【活动过程】
1. 听音乐模仿小动物
师:今天,老师带来了一首很好听的音乐,我们一起听听这段音乐中可能藏了哪些小动物,这些小动物又是怎样走路的呢?(教师提醒儿童有节奏地念)带领儿童听音乐,并模仿小动物的"爬、飞、跳、游"四种走路方式。

分析:首先,教师创设了一个情境,以一段听上去轻松而且节奏感很强的旋律导入,并借助问题来调动儿童最直接的经验回忆。带领儿童模仿小动物这个环节虽然比较简单,但需要儿童不断适应新的动作模式,因此教师需要运用示范、鼓励等策略,如:看,谁来了,它是怎样走路的呀?以此帮助儿童初步感知儿歌的节奏,为后面的活动做好经验准备。

2. 看图学儿歌
师:刚才你模仿了哪些小动物?它们是怎样走路的?
师:我们还可以把这个好玩的游戏变成一首很有趣的儿歌。这首儿歌在哪儿呢?就藏在老师带来的图片里,我们一起来看看。

(1) 出示第一张图片。师:图片上有谁?它在干什么?它爬到谁的家?这张图片可以用一句好听的话来说——虫虫虫虫爬,爬到蝴蝶家。(教师带领儿童集体学说)

(2) 出示第二张图片。师:蝴蝶是怎样走路的?它又会飞到谁的家呢?这张图片也可以像第一张图片一样,用一句好听的话来说,谁来说说?(请个别儿童讲述"蝴蝶蝴蝶飞,飞到青蛙家")

分析:将第一幅和第二幅图片放在一起讲述是因为这两幅图片的内容、画面、句式有着许多相似之处。对儿童来说,图片和儿歌的内容是简单的,富有节奏的句式是有趣的。因此,这个环节教师可不断地提醒儿童将注意力集中在儿歌的句式节奏上。通过这一环节,儿童也会初步感知到这种首尾呼应的句式。

(3) 了解分格线的样式。

① 请儿童比较第一、二张图片。师：这两张图片和我们平时看的图片有什么不一样的地方，你能发现其中的小秘密吗？

② 向儿童介绍分格线。师：这个分格线有什么用呢？

小结：当我们把几幅小图片放在一起，用分格线隔开，我们就可以看出这些小动物做的这些事情的连续过程了。

③ 出示第三幅图片。师：这幅图片上也有分格线，谁来用一句好听的话把这幅图片的内容像前两幅图片一样说出来呢？幼：青蛙青蛙跳，跳到小鱼家。

分析：这个环节的重点是解决分格线这个难点。分格线对于儿童来说，知识含量大，教师把它放在第一个大环节中单独解决，是想让儿童带着初步掌握的知识经验潜移默化地在后面的环节中慢慢地消化理解。

(4) 出示第四、五张图片。师：咦，小青蛙跳到小鱼家，它找小鱼干什么呢？原来，青蛙要告诉小鱼一件很可怕的事情，我们一起来看看。

师：在小鱼的身边出现了什么呀？渔网要来网小鱼了。小青蛙会对小鱼说什么？小鱼会害怕吗？小鱼小鱼游，游到谁的家呢？渔网是它的家吗？它的家又在哪儿？小鱼究竟有没有被抓走？我们一起看看。

师：小朋友在干什么？哦，小朋友跑呀跑，跑回了自己的家。

分析：这两张图片的内容和前面图片的内容略有不同，因此教师采用了递进提问的形式，让儿童在联系自己生活经验的基础上进行猜测、推断，建构了有效的师幼互动。

(5) 完整地学说儿歌一遍。师：我们一起来听着好听的音乐把儿歌完整地说一说。

分析：形象生动的图片配上韵味十足的旋律，能在瞬间调动起儿童的视听感官，培养了儿童欣赏性的倾听能力，促使儿童在倾听和欣赏画面的过程中产生一种愉悦感，给后面的创编活动带来无限的想象空间。

3. 创编儿歌

(1) 集体创编。师：这首儿歌中讲了四种小动物不同的走路方式，在一开始的游戏中我们已经知道了很多小动物的走路方式。咦，我们能不能把这些会爬的、会跳的、会走的小动物编进儿歌中，让它变成一首会变化的儿歌呢？我们来试试，好吗？

师：好，我们先来看第一张图片，除了毛毛虫会爬，还有谁会爬？

儿童说出小动物的名称，教师贴上对应的图片。儿童一起把新创编出的儿歌说一说。

(2) 个别创编。师：大家想不想自己来试一试，老师给大家准备了许多图片，大家可以挑选自己喜欢的小动物放在图卡上创编新的儿歌。

要求：①新儿歌中几种小动物走路的方式要不一样。②贴图片的时候想一想，前一幅分格线后面的图片应该和后一幅分格线前面的图片怎样连接，你的新儿歌能不能连贯地讲下去。（儿童分别操作）

（3）儿童展示自己的儿歌。

分析：这个大环节应该是整个活动的高潮部分，由"集体创编—小组展示"帮助儿童更好地迁移经验，这也是实现教育活动目标的一个重要手段。这种迁移能更好地帮助儿童把书本经验转化为生活实践经验。同伴之间的合作能创编出更有趣的儿歌：一个儿童的表述，又启发了其他儿童的想象，开拓了思路，从而引发了更多的新组合。

【附儿歌】

虫虫虫虫爬

虫虫虫虫爬，爬到蝴蝶家。

蝴蝶蝴蝶飞，飞到青蛙家。

青蛙青蛙跳，跳到鱼儿家。

鱼儿鱼儿游，游到谁的家？

小朋友跑呀跑，跑回自己的家。

思考与练习

1. 简述语言游戏的类型，并收集每种游戏各两个。
2. 以小组形式设计一个语言游戏，并进行模拟教学。
3. 请以具体案例讨论如何将语言游戏的"乐"与"教"结合。
4. 请根据教材内容，以小组形式讨论并设计一个大班儿歌《稀奇稀奇真稀奇》的听说游戏活动。

附儿歌：

稀奇稀奇真稀奇

稀奇稀奇真稀奇，

麻雀踩死老母鸡，

蚂蚁身长三尺六，

八十岁的老头儿坐在摇篮里。

第七章
学前儿童文学活动的设计与组织

学习目标

（1）了解幼儿文学作品的类型。
（2）掌握学前儿童文学活动设计与组织的方法。

思维导图

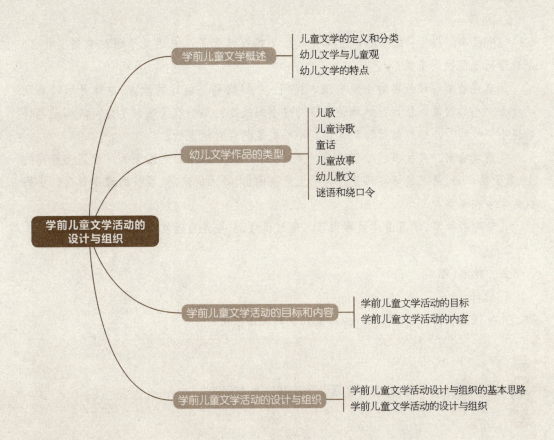

案例导入

中班儿童故事活动：月亮船（部分）①

活动目标：

(1) 通过欣赏故事,使儿童感受故事情节、文学语言和情境的美,接受文学美的熏陶。

(2) 激发儿童爱家乡、爱祖国的情感。

(3) 丰富儿童的相关知识：我国最高的山、最大的广场、最长的墙。

活动过程：

1. 导入

儿童听着音乐做划小船的动作并进入活动室,教师出示挂图。师：刚才,小朋友划着自己的小船来到了活动室,老师这儿也有一条船,它是月亮船。今天就请你们听一个关于月亮船的故事。

2. 展开

倾听故事。提问：故事的题目叫什么？小蚂蚁怎么了？它遇见了谁？看到了什么？是谁帮助他们找到了家？

儿童观看第一段故事的手偶表演。提问：小蚂蚁到了很远的地方,他睁开眼睛看到了什么？小蚂蚁碰到了谁？蟋蟀是怎样劝说小蚂蚁的？小蚂蚁又碰到了谁？蟑螂是怎样劝说小蚂蚁的？小蚂蚁最后碰到了谁？小蚂蚁是怎样对他说的？

儿童观看第二段故事的手偶表演。提问：小蚂蚁是怎样回到家乡的？世界上最高的山、最大的广场、最长的墙在哪里？世界上最高的山、最大的广场、最长的墙是什么？小蚂蚁的家乡在哪里？

儿童理解故事,学习讲述故事内容。通过谈话,引导儿童萌发出热爱祖国的情感。

3. 结束

智力抢答(略)。

4. 延伸

儿童搜集我国之"最",进一步激发儿童的爱国之情。

根据案例说一说,儿童故事活动的具体流程有哪些？

---

① 朱海琳.学前儿童语言教育[M].北京：科学出版社,2009：207.

第一节　学前儿童文学概述

学前儿童文学活动是以儿童文学作品为基本教育内容而设计、组织的语言教育活动。儿童文学作品是儿童重要的精神食粮。儿童有热爱文学作品的天性，而儿童文学活动就是从一个具体的文学作品入手，围绕文学作品组织教学，帮助儿童理解文学作品包含的丰富内涵，体验文学作品所蕴含的情感和语言艺术的美，发展儿童的语言能力。

一、儿童文学的定义和分类

（一）儿童文学的定义

当代学者从教育性、年龄阶段性和文学性三个方面阐明儿童文学的本质，认为儿童文学是以少年儿童为读者对象，专为他们创作并适合他们阅读的，具有独特艺术性和价值的，有益于儿童精神生命健康成长的文学作品的总称。

（二）儿童文学的分类

1. 幼儿文学

幼儿文学是以婴幼期（0~6岁）的儿童为对象，为满足他们的独特审美和健康成长需要而创作或改编的文学样式，它是儿童文学的一个重要组成部分。

从儿童的生长发育来说，幼儿文学必须适应儿童的生理、心理特征和接受能力，符合儿童感知事物的规律和欣赏文学作品的特点。幼儿文学若采用成人化的语言或复杂化的作品结构，就会造成儿童心理上的排斥和理解上的困惑。

> **示例**
>
> 一只哈巴狗，
> 蹲在大门口，
> 眼睛黑黝黝，
> 想吃肉骨头。
>
> 这样的民间儿歌，可以说是肖像刻画和心理描写的典范。美在有意无意之间，富于生活情趣，而且琅琅上口。

2. 童年文学

童年文学是为7~12岁儿童服务的文学。儿童进入小学之后,逐渐开始了正规的学习生活,他们的视野、语言表达能力和思维能力都有了一定程度的提升。他们富于幻想、好奇、好问,求知欲旺盛,希望通过自己的阅读拓展视野,以期获得更多的知识。他们比较热爱一些故事性强、情节曲折生动、幽默滑稽、趣味性强的童话、寓言和生活学习故事。低年级的儿童尤其喜欢内容丰富的图画书,愿意参加儿童戏剧表演活动,以表达自己的内心情感和情绪。童年文学应特别注重想象与儿童的认知能力之间的关系,创作的方法兼有浪漫主义与现实主义两种方式,其主要的文体有童话、儿童诗歌、幻想文学、儿童小说、儿童散文、科幻故事、儿童戏剧、影视文学等。

3. 少年文学

少年文学是指写给初中、高中阶段(13~18岁)少年阅读的文学作品。少年期是儿童向成人过渡的时期。这一时期,他们的心理有了较大的发展,渴望理解和引起友人的关注、信任。处于少年期的儿童抽象思维逐渐占据优势,思维进一步向组织性、深刻性、独立性和批判性方向发展,他们已不满足于充满幻想意味的童话、情节简单的故事等,而是将自己的注意力逐渐放到有关社会和人生的历史小说和故事、科幻小说、人物传记上。少年文学的主题更为深刻,它们在反映生活的真实性、人物形象的立体性以及审美意识层面有着更为广泛的视角。

在幼儿文学、童年文学和少年文学三种类型中,幼儿文学离成人文学最远,但它最能体现儿童文学的本质属性。如果将幼儿文学放置于儿童文学的大环境中去认识,我们会发现,它是儿童文学三个层次之中最能体现出儿童文学审美特点的一个层次。

二、幼儿文学与儿童观

儿童观是成人在人生哲学层次上对儿童这一生命存在所作的认识。成人对于儿童生命的理解和认识就是"儿童观",幼儿文学的本质也是以儿童观为根基的。在日常生活中,成年人面对儿童的态度通常有三种视角:一是俯视,二是仰视,三是平视。

所谓俯视,就是中国传统观念中的"唯女子和小人难养也",其中的"小人"就是儿童,在这样的成人眼里,儿童什么都不懂。此观点虽与英国的哲学家、教育家约翰·洛克的白板说并不完全一样,但也有些相似。持这种观念的成人在面对儿童的时候,表现出很强的控制欲。在文学活动的现场,一旦儿童表现出对于作品有不一样的理解时,持这样观念的教师会想尽一切办法把儿童往自己预设好的思路上引导,结果儿童的文学兴趣被大大削减。所谓仰视,就是在生活中总是供着、哄着儿童,即儿童无论怎么说、怎么做都是对的。持这种观念的教师在面对儿童时会显得无能为力,当儿童表达出不同的理解和看法时,教师只会一味地表扬儿童,如一直回应"说得好",而完全不顾儿童的理解和想象其实已远离文学作品。所谓平视,就是成人与儿童对话时的姿态是平等的。成年人只有与儿童平视才能明白他们的视野,这就是以"儿童为本"的儿童观。持有这样观念的教师在组织儿童文学活动时,会表现出与儿童一起游戏般的自如状态,儿童也会自然而然地融入其中,充分感受幼儿文学作品带给他们的感动与快乐。

三、幼儿文学的特点

由于儿童的心理特点和接受文学的特殊方式,幼儿文学也具有自身的文体特点和美学特征。

(一)题材广泛,简单易懂

1. 题材广泛,知识性强

文学是儿童最早接触的艺术形式之一。幼儿文学的整体知识性较强,可以让儿童逐步了解社会和自然,并帮助他们对文学建立一种天然的亲近感,进而引导他们进行语言、思维和情感等一系列心理活动。这对于儿童的健康成长有着一定的促进作用。

幼儿文学有利于儿童认识花鸟鱼虫、日月星辰、风土人情、山河湖海、飞禽走兽,比如儿歌就分为"动物儿歌""植物儿歌",童话也包括"知识童话"这一类型。幼儿文学可以帮助儿童了解日常生活的一些常识内容,如:吃饭、穿衣、如厕、洗澡、睡觉等。幼儿文学可以通过含蓄的语言,向儿童介绍日常学习生活的基本知识。

2. 语言浅显,情节简单

幼儿文学的语言比较浅显,属于浅语文学,使用的词汇基本都是儿童已掌握的。它的情节也比较简单,往往采用开门见山的形式。为了能够让儿童在短时间留下深刻的印象,幼儿文学在语言上就必须具体生动、琅琅上口。

示 例

儿歌《小白兔》

小白兔白又白,两只耳朵竖起来。
爱吃萝卜和青菜,蹦蹦跳跳真可爱!

这首儿歌用浅近的语言生动形象地刻画出兔子的生活习性,将兔子活灵活现的神态与特征表现出来,短短几句包含的信息量是十分丰富的。

（二）形象鲜明，图文并茂

1. 形象鲜明生动

优秀的幼儿文学作品往往充满着天真活泼的童趣，可以给儿童带来极大的欢愉。

儿童通过对《拔萝卜》（阿·托尔斯泰的童话名篇）中的"拔萝卜，拔萝卜，哎呀，哎呀，拔不动"这样富有节奏感的语句进行阅读，在拔出萝卜的快乐声中寻找到了与身体运动相符的愉悦和快乐感受。

2. 图文并茂

幼儿文学作品中有大量的插图，这样既有助于儿童直观形象地阅读和理解作品，也能更好地突出作品的主题。由于儿童的思维主要是形象思维，因此以形象、色彩鲜明的画面作为媒介的作品往往更易被儿童接受和理解。

（三）充满童趣，琅琅上口

1. 充满童趣，迎合儿童的天性

在幼儿文学作品中，我们常见的形象是摇摇摆摆的鸭子、唧唧喳喳的小鸡、胖嘟嘟的小猪等。由于这些形象充满了稚嫩的童趣，所以特别受儿童的喜欢。幼儿文学以稚拙美迎合了儿童固有的天性和情趣。

图 7-1 幼儿文学中常见的形象

诗歌《蜗牛》

蜗牛出去串门子，背上背着大房子，
雷声隆隆下大雨，蜗牛拍拍小肚子，
雨点来了我不怕，我会躲进小房子！

此诗构思巧妙，语言充满童趣，不仅写出了蜗牛的生活习性，更用诙谐幽默的语调写出了蜗牛的勇敢和无畏。作者采用象征的手法，与人们日常生活中蜗牛缓慢稳重的形象形成对比，且词句透露着蜗牛的调皮与勇敢，具有无穷的童真趣味。

2. 语言口语化，富于音乐性

儿童主要是通过"听"来接受和理解文学作品的，他们需要成人对文学作品进行口头转述,因此幼儿文学的语言必须口语化且富于韵律,易于儿童理解。在一篇幼儿文学作品中有这样一句话:"小兔不理解小猫,所以小猫的内心深处很难过。"这样的语言不容易儿童理解。若改为"小猫的内心难过,可是小兔子却一点儿也不知道",这样的改动能使儿童一听就明白。

(四)尊重个体差异

1. 多样化的理解

每一个儿童都是天生的艺术家,都具有对文学与众不同、个性化的诠释。教师在设计幼儿文学活动之前,必须熟悉儿童的生活,掌握儿童的心理,观察儿童的言行;学会以儿童的眼光去看,以儿童的耳朵去听,以儿童的心灵去体会文学作品;尊重儿童的个体差异,针对幼儿文学的不同门类进行有重点的研究和教学。

2. 多样化的体裁

文体就是文学的体裁,也就是文学作品的表达形式。不同体裁的幼儿文学作品在语言运用、结构安排、形象塑造以及功能特点方面都有着自己独特的地方。比如:儿歌音韵和谐、节奏鲜明,可以开发儿童的智力,丰富儿童的知识;图画书的画面丰富多彩,不仅可以锻炼儿童的观察、表达和想象能力,还可以培养儿童丰富细腻的感情。幼儿文学体裁的多样化,也照顾到了儿童的个体差异。

第二节 幼儿文学作品的类型

一、儿歌

(一)儿歌的定义

我国古代称儿歌为童谣、孺子歌、小儿语等。儿歌原属于民间文学,随着社会的发展,儿歌逐渐成为儿童文学的一个重要组成部分。

(二)儿歌的特点

1. 主要在儿童间口头流传

大多数儿童在婴儿期时就开始听母亲吟唱儿歌,儿歌以摇篮曲的形式呈现。随着他们年龄的增长,儿童由感知、模仿再到吟诵儿歌,从中获得美的享受。儿歌的内容浅显,语言单纯明快,用简单有趣的韵语反映一些趣事,易于口头上的流传。

小老鼠上灯台①

小老鼠,上灯台,
偷油吃,下不来,
喵喵喵,猫来了,
叽里咕噜滚下来!

这首儿歌较为口语化,内容简单,妙趣横生,读起来琅琅上口,适合刚开始说话的儿童。作者通过对小老鼠爬灯台的形态描写,活灵活现地将它的形象刻画出来,字里行间充满了诙谐幽默的意味,让人读起来记忆深刻、忍俊不禁。

2. 反映民间的生活和价值观

儿歌中的一部分来自于民间,由后人搜集、整理而广为传播,它们集中反映了民间生活的点滴与价值,深受儿童尤其是学龄前儿童的喜爱。有些儿歌集中反映了儿童接触的生活,便于他们接受。

《李小雷》这首儿歌这样唱:"有个孩子叫李小雷,会搬凳子会浇水;会帮老师抹黑板,不像七岁像九岁!奶奶来接李小雷,小雷却要奶奶背,长着小腿不会走,不像七岁像三岁!"②这首生活化的儿歌体现了儿童在幼儿园与家里的不同表现,写得幽默风趣,有褒有贬,儿童读起来很亲切,也富有启发意义。

3. 先音节后词义

儿童对语言的韵律与节奏非常敏感,儿歌的创作通常是先音节后词义,具有节奏明快、音韵和谐的特点,使得儿童在鲜明的音乐性与节奏感中获得愉悦的体验。

两 只 小 象③

两只小象河边走,
翘起鼻子勾一勾,
就像一对好朋友,
见面握握手,握握手!

---

① 张晓焱.儿童文学[M].镇江:江苏大学出版社,2014:21.
② 郁炳隆,唐再兴.儿童文学理论基础[M].南京:南京大学出版社,1990:110.
③ 张晓焱.儿童文学[M].镇江:江苏大学出版社,2014:22.

这首儿歌每句都压"ou"韵,音韵和谐,节奏感强,结尾的重复一字一顿,有较强的节奏感。

4. 富有趣味

很多儿歌都是充满童趣的,它们是儿童日常生活中一些游戏、动作的再现。儿童喜欢一边吟诵儿歌,一边进行游戏,所以儿歌往往与游戏相辅相成,充满着趣味性和娱乐性。

示例

刷 牙 歌①

小牙刷,手里拿,
早晚都要刷刷牙,
脏东西,都刷掉,
满嘴小牙白花花。

这首儿歌使得枯燥的刷牙过程变得十分形象生动,儿童在充满童趣的儿歌中学会了刷牙这项基本的生活技能。

(三)儿歌常见的类型

1. 连锁调

连锁调又名连环体,它是以"顶真"的修辞手法建构整首儿歌的,即前句的结尾是后句的开头,前后句逐句相连,环环相扣。这类儿歌有着非常强的叙事逻辑,节奏鲜明。虽然没有一以贯之的中心,但是具有一定的教育意义与幽默感。

示例

蹊 蹊 跳

蹊蹊跳,换把刀。
刀不快,切青菜。
菜儿青,换把弓。
弓没头,换头牛。
牛没有,换匹马。
马没鞍,上南山。
南山一兔儿,
剥了皮儿穿裤儿。

---

① 张晓焱.儿童文学[M].镇江:江苏大学出版社,2014:23.

2. 颠倒歌

颠倒歌也称滑稽歌,指故意把现实中不可能发生的事情说得比真的还要真实,是具有幽默特点的儿歌类型。这类儿歌诙谐幽默,有一种荒诞之美,儿童对其往往兴趣较大,能够培养儿童逆向思维能力和辨别事物的能力。

颠 倒 歌①

金上山,银上山,听我说个颠倒颠。
东西胡同南北走,出门遇见人咬狗。
拾起狗来就砸砖,布袋驮驴一溜烟。
布袋掉了稀泥里,砸得尘土荡青天。
喊了一声快来到,坐着板凳拉着桥。
吹堂鼓,打喇叭,门楼拴在马底下。

3. 摇篮曲

摇篮曲是儿童能够听到的最早的儿歌,一般温馨而宁静。摇篮曲中每段的结构基本相同,往往在循环往复中完成对儿童的抚慰与助眠。

摇 篮 曲②

风不吹,浪不高,
小小的船儿轻轻摇,
小宝宝啊要睡觉。
风不吹,树不摇,
小鸟不飞也不叫,
小宝宝啊快睡觉。
风不吹,云不飘,
蓝蓝的天空静悄悄,
小宝宝啊好好儿地睡一觉。

这首摇篮曲安详与静谧,每节渐轻渐缓。诵读这首儿歌时,可以将儿童逐渐送入大自然的怀抱,让他们安然入睡。

---

① 山曼.老童谣:二月二,龙抬头[M].济南:明天出版社,2014:12.
② 徐冬梅,丁云,胡志远.日有所诵·蚂蚁搬豆(4~5岁下)[M].桂林:广西师范大学出版社,2015:11.

4. 数数歌

数数歌是巧妙训练儿童数数能力的儿歌。数数歌将数学与文学结合起来,使儿童逐渐学会将数字由抽象概念变为形象有趣的实物,具有很强的知识性与教育性。它有多种形式,如教儿童认识数的儿歌,有训练儿童运算能力的儿歌,还有教给儿童量词使用方法的儿歌。

一 二 三①

一二三,爬上山。
四五六,翻跟头,
七八九,拍皮球,
张开两只手,
十个手指头。

拍 手 歌②

你拍一,我拍一,一只孔雀穿花衣;
你拍二,我拍二,两只小鸭上河沿儿;
你拍三,我拍三,三只鸽子飞上天;
你拍四,我拍四,四只熊猫吃竹子;
你拍五,我拍五,五只小猫捉老鼠;
你拍六,我拍六,六只小猴打悠悠;
你拍七,我拍七,七朵红花真美丽;
你拍八,我拍八,八只青蛙叫呱呱;
你拍九,我拍九,九只白鹅齐步走;
你拍十,我拍十,十只蜻蜓捉蚊子。

二、儿童诗歌

(一) 儿童诗歌的内容

1. 以儿童的思维和情感书写儿童想象中的世界

儿童诗歌是指写给少年儿童看并适合他们感情需要的诗歌。它与一般诗歌的不同之处在于其篇幅短小、拥有自由的想象空间、以儿童的口吻抒情叙事并表达他们能够接受的思想

---

① 张晓焱.儿童文学[M].镇江:江苏大学出版社,2014:27.
② 同上注。

感情。根据儿童心理学家皮亚杰的研究,儿童各阶段情感发展的特点为:婴儿的情感为以原始情绪为主,情感单纯而直观,拥有初步的社会情感;到了幼儿时期,出现了规范与自律的情感。儿童诗歌反映的情感就是一种从简单到高级的情感——道德感、责任感、美感。

2. 塑造儿童抒情主体,代儿童抒情言志

儿童诗歌与儿歌有共同之处,但又不完全一致。相同的是它们的语言都比较简练,概括性强,讲究韵律。不同点在于儿歌篇幅更短小、结构也更简单;而儿童诗比较具体与含蓄,它主要以儿童为抒情的主体,抒发的情感是儿童需要并能接受的情感,往往以儿童的口吻表达他们心中的想法与感受。

雪 花①

雪花,

雪花,

你有几个小花瓣?

我用手心接住你,

让我数数看:

一、二、三、四、五、六。

咦,

刚数完,

雪花怎么不见了?

只留下一个圆圆的小水点。

3. 直接写儿童的内心世界

抒情是诗歌反映生活的根本方式,儿童诗歌作为诗歌的一种,其情感必须从儿童心灵的深处抒发出来。它可以反映儿童的美好感情、愿望,激起儿童的兴趣与情感上的共鸣,儿童诗歌中很多语言直接刻画了儿童的内心世界。

神气的弟弟②

弟弟念幼稚园大班,

神奇得像个大学生。

---

① 北方四省区职业教育教材编审组.儿童文学[M].沈阳:辽宁科学技术出版社,1991:49—50.
② 张晓焱.儿童文学[M].镇江:江苏大学出版社,2014:48.

毕业典礼那天，
我问他最喜欢什么课？
他理直气壮地说：
喝牛奶课和吃饼干的课最好啦！

这首小诗饱含着美好的童真与童趣，生动地写出了儿童对幼儿园生活的真实情感体验，也抒发了儿童内心的真实感受，朴实而饱满。

4. 设置成人的视角

儿童诗歌抒发的情感，往往不仅能使儿童可以从中获得愉悦的感受，也能把成人带回那充满童趣的氛围中，重温儿时美好的梦。

虫 和 鸟

我把妈妈洗好的袜子，
一只一只夹在绳子上，
绳子就变成了一只多足虫，
在阳光中爬来爬去。
我把姐姐洗好的小手帕，
一条一条夹在绳子上，
绳子就变成一群白鹭，
在微风中飞舞，飞舞。

这首儿童诗歌就从成人的视角回忆了儿时平凡生活的点滴，使得儿时的童趣成为一种儿童眼中神奇的景象。这种情趣是儿童生活中固有的部分，由儿童诗人收集并进行了形象化的描摹，体现了儿童的内心世界。

（二）儿童诗歌的表现方式

1. 叙事

儿童诗歌的创作者倘若不能在作品中直接抒发自己的主观情感，自然会偏向客观的方向，着重于描写与叙事。很多儿童诗歌以拟人的方式写人物、写情景。这些作品表现的常是超越生活的内容，作家个人的主观情感很难在作品中出现，描写、叙事的特点更加明显。

在林焕彰的《庭训》中有这么一段："鸟声瘦成一条乡村的小径，我打回忆中醒来，又走入回忆，于是古铜色的一片黄昏，在古老的庭院中，摇晃着最后一盏煤油灯，于是我们在陈旧的故事堆里,静静地围着爷爷,静静地听着爷爷,雨读,晴耕。"①林焕彰的这首儿童诗歌里有两个"我",一个是现在的成人的"我",一个是回忆中的"我"。对于童年的"我",作品偏重描写与叙事,而对于现在的"我",作品则是通过抒情表达情感。

2. 抒情

儿童诗歌的作者往往不在诗中直接抒发自己的主观感受,而是侧重于叙事,但既然是诗歌,在总体上就应该是一种抒情性的艺术。从创作者的角度来说,作者要尽量淡化自己的成人身份,化身为被设定的抒情主体的儿童,进入儿童的内心情感世界,用他们的眼睛看、用他们的耳朵听、用他们的心灵去感受、用他们的嘴巴来说。

三、童话

(一)童话的定义

以非生活本身形式塑造艺术形象的并不只是童话,还有神话、志怪小说、传奇、神魔小说、寓言故事、超现实小说等。童话与这些作品的区别在于它主要是为少年儿童创作的,适合少年儿童阅读。在狭义的范畴内,我们可以将童话定义为:童话是一种以非生活本身形式塑造艺术形象并适合少年儿童阅读的文学作品。②

(二)童话的特点

1. 童话时空的虚拟性

童话以非生活的艺术形式塑造艺术形象,它创造的艺术世界是现实生活中没有也不可能有的,其形象自然是非写实的。这种非写实的艺术形象可以是超自然的,也可以是拟人的,还可以是上述各种艺术形象综合而成的世界。

叶圣陶的《一粒种子》讲的是一粒种子依次经过国王、大臣、商人的手,他们都觉得种子没有什么用处,但最后转到农民手里,却长出了庄稼的故事。这里的国王、大臣与商人的背景是高度虚化的。

2. 形象的超越性

童话形象的超越性是指作品呈现的形象不是具体的,而是相对抽象的、具有普遍意义

---

① 吴其南,吴翔之.儿童文学新编[M].杭州:浙江大学出版社,2009:53.
② 同上注,第116页。

的形象。比如普遍意义上的爱、具有普遍意义的品质(如：善良、正义等)。童话主要是给儿童看的,儿童的思想意识尚未明显分化,加之童话使用与具体现实有距离的非写实形象,内容上具有超越性就成为一个必然的现象。如《海的女儿》所表现的对人、对美好事物的信念及为坚守这个信念不惜牺牲一切的奉献精神。

3. 事件的假定性

人们认识世界总是按照从近到远、从内到外的顺序。儿童年龄小,对世界、对美的感受和认识都是比较模糊的。童话世界营造的氛围往往极度和谐,这种状况超越生活的常态,比如某个人物某种情境有一种难以置信的美,这就是童话。童话表现出来的这种极致的理想之美,恰恰是儿童所需要的。

(三) 童话的类型

1. 民间童话

民间童话是童话发展过程中较早出现的童话类型,很多民间童话是由神话、传说演变而来的。随着文明的演进、创作者意识的觉醒,古代劳动人民又创作出了许多假定性的故事,其中较适合儿童阅读的部分就成为典型的民间童话,如西方的贝洛尔童话、格林童话等。民间童话是劳动人民集体创造,以口语形式存在并流传的文学形式,很多反映了劳动人民的幻想。

2. 诗化童话

诗化童话是在童话创作中把生活中和心灵中近乎诗的那部分抽引出来,用超越现实的想象构筑成另一个世界,这个世界里充满着超越时代浪潮的、国家疆界的、阶级利益的对一切美好事物的同情与向往,而儿童正是特别富于这种诗意情怀的人类群体。所以诗意情怀是童话作家的一个标准,这种诗意既是一种情感,也是一种思想和艺术。

3. 怪诞童话

怪诞是童话重要的艺术内涵。怪诞是作家运用夸张、变形等手法大幅度地改变客观事物的形态与属性,以获取离奇古怪、玄妙无比效果的一种创作形式。出色的怪诞童话之所以可以成为童话的美质,就是因为它给童话带来了神奇的艺术魅力,给人以美的感受。荒诞的幽默是需要特别加以强调的,它使得人们从心理上与感情上接纳这种具有喜剧氛围的美。

四、儿童故事

(一) 儿童故事的定义

儿童故事是在人们的口头创作中孕育和发展起来的,具有悠久的历史,在漫长的发展过程中不断丰富、成熟与完善,最终形成了独具特点的儿童文学体裁。儿童故事是指内容单纯、篇幅短小、情节生动有趣,符合儿童接受能力与欣赏能力的故事,它多指儿童阅读与聆听的叙事性的文学样式。

(二)儿童故事的内容

儿童故事的内容多取材于以下几个方面:第一,儿童的家庭生活、校园生活与社会生活;第二,自然万物的景象,人与动物世界;第三,古往今来的各种历史故事。

(三)儿童故事的特征

1. 故事性

儿童故事一般反映的是事件的起因、发展与结果,采用顺序的方式,有完整的故事情节,有鲜明的高潮与结局。儿童故事大多采用简单的线索发展,并且贯穿到底。

谁 勇 敢①

杨福庆

枣树上有个马蜂窝。小明指着马蜂窝说:"谁敢把它捅下来,就算谁勇敢!"

小明问小勇:"你敢吗?"

小勇摇摇头说:"别捅,别捅,马蜂蜇人可疼啦!"

小明指着小勇的鼻子说:"得啦,胆小鬼!看我的。"

小明找来一根长竹竿,使劲一捅。啪!马蜂窝掉下来了,马蜂一下子炸了窝!

小明丢下竹竿,捂着脑瓜就逃,大家也吓得跑开了。

刚刚年纪最小,跑得最慢,眼看马蜂扑过来,他"哇"的一声吓哭了。

小勇回头一看,急忙跑回去,把刚刚拉到身后,抡起手中的小褂,拼命抽马蜂。

赶跑了马蜂,小勇却被马蜂蜇了一下,半边脸肿起老高,疼得他直掉眼泪。

小勇哭了,可是大家都夸他最勇敢。

小明捅了马蜂窝,谁也没说他勇敢。

2. 趣味性

儿童的注意力容易分散,平淡无奇的故事无法引起他们的注意,因此,儿童故事的情节一般都非常生动、曲折,富有悬念,可读性强,能够引人入胜。

---

① 张晓焱.儿童文学[M].镇江:江苏大学出版社,2014:115.

李 子 核

[俄] 列夫·托尔斯泰

妈妈买来李子,放在盘子里,打算吃完饭分给孩子们吃。

瓦尼亚从来没有尝过李子,他不停地围着李子打转转,一会儿去闻闻,一会儿伸出手去摸摸,他很想马上就拿一个来吃。

瓦尼亚黑溜溜的眼睛往四面转了一下,看看别人没注意他,就踮起脚尖,抓起一只李子塞进嘴里。

吃完晚饭,妈妈去拿李子盘,数了一下李子,少了一只,就问孩子们:"你们吃过李子吗?"

大家说:"没有。"瓦尼亚脸红得像虾一样,也说:"没有,我没有吃。"

妈妈看了看瓦尼亚,说:"谁吃了一只李子,这倒不要紧。可是李子里面有核,谁要是不会吃,把核也吞下去,那么只要过一天就要送命的。"

瓦尼亚听了妈妈的话,吓得脸色苍白,他摇晃着两只小手,结结巴巴地说:"没有,我把核扔到窗子外面去了。"

一家人都笑了,而瓦尼亚却哭了。

这个故事只是选择了儿童生活中小小的一个场景,生动再现了天真、可爱、顽皮的儿童形象。故事本身真切地写出了儿童的心理状态,充满趣味性,同时让儿童读后能够明白一些道理。

3. 口头性

儿童故事的语言比较口语化,适合儿童讲与听。口语化的语言不承担细腻描写和议论的功能,一般为:多短句,少长句;多形象词,少抽象概念的词;多动词,少形容词。浅显易懂,表现力强,最易于讲述与传诵。

《三个小朋友》[①]这一故事的开头处是这样写的:

"嘭嘭嘭!""嘭嘭嘭!"三楼洋洋在拍球,吵得楼下受不了,楼下咪咪上去提意见:"洋洋,请你轻一点!"洋洋噘起嘴,"嗵"地关上门。

"嗒嗒嗒!""嗒嗒嗒!"二楼咪咪在跳绳,吵得楼下受不了,楼下晓晓上去提意见:"咪咪,请你轻一点!"咪咪噘起嘴,"嗵"地关上门。

"丁零零!""丁零零!"一楼晓晓在骑车,三个轮儿飞飞转,骑到东,"喵呜!"压着花猫小脚丫;骑到西,"哎哟!"撞翻椅子砸疼姥姥的腰。姥姥提意见:"楼前空地多宽敞,那里才好玩!"

---

① 张晓焱.儿童文学[M].镇江:江苏大学出版社,2014:117.

这个故事就用了反复的手法,句式整齐,节奏感强,用了大量象声词、叠音词,使得整个故事生动有趣且形象。

五、幼儿散文

(一)幼儿散文的概念

1. 广义的幼儿散文

幼儿散文是散文的一个分支,因而在散文的总体特征上,它与成人散文是一致的。幼儿散文一般遵循成人散文的创作规律,以多样的方式、丰富的内容、真挚的情感、优美的意境和语言给儿童多方面的审美享受。

2. 狭义的幼儿散文

狭义的幼儿散文欣赏对象主要是低幼的儿童。幼儿散文的语言既生活化又口语化,也有不少形象生动、具有规范又优美的书面语。欣赏散文有利于儿童从口语的学习过渡到书面语的学习,有利于幼小衔接。

(二)幼儿散文的内容

1. 反映生活

幼儿散文最贴近儿童的生活,毕竟哪里有幼儿,哪里就有幼儿散文的素材。儿童生活在现实的世界中,同时又生活在想象的世界中。幼儿散文是用生活中的人、事、景和物写成的,内容真实,富于个性。

会找孩子的太阳妈妈①

潘仲龄

太阳是个会找人的妈妈。

爱玩耍的雨水孩子,从天上哗哗地跑下来了,落在山上,落在田里,落在路上,落在小河里……它们就不想回去了。为什么要回去呢?天上太寂寞了,谁都不愿再去过那种清清冷冷的生活。于是,它们就沿着大山这个滑梯、沿着大路、小路这个滑梯,钻进泥土里,钻进庄稼地里,钻进树林里,把头蒙起来了,把身子藏起来了。跳进小河里,让哗哗的流水把它们送到了远方。

可是,会找孩子的太阳妈妈,每次一大早就从天上找下来了。你瞧,她伸出了那么多长长的手,伸到地上每一个地方,把躲在每一处的雨水孩子,一个一个找回家去。

---

① 徐红,敖伟,徐宏博.幼儿文学[M].南京:东南大学出版社,2015:178.

这篇散文字数虽少,但以儿童的视角选取最富有特征的人、景、事、物来描述,以真挚的感情吸引儿童、打动儿童,培养他们的审美情趣。

2. 讲述知识

以讲述知识为主要目的的幼儿散文,一般篇幅短小、语言浅显、写法灵活,无论是知识内容还是艺术传达,都能对儿童产生吸引力。

月 亮 渴 了

天空渴了,月亮和那些小星星渴了。

太阳说:"我给你们舀些水来喝吧。"

太阳从大地上、河里、江里、大海里,蒸起无数的小水珠儿;小水珠成帮结伙地升到天空。就这样,天空喝到了水,月亮和星星喝到了水,它们不渴了。

喝剩下的水,月亮和小星星又还给大地,还给江河和大海,它们泼呀、泼呀——亮晶晶的雨丝从天上飘下来了。小朋友们看见了,他们拍着手喊:"下雨喽!下雨喽!"

这篇《月亮渴了》,将知识寓于生活化的形象中去,以生动、活泼、亲切的语言和颇具有抒情气息的笔调传达了一些知识。

3. 描写风光

游记体的写景散文,是作者在旅游中通过观察、体会、想象儿童对旅游景观的感受和心理而创作的散文。作者记述的是在旅游中见到的某景、某事、某人,儿童读后,对中外名胜风光、山水人情、旅行中的趣事都能获得身临其境的感受。

4. 抒发情感

幼儿抒情散文是以抒发内心情感为主要目的的幼儿散文,这类散文也需要写人记事和状物写景,但更需要强烈的情感与情绪,冰心的《寄小读者》、韦苇的《小松鼠,告诉我》等作品就属于幼儿抒情类作品的典范。儿童喜欢动态的景物,因为它们能直接激发儿童的兴趣,但一些小的景物往往也可以让儿童感受到潜移默化的美。

夏 天 [①]

望 安

夏天的雨是金色的。不信,你看:

[①] 徐红,敖伟,徐宏博.幼儿文学[M].南京:东南大学出版社,2015:171.

场院里，脱粒机场洒着麦粒，千颗，万颗，连成金色的雨。

夏天的风是喷香的。不信，你闻：

村子里，家家户户磨了面，在蒸甜糕，飘出一阵阵香味。

夏天的路爱唱歌。不信，你听：

小路"吐吐吐"，大路"嘀嘀嘀"，拖拉机、大卡车，一辆接一辆，忙着去卖粮。

这篇抒情散文为儿童勾画出了一幅喜人的丰收图，有色、有味、有声。儿童读完，看到、闻到并且听到了，真切感受到了夏天的美好。

（三）幼儿散文的特征

1. 童心和童趣

幼儿散文往往可以表现出儿童的童心和童趣，它可以从生活的方方面面中取材，从儿童的视角表现儿童生活的世界、情感的世界和精神的世界，自然而然地将儿童美好的情感表现出来。作者常常将儿童质朴而稚气的语言、行为和心理与散文描述的事件结合起来，表现出作者对儿童世界的观察、倾听与赞美，带给儿童生机盎然的情趣。童心与童趣是幼儿散文的灵魂与核心。

2. 易于儿童接受的理趣

幼儿散文应将儿童最美好的感情诉诸笔墨，从而表现儿童至善至美的情感。因此，幼儿散文总是通过对大自然、社会以及外部世界充满童真的认识与感悟，抒发儿童内心的感受，表现出一种理趣。如屠格涅夫的《麻雀》、郑振铎的《纸船》，儿童从这些作品中都能感受到作家笔下刻画的种种美感与理趣。

六、谜语和绕口令

（一）谜语

1. 概念

谜语是一种文学性的游戏活动，它运用语言文字的各种特点，将事物的意义有意隐藏起来，供人猜测。谜语是古代流传甚广的一种益智、休闲、娱乐的游戏。在先秦时期，谜语的雏形就已经出现。自隋唐时期起，猜谜游戏已经开始从官宦人家走向民间、寺院，成为一项广受社会大众欢迎的娱乐活动。这就为宋朝以后谜语活动的蓬勃发展奠定了基础。

2. 特点

谜语最大的特点在于极富童趣。谜语本质上是一种文字游戏，有较强的趣味性，这一特点在儿童谜语领域中更为突出。

> **示例**
>
> 我国北方将水饺看作美食,家中又有许多鹅鸭家禽,所以儿童当中流传着这样一则谜语:南面来了一群鹅,扑棱扑棱飞下河(谜底是水饺)。
>
> 又如谜语:十个兄弟张叉开,五个兄弟走进来。这是民间流传的一个穿袜子的谜语。这样富于童趣的谜语,让儿童笑个不停。

谜语的另一个特点在于运用比喻、拟人和象征的表现手法,以诗歌的形式,集中地描绘某一种事物的特征。它采用寓意的描写手法,在关联喻体与本体之间花费心思,使猜谜者由谜面得到一种通向谜底的暗示或启发,但却不能一眼看穿、一语道破。儿童需要根据他所掌握的生活知识,运用他的联想,找到喻体与本体,即谜面与谜底之间的关联,从而猜中答案。所以,从这个角度上说,谜语是一种具有文学趣味的、有益的智力游戏。

(二)绕口令

1. 概念

绕口令是我国一种传统的语言游戏,又称急口令、拗口令。它将声母、韵母或声调极易混同的字,组成反复、重叠、绕口的句子,要求一口气急速读出。

绕口令中一些音韵响亮而又充满诙谐幽默的句子,不仅儿童喜欢,不少成人也十分钟爱。绕口令在流传的过程中,人们不断对其进行修改、加工和充实,使绕口令更近似于诙谐幽默的歌谣,深受儿童的喜爱。

2. 特点

绕口令是语言训练的好材料,它将若干双声、叠韵词语,发音相同、相近的词语或者容易混淆的字有意地集中在一起,组成简单的韵语,形成一种独特的语言艺术形式。

首先,绕口令大多诙谐、幽默,节奏感强,富于音乐效果。

> **示例**
>
> 如"四和十":"四是四,十是十;要想说对四,舌头碰牙齿;要想说对十,舌头别伸直;要想说对四和十,多多练习十和四。"[①]

其次,认真练习绕口令,可以使儿童头脑灵活、用气自如、吐字清晰、口齿伶俐,可以避免口吃。

---

① 陈思瑾.校园表演类活动指导手册[M].长春:吉林出版集团有限责任公司,2014:177.

如一贯式绕口令："一面小花鼓,鼓上画老虎。宝宝敲破鼓,妈妈拿布补,不知是布补鼓,还是布补虎。"①

第三节　学前儿童文学活动的目标和内容

一、学前儿童文学活动的目标

(一)学前儿童文学活动的总目标

1. 培养儿童对文学作品的兴趣

文学作品承载了丰富的信息,它对儿童成长具有多方面的促进作用。从情感态度方面考虑,文学活动通过让儿童欣赏大量优秀的文学作品,来培养儿童对文学作品的兴趣,促使儿童参与不同的文学活动。文学语言教育活动可以逐渐培养儿童对不同形式的文学作品的兴趣,使儿童懂得欣赏文学作品,从而积极主动地参与到文学活动中来。

2. 提高儿童对语言多样性的认识

故事、童话、儿童诗等儿童文学作品,为学习说话的儿童提供了多种成熟的语言样本,这些样本可以让儿童模仿、熟悉并创造。儿童通过倾听各种句式、形象化的语言、不同地域的语言来发展他们对多样化语言的适应能力、理解力和运用能力。儿童从小学习不同国家、不同地域、不同个人特点的文学作品,可以了解到语言多姿多彩的一面。儿童可以从我国各种民间传说和故事中汲取营养,从中了解到中华语言文字的独特魅力和韵味,这对于儿童运用形象化的语言,发展认知思维能力,都是大有裨益的。

3. 培养儿童善于倾听的技能

在儿童语言发展中,最重要的问题之一就是从各个方面学习不同的句法结构。儿童的这种学习主要来源于两个渠道:一是从成人的交谈中耳濡目染地获得对不同句式的印象;二是从自己接触到的文学语言作品中去学习。

在《长袜子皮皮》中,皮皮的一段开场白就是"在……国家,有一个……",这种表述符合现实生活中儿童的叙事习惯。

儿童也可以通过儿童文学作品倾听到形象化的语言,如林小杯的儿童诗《我被亲了好

---

① 陈思瑾.校园表演类活动指导手册[M].长春:吉林出版集团有限责任公司,2014:178。

几下》就符合儿童"人格化"的认知习惯。诗中小小的石头、一滴水滴或者阳光都被赋予了生命,从而展现出一个温馨的美好世界。

我被亲了好几下

> 阳光亲日历一下,爸爸亲妈妈一下,
> 风亲衣服一下,天花板被篮球亲一下,
> 墙壁被车子亲一下,电视被遥控器亲了好几下,
> 鞋尖亲石头一下,我的头被鸟大便亲了一下,
> 屁股亲地上一下,我的衣服被水滴亲了好几下,
> 白云亲了大山一下,风亲蒲公英一下,
> 朋友的声音亲我的耳朵一下,我亲冰淇淋好几下,
> 闪光灯亲我一下,爸爸亲我一下,
> 妈妈亲我一下,我被蛋糕亲了好几下。[①]

4. 鼓励儿童创造性地运用语言

儿童对于优美动听的语言非常敏感,并且会努力模仿。教育者鼓励儿童创造性地运用语言,有助于儿童训练自身的语言表达能力。一些艺术家很早就发现了儿童的这一语言特点,在艺术作品中刻意表现这一点,从而形成了特别的审美意趣。如阿根廷著名的漫画家季诺的成名作《玛法达》中,作者心目中的理想孩子——5岁的玛法达志向远大,关心人类的发展与命运,渴望社会的发达,面对浩瀚星空大喊:"我为什么不生活在一个更加进步的星球?"[②]儿童文学的作家们在其创作中总是自觉或者不自觉地照顾到儿童的认知水平和生活经验,激发儿童创造性地运用语言的能力。

(二)学前儿童文学活动的年龄段目标

根据学前儿童文学活动的总目标和儿童身心发展的特点,我们可以总结出各年龄段的具体目标。

表7-1 学前儿童文学活动的年龄段目标

小班	• 喜欢欣赏文学作品,愿意参加文学活动,对文学作品的语言感兴趣 • 能初步感受文学作品的语言美,知道童话故事、诗歌和散文是不同体裁的文学作品 • 学习理解文学作品的情节内容或画面情景,能用语言、动作、表情等方式表达自己对文学作品的理解 • 在文学作品原有基础上扩展想象,仿编诗歌、散文中的一句或续编故事结尾

[①] 郑荔.儿童文学(第2版)[M].南京:江苏教育出版社,2009:80.
[②] 同上注.

	（续表）
中班	• 喜欢欣赏不同形式的文学作品，能主动积极地参加文学活动 • 知道文学作品语言与日常生活语言的不同，进一步感受文学作品的语言美 • 学习理解文学作品的人物形象，感受作品的情感基调，能运用恰当的语言、动作、绘画形式表现自己的理解 • 能根据文学作品提供的线索，扩展想象，仿编或续编一个情节或一个画面
大班	• 乐意欣赏不同体裁、不同风格的文学作品，在文学活动中积累文学语言，并尝试在适当的场合运用 • 在理解文学作品人物、情节或画面情景的基础上，学习理解作品的主题或感受作品的情感脉络 • 初步感知文学语言和文学作品结构的艺术表现特点，开始接触文学作品的艺术语言构成方式 • 依据文学作品提供的想象线索，联系个人已有知识经验扩展想象，并创造性地进行表述

二、学前儿童文学活动的内容

学前儿童文学活动是通过让儿童欣赏文学作品来帮助其进行语言的认知学习的活动。在文学活动中，教师应要求儿童积极参与，使儿童乐于欣赏文学作品，了解文学作品有多种体裁，学会用自己的表达方式再现文学作品。我们可以从以下两个方面来了解学前儿童文学活动的内容。

（一）文学作品的认知层面

（1）聆听与感受文学作品。要求儿童集中注意力倾听成人朗读文学作品，感受文学作品中的语言、情节、动作，以及人物的语言和作品的思想感情脉络等。

（2）对幼儿文学的各种文体进行分门别类的学习。幼儿文学作品包括童话、儿童故事、儿童诗歌、谜语、绕口令等。文学活动可以通过作品中丰富的语言和生动有趣的情节，启发儿童了解作品中的人物形象以及富有哲理性的主题。

（二）文学作品的技巧层面

（1）朗诵与表演文学作品。儿童跟随成人朗诵文学作品，利用道具、场景等材料，并借助一系列动作、对话来表演文学作品的内容。

（2）创编文学作品。教师引导儿童创编文学作品，要求儿童根据自己的喜好仿编儿歌、儿童诗歌和谜语等内容，或者以图文结合的方式，促进儿童对文学作品的认知。

第四节　学前儿童文学活动的设计与组织

一、学前儿童文学活动设计与组织的基本思路

（一）学习文学作品

1. 尊重儿童理解作品的程度

文学作品来源于生活，又高于生活。幼儿文学作品向儿童展示的是建立在儿童生活经验基础上的间接经验，一篇优秀的幼儿文学作品就像一幅好的画卷一般，适当地留白，可给儿童带来一片想象的空间与独特领悟的机会。教师在面对幼儿文学作品组织教学时，需要尊重儿童对文学作品的理解程度，让他们尝试补白，鼓励儿童积极主动地对原作品开展大胆的想象，让他们在个性化的补白中释放情感，彰显个性。

> 示例
>
> **春天的礼物**
>
> 雪人孤零零地站在田野上，它好寂寞呀！树林里传来脚步声，是小兔、小狗、小熊来了。它们对雪人说："我们在找春天，等找到了，一定带件礼物给你。"它们走呀走，看见一片五彩缤纷的野花，小兔采了一朵；一排发了芽的柳树，小狗摘了一枝；一群美丽的蝴蝶，小熊捉了一只。它们带着春天的礼物来找雪人，可是雪人不见了！
>
> 故事结尾给儿童提出了一个问题："雪人不见了！它去哪儿了？"[①]对于这样的儿童故事，教师就可以根据儿童对于作品的理解程度补白雪人的种种可能情况。

2. 教师引导儿童学习文学作品的注意事项

（1）引导儿童通过多种方式欣赏文学作品。导入活动像戏剧的"序幕"，教师在组织活动前，应该精心准备，用较短的时间俘获儿童的"眼睛"，激起儿童探索的兴趣，让儿童在快乐中学习。常用的导入方式有：游戏导入法、图片导入法、提问导入法等。在此基础上，教师针对文学作品的情感提出思考性问题，选择的文学作品要适合儿童的实际需要，也要具有艺术性与表现力。

（2）引导儿童体验、理解文学作品，迁移文学作品中的经验。教师可以根据文学作品的内容，设计复述作品、表演故事、模仿角色等活动，让儿童亲身体验作品，帮助儿童理解

---

① 何芙蓉,胡陵.学前儿童语言教育[M].成都：西南交通大学出版社,2013：132.

作品所承载的有趣的信息。

> **示例**
>
> 在童话故事活动"会唱歌的生日蛋糕"中,教师在讲完故事后,可组织儿童学唱生日歌,开展故事表演活动,通过实践体验作品中的人物形象和情感。

(二)理解体验作品

1. 儿童理解作品的方式

在体验式的阅读活动中,"人"是不可或缺的一环。再好的书,只有将书和个人的体验串联,才能产生趣味与意义,这是阅读的终极价值。等到儿童认知发展更进一步,阅读过程中的思考会越来越重要,就像是探索之旅,儿童会对一本书、一则故事有更深入的思考与练习,进而建立自己的知识网络与价值观。这样的阅读会渐渐发展为儿童的一种能力。儿童理解文学作品的三个阶段为听书、看书和演书。

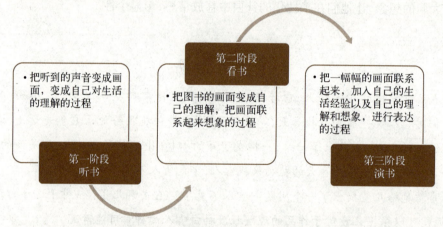

图 7-2　儿童理解文学作品的三个阶段

2. 教师引导儿童理解作品的注意事项

教师对作品的理解至关重要。首先,教师要对幼儿文学作品本身进行反复的阅读,挖掘作品的价值,运用多种方法将文学作品的内涵传达给儿童。一本优秀的文学作品倾注了作者太多的心血,倾注了作者的生命与情感,因此,教师的引导显得非常重要。其次,教师要有拓展文本意义的意识,充分挖掘文本多元的教育与审美价值,使儿童能借助在各个领域中的体验与实践,获得对作品深入而广泛的理解。

(三)迁移作品经验

1. 迁移作品的经验

在帮助儿童深入理解、体验作品的基础上,可以进一步引导儿童迁移作品的经验。因为文学作品向儿童展示的是建立在儿童生活经验基础上的间接经验,这种间接经验既使儿童感到熟悉,又让他们觉得新奇有趣。但是,仅仅让儿童的学习停留在理解这些间接经验上还是不够的,而是要让儿童充分地将这些间接经验与自身的直接经验联系起来。因此,教师需要进一步组织与作品重点内容有关的活动,帮助儿童将文学作品内容纳入自己的经验范畴,使他们的直接经验与文学作品的间接经验实现双向的迁移。

迁移作品经验的活动往往是围绕作品重点内容开展的可操作的或具有游戏性质的活动。

在文学活动"会唱歌的生日蛋糕"中,教师可以让小朋友做一做生日礼物,再给本班快要过生日的小朋友开个庆贺生日会,像童话中的小动物那样为他人的生日做点使他人高兴的事。

在文学活动"梳子"中,教师在指导小朋友用诗歌的眼睛去观察、理解周围的环境之后,可以让小朋友画一画周围环境中"还有什么东西像梳子"来迁移作品的经验。这样的活动不仅能帮助儿童进一步加深对作品的理解,而且还能为扩展他们的想象,加强其语言表述打下基础。

2. 教师引导儿童迁移作品经验的注意事项

教师在引导儿童迁移生活经验时,可以适当采用集体活动、小组活动以及个别活动等多种形式,在活动中充分体现因材施教。教师要有效利用一日生活的各个环节,进行日常生活中的文学欣赏活动。在日常生活中,教师可以利用晨间谈话、自由活动、区域活动等时间,引导儿童积极参与听觉欣赏活动。让儿童倾听教师朗诵文学作品,在反复倾听中不断体验与品味作品,在感受音乐美、语言美、画面美的过程中培养自身的审美情趣,激发儿童的想象力。

(四)创造想象和语言表述

1. 创造想象

让儿童运用艺术性的结构语言,创造性地表达自己的认识和想象,可在仿编诗歌、续编故事结尾等活动中完成从理解到表达、从模仿到创造、从接受到运用的学习过程。想象有两种:一种是再造想象,是根据某一种物体的图样、图解而形成的用语言描述的在头脑中产生的这一事物的新形象;一种是创造想象,它是在再造想象的基础上,对信息进行重新组合和加工而创造出来新形象的心理过程。

儿童的创造想象也是随着年龄增长而不断发展的。3岁的儿童主要是再造想象,4岁则向创造想象转化,5岁时更多地运用创造想象。

以用铅笔盒为例,3岁的儿童会将铅笔盒想象成火车来进行象征性游戏,但只是以物代物,是一种再造想象。4岁的儿童可能会打开铅笔盒,在上面再插一根小棍,以此代替驾驶员来驾驶"火车"。5岁的儿童可能一边开"火车",一边编造出一系列开火车的情节以及与火车有关的故事,大大增强了游戏的创造成分。

2. 语言表述

语言表述可以立足于已学的文学作品内容。在这一层次的活动中,教师可以让儿童续编童话故事、表演故事,可以让儿童仿编诗歌散文,也可以让儿童围绕所学的文学作品内容进行想象讲述。

在"会唱歌的生日蛋糕"的活动过程中,教师在最后一个层次可以以"你想怎样给爸爸妈妈过生日"为题,组织儿童讨论、讲述。这样,每位儿童都可能愿意像故事中的小熊一样,为自己的爸爸妈妈过个快乐的生日,并充分开动脑筋、大胆表达,想出许多有趣且有意义的祝福方式,使活动在儿童欢快、热烈的交流中结束。

阅读案例,说一说案例中的活动体现了文学活动设计与组织的哪些基本思路。

诗歌活动:摇篮(大班)①

【活动目标】

(1)培养幼儿热爱自然、热爱生活的美好情感。

(2)引导幼儿大胆表达,发展幼儿的口语表达能力,培养幼儿欣赏文学作品的兴趣。

(3)在理解诗歌内容的基础上,使幼儿很好地体会诗歌的宁静、温馨的意境,能有感情地朗读诗歌。

【活动过程】

1. 导入

出示"宝宝",引出话题。

---

① 何芙蓉,胡陵.学前儿童语言教育[M].成都:西南交通大学出版社,2013:145.

2. 欣赏诗歌《摇篮》,理解诗歌的内容

(1) 第一次欣赏诗歌,初步感受诗歌的内容。诗歌的题目是什么?听了这首诗歌,你有什么感受?诗歌中你还听到了什么?

(2) 第二次欣赏诗歌,理解诗歌内容。诗歌中哪些是摇篮?幼儿操作游戏,找宝宝。设疑:为什么白云要轻轻地飘?浪花要轻轻地翻?风儿要轻轻地吹?歌儿要轻轻地唱?假如你是白云、浪花、风儿、歌儿的话,你是怎么轻轻哄宝宝睡觉的?

3. 体验诗歌的情感,尝试有感情地朗读诗歌

(1) 朗诵对比(教师与幼儿对比)。

你喜欢谁朗诵的?为什么?

(2) 幼儿分组朗诵。小结:如果我们在朗诵时再加上自己的感情,那就更好听了。

(3) 幼儿个别朗诵。

【活动延伸】

仿编诗歌:生活中还有许多摇篮和宝宝,让我们一起把它们也编成好听的诗歌。

【附诗歌】

摇　篮

蓝天是摇篮,摇着星宝宝,白云轻轻飘,星宝宝睡着了。
大海是摇篮,摇着鱼宝宝,浪花轻轻翻,鱼宝宝睡着了。
花园是摇篮,摇着花宝宝,风儿轻轻吹,花宝宝睡着了。
妈妈的手是摇篮,摇着小宝宝,歌儿轻轻唱,宝宝睡着啦。

二、学前儿童文学活动的设计与组织

(一) 讲述故事

1. 教师讲述故事

(1) 准备工作。教师在讲述故事前先要确定目标,从儿童的角度确立好认知、情感与态度、能力与技能三位一体的目标体系。根据"最近发展区"制定出明确、具体、可操作的行为目标。在选择故事内容时,教师要考虑儿童的年龄特点、发展水平和兴趣需要,选取多种可行的教授方法,如:演示、操作、讨论、游戏、参观、观察等。故事的讲述多采用角色扮演、绘本阅读的方式进行。

（2）正式进行。在讲述故事前,教师要根据故事情节和画面内容,适当添加语言,以帮助儿童理解和领悟。添加的语言可以根据情节发展创编,这样易引起儿童对故事的共鸣。

教师在执教"弗洛格吓坏了"这一儿童故事活动时,进行了以下几个方面的教学活动设计①。

案例

文学活动：弗洛格吓坏了

【活动准备】

自制PPT、背景轻音乐。

【活动过程】

1. 回忆主角,激趣导入

师：老师给大家带来了一位朋友,他是谁呀?（弗洛格）你们真了不起,都认识它。今天,老师要和小朋友们一起读一个关于弗洛格的故事。请你们想一想：今天的弗洛格怎么了?你从哪里看出他很害怕?

小结：是呀,我们从黑色的环境中,从弗洛格慌张的神情中,从它张开腿伸出手拼命往前跑的动作中都发现弗洛格被吓坏了。他非常害怕。到底发生什么事会令他这么害怕呢?我们接着往下看。

在第二个部分,师幼共读绘本,理解绘本的内容。教师接下来组织讨论,通过配音引导儿童去完整阅读。

2. 组织讨论,完整阅读

（1）教师讲述故事,带领儿童以配音的方式完整地欣赏并阅读绘本。

（2）说说自己的"害怕",并说说如何战胜"害怕"。

你有害怕的时候吗?你害怕的时候会怎么办呢?

3. 走近作者,激起兴趣

（1）这本弗洛格的故事书真好看,你们知道它的作者是谁吗?（展示马克斯·维尔修思的画像）

小结：（出示其他弗洛格系列书）你看,这些弗洛格故事都是马克斯·维尔修思爷爷写的呢!"青蛙弗洛格的成长故事"系列图画书还获得了很多大奖呢,可真了不起!

（2）我们幼儿园走廊上也有很多弗洛格的故事,我们一起去看看吧!

---

① 李建岚.阅之旅：幼儿园经典绘本课程实践[M].宁波：宁波出版社,2014：134.

2.儿童复述故事

复述故事能让儿童在掌握故事的内容的基础上,从中受到教育,并培养了儿童连贯叙述,使用优美的词句,自然、大方地讲述故事的能力。

(1)对儿童复述故事的要求。教师让儿童复述故事时不能急于求成,要让他们在多次重复且已牢固掌握了故事的内容后再进行。在让儿童复述故事的教学中,教师要采取多种教学方式,以增加儿童的兴趣。

教儿童复述故事时,教师可以先提出一些小问题,让儿童记住问题、故事的题目、主要情节和角色的性格特点等,在此基础上再让儿童来理解故事的内容。在进行总结的时候,教师需要再完整地讲一遍故事,给儿童一个对故事的整体感知。最后要鼓励儿童分享这个有趣的故事,可以讲给同伴、教师和家人听。有时,故事的复述也可以像做游戏一样,一句接一句、一段接一段地讲下去。或者由教师讲开头,儿童讲结尾。经过多次练习,儿童就可以对故事内容有更深刻的印象,可以更好地将故事复述出来。

(2)选择适合复述的作品。教师需要选择内容形象生动、情节简单、文字优美、人物少、句子不过于复杂的故事。故事复述一般有全文复述和细节复述两种形式。用于全文复述的作品需要具有下列特征:篇幅不长,结构比较工整,语言和情节有适当反复,词语优美爽朗且通俗易懂,形象富有童趣。有些作品难度较大、篇幅较长,但文中的有些描述或人物对话特别精彩动人,可让儿童在欣赏的基础上学习某一段或某几段的复述。儿歌和儿童诗的篇幅都特别短,整体形象感强,可以让儿童全文朗读,然后再做复述。细节性复述是针对作品语言的语音、语调、音量、语气、韵律和节奏等方面的复述。在复述的过程中经常性的欣赏和朗诵,可使儿童对各语言层次(如:语音、语感、语义、语法和修辞等)产生较强的直接敏感性。此后当儿童复述与具体的作品结合时,就能自发地进行声韵的自我调整,找到自己喜欢的感觉,形成有美感的复述,而不是机械式的简单重复。

3. 帮助儿童学习复述的方式

儿童复述可以采用多种形式,以此增加儿童对于故事的兴趣。总体来说有四种复述方式:

(1)使用教具复述故事。教师根据故事的内容制作与故事有关的人物、背景等教具,可画成图片,也可做成绒布教具、幻灯片、木偶、立体画册等。教师在复述故事的过程中,一边讲解一边演示,使儿童具体地看到故事中的环境、角色和情节,以此加深儿童对故事的理解与记忆。

图7-3 根据故事内容制作的教具

(2) 通过提问来复述故事。教师讲到某一处情节时,可以暂时停下来,提出问题。

示例

师:"老爷爷拔不动萝卜,谁来帮它拔?"教师这时可以启发儿童接着讲下去,师幼通过交替问答的方式把故事讲完。最后再由教师完整复述故事一遍,使儿童可以了解到故事的全部内容。

(3) 通过表演复述故事。对于一些情节曲折、角色之间有着较多对话的故事,教师可以组织儿童通过表演的方式进行复述。鼓励儿童尝试扮演不同的角色,通过相互对话的形式,从头到尾地把故事演下来。表演法的优点在于可以给儿童留下深刻的印象,同时培养其表达能力。

(4) 在活动中,鼓励儿童从头至尾地复述故事。教师可以鼓励对故事情节记得比较牢、语言表达能力较强的儿童先给大家完整地复述故事。但是一定要注意也要给胆小、语言表达能力有待进一步加强的儿童一些锻炼的机会。教师要鼓励这些儿童勇敢地站出来,从而使每一个儿童都能够站在大家面前表现自己的口语表达能力,提升自信心。

(二) 表演故事

好的作品是儿童开展故事表演游戏的基础。为了更好地支持儿童吸收文学语言,儿童表演故事应重点从游戏性与表演性两个方面来把握,从而对故事的语言结构、文学特质、角色特点和情节类型等进行深入分析。

1. 在游戏中展开故事

儿童是借助语言的交流来丰富和完善游戏,实现对社会生活中人们行为准则的模仿和再现。《纲要》在语言领域部分特别强调,儿童的"语言能力是在运用的过程中发展起来的,发展幼儿语言的关键是创设一个能使他们想说、敢说、喜欢说、有机会说并能得到积极应答的环境"。故事表演可以用来帮助儿童理解和体验具体的文学作品。在进行表演活动时,儿童一对一地扮演角色,即故事中的个体角色由一名儿童表演,群体角色则不作严格限制,可由若干儿童同时担任。

在表演《猴子学样》这个故事时,老公公由一名儿童扮演,猴子则由多名儿童扮演。在表演的过程中,教师在旁边诵读故事,串联情节,扮演某个角色的儿童则在角色台词需要时参与对话独白。教师讲完"猴子学样"的故事后,向儿童提问:"老公公走路是什么样子的?小猴子有哪些特点?老公公生气的时候又是什么样子的?"其次,让儿童自己讨论如何用动作表现角色的性格与特点。例如:让儿童自己讨论老公公走了很长的路,累极了,应该用什么动作来表现。再次,在表演游戏的过程中,不要求儿童完整复述故事,而是由教师作为串联情节、掌握活动进程的重要人物领诵故事。教师通过加重语气、改变声调和语速等方式,帮助儿童进入想象的情境。

教师提供的游戏道具要简单,且易于操作,可以以虚代实,只要能给儿童一些进入角色的启示即可,不必用装饰性过强或过实的道具。游戏使得儿童在与人交往的过程中发展了语言,丰富了词汇。

2. 在表演中展开故事

儿童在表演故事之前,教师要对故事进行精心选择,选择的故事要注意教育性、艺术性、趣味性和可接受性。教师分析故事的时候要关注主题、情节的层次性,设计好需要提出的问题,并准备教具。教师在讲述故事时,要注意随时进行提问,借助直观教具讲故事,最后一定要给儿童总结并将故事进一步延伸的机会。

一位中班教师在观察儿童表演故事《三只蝴蝶》时,让一组儿童表演红蝴蝶,另一组儿童表演黄蝴蝶,再由一组儿童扮演白蝴蝶,红花、白花、黄花、太阳公公、雨等都可根据需要,让若干儿童分别扮演。这种表演游戏允许全班儿童共同参加,解决了角色少而观众多的矛盾。表演时,听教师讲完一段故事,轮到的儿童便上场表演相应动作。教师可视情况重复刚才的故事段落,其余儿童也可随同讲述。当表演结束时,表演者做出造型,然后下一段开始。在这一游戏中,每个儿童都扮演一定的角色,没有台上或台下的感觉,都能够比较放松地进入角色。

儿童表演故事后的小组讨论和分享是提高儿童游戏水平的重要途径。在这个环节,教师可以采用录像回放的方式引发话题、推广经验,以促进儿童的积极表达。同时,教师示范交谈扩展的谈话策略(讨论、陈述、质疑、肯定、否定等方法),能够帮助儿童丰富谈话体验,如通过录像回放帮助儿童回忆表演经验,鼓励儿童讨论时围绕话题轮流发言,都能使儿童养成良好的谈话习惯。针对中大班的儿童,教师在集体评价时可以组织他们以单个或小组的形式到同伴面前陈述自己的游戏经验。这样,儿童既锻炼了表达能力,又学会了补充他人谈话的技能,甚至还能与同伴、教师进行一问一答,提高传递和理解信息的能力。

(三)朗诵幼儿文学作品

1. 朗诵的作用

(1)有利于说好普通话。幼儿文学作品的朗诵与成人作品的朗诵基本相似,要让儿童在深入分析、理解幼儿文学作品内容的基础上,产生出与其心灵相通的真实感情。儿童接受文学语言主要依靠听赏来获得,即依靠成人的力量来完成阅读活动,所以儿童阅读活动的开展,在大部分时候需要得到成人的配合和帮助。成人标准的普通话有利于儿童说好普通话。

(2) 有利于对作品内容的理解。首先,通过阅读可了解作品说的是什么。阅读作品是朗诵准备工作重要的一步,在这一步骤中不仅要解决作品的语音问题,还要全神贯注地揣摩和体味语句之间的逻辑关系,并能用简短的语句概括全文的内容。其次,需要厘清作品的脉络、结构。要把自然段归并为部分和层次,这样清晰的结构就会在儿童的脑海中"活"起来,有利于其语言的表达。

(3) 有利于提高语言的表现力。在朗诵中运用具体的表达方法是实现朗诵目标的重要手段。朗诵方法分为内部心理状态和外部表达技巧。内部心理状态是指朗诵者要透过文字,能够看到、听到、嗅到、尝到、触摸到作品的情、境、物、人、事、理,并结合朗诵者自身的经历、经验和知识储备,内化为具体的形象。

在《吃核桃》这一则故事中,第一句话为"狐狸艾克捡到一大堆核桃"。这时,儿童眼前不仅要出现一堆核桃,甚至还要出现艾克捡到一大堆核桃的画面。接下来,它把小狐狸们召集过来说:"你们这些吃现成东西的小家伙们,吃吧!吃吧! 长大了还不知道有没有良心呢?""啊,有良心,有良心呀!"小狐狸们随口答应着,抓起核桃就往嘴里扔。①这里描述的艾克和小狐狸之间的对话场面,艾克和小狐狸们说话的表情、动作,以及他们的站立姿势都会在儿童眼前出现,内化为儿童的视觉形象。

朗诵的外部表达技巧一般来说包括语调、停连、重音、节奏。朗诵技巧只有在朗诵过程中不断运用和摸索,才能够达到内外合一。

2. 朗诵幼儿文学作品的一般要求

(1) 导入活动。在朗诵文学作品前,教师要先把文学作品介绍给儿童,让儿童感知文学作品。其作用就在于让儿童初步接触文学作品,欣赏文学作品的语言美和意境美,调动儿童学习文学作品的兴趣,帮助儿童初步理解作品内容。这是任何一类或任何一个文学作品的学习所不可缺少的首要环节。

(2) 示范朗读。儿童初次接触朗读作品时,教师一定要亲自进行示范朗读。教师的示范朗读可以让儿童感知、欣赏文学作品,沉浸到作品的意境中去,受到教育感染,激发起他们学习的兴趣和愿望,并在语音和感情的表达上有模仿的榜样。在导入文学作品后,教

---

① 瞿亚红.幼儿教师语言[M].北京:北京大学出版社,2013(10):150.

师应根据作品不同的类型,用讲述或者朗读的方法让儿童感知并欣赏作品。教师示范朗诵的普通话要标准,发音要清楚。教师要有情感、有节奏、有起伏地朗诵,并通过语调的变化、表情和动作的变化来渲染气氛,这样才能深深打动儿童。示范朗诵一般用于儿歌、儿童诗、绕口令或童话故事的开始,教师还应该对重点句、难点句进行反复的示范,或者进行分段示范,强化儿童的印象。

3. 朗诵活动的进行

(1) 注重文学化的语言。儿歌、儿童诗等韵语儿童文学是儿童生活经验的简单表现,在朗诵时要注意形象化的文学语言。另外,在朗诵文学化的语言时,我们提倡教师用配乐朗诵的方式让儿童整体感知,或者辅助以PPT、动画等多媒体工具来进行生动的朗读。

在儿童朗读《春雨的色彩》这篇作品时,教师可以安排两个阶段的整体朗读来引导儿童关注文学化的语言。第一次的整体朗读为了培养儿童有意识的倾听能力;第二次的整体朗读除了对儿童倾听能力的培养外,还需要培养儿童的理解性倾听和辨析性倾听的能力。教师可以用"我们再来一起听一听,小动物们认为春雨是什么颜色的"为引导,在朗读的过程中,让儿童区分春雨的不同动作,感受、理解植物在受到春雨滋养后的欣喜和生机,以此感知散文诗优美的语言。

(2) 教儿童朗诵。教师平时应常做口语表达的示范,有意引导儿童进行模仿,由浅入深地教儿童一些简单用语。在活动中,教师可以教儿童朗诵一些语言简练、生动、优美的儿童文学作品(如:诗歌、儿歌),使其多吸收规范化的语言。教师在适宜的情况下应对儿童进行朗诵的指导:(1) 行动演示法。小班儿童进餐完毕,要擦嘴和漱口,可是大部分儿童都会忘记,教师亲自示范并带领儿童朗诵儿歌:"小小手巾双手托,对准嘴巴轻轻合,变成一块方手绢,擦擦折,擦擦折,照照镜子看一看,擦净嘴巴笑呵呵。"儿童边念边学,慢慢就学会了。(2) 随意渗透。随意渗透也是教师指导儿童朗诵的一种较好的方式,教师要善于抓住时机,注重随机教育。

针对某个儿童不排队,硬挤向厕所,致使其他儿童差点摔跤的行为,教师可以请大家来说一说谁对谁不对。儿童纷纷发言,最后得出一致结论:上厕所应该排队,如果硬挤容易发生危险。小班儿童很喜欢听故事和念儿歌,这时候教师应该念儿歌:"小朋友,上厕所,排好队,你先我后不着急。"

(四)仿编儿童诗歌和散文

1. 活动的要点

儿童诗歌与散文都以精练、优美的语言来表现丰富的思想感情。不同于其他的文学作品,儿童诗歌与散文不以完整的情节反映生活,不追求叙述的整体性,而是抓住现实生活中的一点,反映其所含有的深刻思想情感,表达方式比较含蓄。首先,教师要分析作品所反映的思想感情,把握作品的意境,弄清楚作品是如何去体现内涵的,全文的高潮在哪里。其次,教师要理解作为口头文学样式的儿童诗歌和散文,它们在幼儿文学中具有"人之初文学"的意义,它们生长于民间文学的土壤中,有较高的实用性和游戏性。

2. 不同年龄班的不同要求

(1)小班。小班儿童仿编诗歌和散文的要求是:儿童在原文的基础上稍作改动,通过更换某个中心词来体现诗歌或者散文内容的变化,这种变化是局部的,而不是整体的。

在引导小班儿童仿编儿歌《摇篮》时,儿童把"鱼宝宝"改为"虾宝宝",只改动一个字,就形成了内容的变化。

(2)中班。中班儿童仿编诗歌和散文的要求是:更换词句,使诗歌或者散文整个画面出现新的内容。

在诗歌《小宝宝睡觉》中,儿童仿编诗句:"风不吹,水不动;小鱼小鸭子静悄悄;小宝宝啊快睡觉。"这首诗与原诗"风不吹,浪不高;小小船儿轻轻摇;小宝宝啊快睡觉"结构相同,但仿编的诗句明显构成了一幅新的画面。

(3)大班。大班儿童的欣赏与仿编能力已经有了更大的提高,想象能力和语言水平也有所提升,他们已经可以对原作品的结构进行部分的变动。教师可以根据儿童的知识经验,向儿童提供一个想象的线索,引导儿童进行创编。在大班儿童仿编诗歌与散文时,教师应尽可能地发挥其自主性,让他们大胆进行想象。

3. 教师开展仿编活动时的具体步骤

教师在开展仿编活动时,应注意以下步骤:

第一,做好仿编前的准备工作。确保儿童有充足的知识储备,调动儿童已有的知识经验;教师必须根据儿童在语言表达与想象力方面的发展水平,给予儿童一定的练习仿编的机会。

第二，组织儿童进行讨论，教师给予示范，并在此基础上，鼓励儿童自己开展想象进行仿编活动。

第三，把儿童仿编的儿歌进行串联，使得仿编活动得以延续。教师可以把儿童所编的段落放进原文，也可以把几个儿童所编的段落重新串联为新的儿歌或散文，并在全班面前朗读，让儿童体验成功的喜悦和仿编的趣味。

（五）编构故事

1. 基本思路

教师选择的故事要有针对性，要根据教育目标和儿童发展水平进行精选，选择主题突出、能激发儿童兴趣、情节生动形象、语言流畅的故事作品。除此之外，教师在编构故事前还要注重作品体裁的多样化。

2. 活动顺序

选好作品后，教师要进行分析，明确故事人物的性格特点，人物之间的关系，人物、环境和事件之间的关系；分析故事情节，了解故事的情节发展，掌握作品的主要思想感情，尤其是要把握语言的生动与形象。

○ 示 例

在故事《三只蝴蝶》中，作品一共有7个角色：3只不同颜色的蝴蝶、3朵不同颜色的花、太阳公公。3朵花与3只蝴蝶之间的对话构成了故事的主要情节。

3. 教师开展编构故事活动的具体步骤

教师在具体执教时，为确保儿童编构故事的顺利进行，需要注意以下四个方面的内容：

第一，学习作品内容。教师要帮助儿童明确作品的主要人物，了解人物之间的关系与故事的进展顺序，帮助儿童说出自己对故事的态度。

第二，体验作品表达的感情。教师要恰当地引导儿童把故事传递出来的思想感情通过语言、环境布置、游戏等方式展现出来。

第三，迁移作品的经验。教师在故事编构时，要引导儿童把故事中所传递的思想感情和反映的现实生活与自己的生活经验相互迁移，帮助儿童把新的经验迁移到现实生活中去。

第四，创造想象和语言表达。在故事教学中，教师要引导儿童利用故事进行仿编、续编等活动，增进儿童语言的创造性。

思考与练习

1. 简析学前儿童文学活动的目标。
2. 简述幼儿文学作品的类型。
3. 简述学前儿童文学活动设计与组织的基本思路。
4. 实践操作：组织一堂学前儿童文学活动（儿童诗歌、童话、儿童故事皆可）。

第八章
学前儿童早期阅读活动的设计与组织

学习目标

（1）了解学前儿童早期阅读活动的目标与内容。
（2）掌握学前儿童早期阅读活动的设计与组织方式。

思维导图

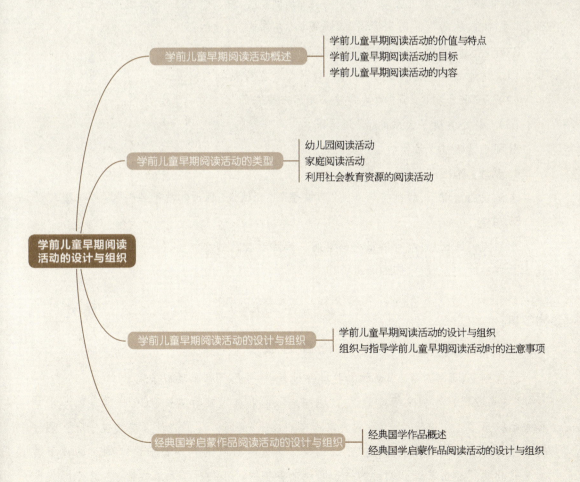

> 案例导入

小班早期阅读活动：香香的被子（部分）

活动过程：

1. 语言描述情景，引起幼儿的兴趣

导入语：一个秋天的早上，太阳公公出来啦，照得大地暖洋洋的。这时候，胖小猪和他的好朋友小花猫、小山羊来到草地上，你们猜他们在干什么呀？

小动物们到底在做什么呢？我们来听一个故事，故事的名字叫做《香香的被子》。

2. 结合背景音乐，完整地欣赏一遍故事

提问并根据幼儿的回答出示背景图及动物形象。提问：故事的名字叫什么？小动物都在做什么？有哪些小动物在晒被子呢？你们觉得晒过的被子是怎么样的？

出示实物被子，幼儿在教师的引导下，通过"抱、摸、闻"来感受晒过的被子是"暖暖的、香香的、软软的"，从而掌握词语"暖暖的、香香的、软软的"。

3. 结合磁性教具，分段讲述故事，帮助幼儿理解故事内容

（1）讲述故事：从开头到"晒过的被子会怎么样呢"。

（2）从"胖小猪说"到"晒过的被子闻起来香香的"。

（3）从"小狗听了大家的话"到结束。

教师小结晒被子带给我们的好处。

4. 游戏：晒被子

在游戏的情境下，教师带领幼儿"晒被子"并尝试说"晒过的被子……"这一句型。

5. 总结

小朋友们回家后，也可以跟爸爸妈妈一起晒晒自己的小被子，闻一闻被子的味道是不是也是香香的，有一股太阳的味道。

附故事：

香香的被子

秋天到了，天气凉了，小动物们要准备过冬啦，他们呀都来晒被子呢。

"噜噜噜"，胖小猪来晒被子了。"喵喵喵"，小花猫也来晒被子了。"咩咩咩"，小山羊也来晒被子了。小狗跑过来，看到大家都在晒被子，他问："你们为什么要晒被子呀？晒过的被子会怎么样呢？"胖小猪说："晒过的被子盖起来暖暖的。"小花猫说："晒过的被子摸起来软软的。"小山羊说："晒过的被子闻起来香香的。"小狗听了大家的话，他说："那我也

要去晒被子。"说完,小狗就跑回家晒被子去了。

　　冬天到了,外面下起了大雪。小狗把被子盖在身上,睡得真舒服。他说:"晒过的被子真香啊,有一股太阳的味道。"①

　（1）简要叙述《香香的被子》中角色对话对儿童理解故事的价值。
　（2）说说游戏法在小班阅读活动中的作用。

---

① 叶亚玲.幼儿园教育活动设计[M].上海:复旦大学出版社,2014:74.

第一节　学前儿童早期阅读活动概述

一、学前儿童早期阅读活动的价值与特点

在落实《纲要》精神的过程中,有计划、有目的地培养儿童学习书面语言的教育活动——早期阅读活动,已经成为学前儿童语言教学活动中的常规性内容,培养儿童的早期阅读兴趣与技能也已经被列入语言领域的教育目标。

(一)儿童早期阅读能力的发展过程

1. 早期识字行为的发展

儿童早期识字行为的发展经过了以下几个阶段:

(1)萌发阶段。此时的儿童能够有兴趣地捧着书看,开始注意环境中的文字,会给书中的图画命名,能够改编、讲述书中的故事内容,能够辨认自己的名字,喜欢重复念一些儿歌与童谣。

(2)初期阶段。此时的儿童开始了解文字是有意义的,改编故事时会注意作者的名字,愿意念书给别人听,能够在各种情况下辨认熟悉的字。

(3)流畅阶段。儿童能够自动处理文字的细节,能够独立阅读各种形式的文字,会以适合的语调阅读。

2. 早期阅读行为的发展

幼儿园早期阅读活动是一种有计划、有目的培养儿童学习书面语言的教育活动。早期阅读活动中读的书不是完全意义上的书,而是凭借色彩、图像、成人的语言以及文字来理解的以图为主的低幼读物。早期阅读的意义不在于"书",而在于成人与儿童交流的过程。在这一过程中,儿童可以提高自己的语言能力,丰富应有的词汇,发展自己的思维,更重要的是能够使亲子之间的关系更为密切,有利于儿童社会性的发展。

儿童早期阅读是对儿童从口头语言向书面语言过渡的前期阅读准备和前期书写准备的培养,以看、听、说有机结合为主要手段,从兴趣入手提高儿童的

图 8-1　早期阅读活动

阅读经验。早期阅读行为的发展包括以下几个阶段：

（1）观察图画，聆听成人讲解。早期阅读是儿童从口头语言向书面语言过渡的前期阅读准备和前期书写准备，其中包括认识图书和文字的重要性，愿意阅读图书和辨认文字，掌握一定的阅读和书写的准备技能。即在学前教育阶段，儿童可以凭借色彩、图像、成人语言、标记及文字符号来理解以图画为主的儿童读物的所有活动。

（2）具有初步的阅读理解能力，能说出所阅读的儿童文学作品的主要内容，根据故事的部分情节或图画书画面的线索猜想故事的情节发展，或续编、创编故事。

（3）具有书面表达的愿望和初步的技能。

3. 早期书写行为的发展

早期书写行为包括以下六个发展阶段：

（1）画图。儿童以作图的方式进行书写，并且能读出所画的字。

（2）涂写。儿童逐步涂写出像符号一样的东西。

（3）书写初期。3至4岁的儿童开始觉察到成人所写的字是有意义的，于是他们尝试写类似的字形。

（4）连串类似字的符号的书写。当儿童形成有关字的概念时，他们开始书写连串类似字的符号。

（5）发明的书写。儿童开始探索语音与字形的关系，他们在这一阶段倾向于用自己发明的规律来构造字。

（6）真正意义上的书写。儿童能写出如同成人所写的真正意义上的字。

（二）早期阅读活动对儿童阅读能力发展的价值

1. 树立"读"和"写"的信心

儿童对周围的世界充满着好奇心与求知欲。在早期的阅读活动中，儿童有机会接触大量的图书，被图文并茂、生动形象的故事所吸引，通过色彩鲜艳的图画、生动有趣的故事情节，获得愉悦的阅读感知能力，并能与同伴、家长一起分享这种快乐，从而提高阅读的积极性。早期阅读活动可以让儿童学会爱护图书，形成良好的阅读习惯，树立"读"与"写"的信心。

2. 提高儿童早期阅读的自我调适能力

在早期阅读活动中，儿童与成人一起欣赏图画书，倾听有趣的讲解，这是一种积极的情感交流与满足。儿童在这一过

图 8-2 儿童与成人一起欣赏图画书

程中感受到被关注、重视与接纳,这对于儿童情感的稳定发展具有积极的意义。学前期儿童开始表现出一些比较稳定的个性倾向,包括兴趣倾向、道德倾向、性格倾向等,早期阅读活动对儿童个性的养成有积极的促进作用。与此同时,儿童在阅读的过程中可以收获日常生活接触不到的人际、社会关系情境,逐步形成参加社会生活所必须具备的道德品质、价值、观念、生活态度、行为规范等,从而获得自我调适的能力。

3. 儿童早期阅读活动的效应

学龄前是语言发展的关键时期,早期阅读对儿童语言的发展有着直接的影响。早期阅读为儿童口头语言的表达提供了大量的词汇,同时儿童在由阅读而产生的一系列语言活动中,可以获得敏锐的听力和正确的发音技能,并逐渐领会基本的语法规则与表达能力,形成良好的听说习惯。

儿童早期阅读的读物以图画为主,画面所提供的鲜明、直观、生动、具体的形象刺激,能够引起儿童的观察与注意。在早期阅读中,儿童不断地组织和控制自己的注意力,认真地对画面进行观察,理解书本的内容、故事情节的前后关系、主要人物身上发生的变化等。因此,早期阅读有助于儿童观察能力与注意力的培养。此外,想象力也是阅读过程中最重要的因素之一。想象是指人脑对原有表象进行加工改造而建立新形象的心理过程。儿童阅读的过程就是调动已有的表象,并对表象重新加工、创造新形象的过程。比如图画书的阅读,书中呈现出的一些人物的语言、心理、行为、情节等,无不依赖于儿童对此的想象,儿童阅读图画书的过程就是观察十几幅跳跃式的静态画面,配合简短、浅显的语言来组织一个完整的故事的过程。早期阅读的经历与儿童在学校教育过程中的读写能力及学业成就有着非常大的关系。

(三)儿童早期阅读活动的特点

1. 丰富的阅读环境

教师可以凭借一切可以利用的机会、场所,让儿童感受书面的语言,使儿童在潜移默化中掌握有关书面语言的知识。阅读材料是阅读活动的载体,是儿童阅读的直接对象,是决定儿童是否对阅读感兴趣的基础条件。教师不仅要考虑选择哪种阅读材料,而且还要考虑如何呈现文本,要考虑读本的数量、大小与摆放位置。此外,设置阅读区域并创设安静舒适且快乐的阅读氛围也是十分必要的。

图 8-3 丰富的阅读环境

教师可以在大班活动室的相应区域贴上相应的文字与拼音,使儿童在潜移默化中获得有关书面语言的信息。此外,还应该为儿童创设宽松、自由的阅读氛围。

2. 与讲述活动紧密联系

阅读是一种对符号的感知,儿童要将符号与口头语言结合起来,对阅读进行理解与解释。儿童的早期阅读活动要与讲述活动密切联系起来,开展创编、仿编、谈话活动,鼓励儿童大胆想象,创造性地运用语言表述,例如《小松鼠的尾巴》是用仿编的形式来组织儿童创造想象与讲述的。还有一些作品可以依据时令灵活选择,例如《小蝌蚪找妈妈》适宜在春天讲述,图画作品《年》适合在冬季春节来讲述。

3. 具有整合性的特点

早期阅读是一种整合性的教育,贯穿于各种教学活动中。教师应该将语言教育活动和其他领域活动密切结合,例如:书面语言与口头语言结合;科学故事阅读与科学领域活动结合等。

依据训练目的的不同,早期阅读可分为认知性阅读、礼节性阅读、鉴赏性阅读、浏览性阅读、查阅性阅读和参考性阅读。"小熊住山洞"这一活动就运用了认知性与鉴赏性的阅读方式。

早期阅读活动:小熊住山洞(大班)

【设计意图】

一场雨过后,活动场的沙坑湿漉漉的,成了孩子的游戏乐园。几个男孩子玩沙子,凿山洞,山洞大小各异,形状也有些区别。孩子边凿边说:"这是小兔子的家,这是黑熊的家,这是……"看着班里孩子各自高兴地凿了一个个山洞,我突然想到,前段时间一些家长反映,现在知道关心家人的孩子太少了。在幼儿园,教师也发现有部分孩子表现出对他人缺乏关心,有好玩的东西不乐意分享等情况。这些都需要在日常生活和教育活动中得以改善。于是我结合绘本《小熊住山洞》组织幼儿开展阅读活动,让幼儿在理解画面情节的过程中,懂得关心别人,体会助人的快乐。

【活动目标】

(1) 通过有序地观察图书画面,基本理解画面人物形象和故事情节。

(2) 初步学习根据画面提示讲述故事中小熊的语言,认真读汉字:春天、夏天、秋天、冬天。

(3) 感受小熊珍惜树木的情感,体验关心他人的快乐。

4. 具有鲜明的文化和语言背景

任何一种语言都有其独具特色的文化背景,书面语言尤为如此。在幼儿园进行早期阅读活动,应当充分考虑儿童母语的特性及其文化特色,帮助儿童学习母语的文化和语言背景。例如,有关汉字的起源、对汉字框架结构的认识、汉字独特的书写工具——毛笔的运用,这些都能有效地帮助儿童了解祖国语言文字的信息。

二、学前儿童早期阅读活动的目标

(一)学前儿童早期阅读活动的总目标

1. 培养儿童学习书面语言的兴趣

尽管学前儿童不要求能够写字,但是通过游戏化的前书写活动帮助儿童获得一些有关汉字书写的信息,这可以培养儿童学习书面语言的兴趣,为儿童进入小学以后正式学习书写做好准备。

2. 帮助儿童认识书面语言和口头语言的对应关系

早期阅读可以帮助儿童认识到书面语言与口头语言之间的关系。比如通过阅读图画书,可让儿童理解画面的内容、文字与口语的对应关系,会用口语讲出画面的内容,或者听教师念书时,知道这是在讲故事的内容。

3. 帮助儿童掌握早期阅读技能

兴趣是最好的老师,早期阅读在实践活动中往往采取师幼互动、亲子互动、幼幼互动的阅读教育指导方式,能够激发儿童的兴趣,使其快速掌握阅读的一系列技巧。根据儿童的不同需求与特点,教师可以让他们在丰富多彩的活动中,通过自己的感官产生阅读的兴趣和求知欲,主动地去阅读。例如创设班级阅读角、阅览中心、书城,投放提问问题箱、图片、卡片、拼图等,都可以让儿童按照自己的方式去爱上阅读。

图 8-4 班级阅读角

(二)学前儿童早期阅读活动的年龄段目标

根据学前儿童早期阅读的总目标和儿童身心发展的特点,我们可以总结出各年龄段的具体目标。

表 8-1　学前儿童早期阅读活动的年龄段目标

小班	• 喜欢阅读,知道阅读的基本方法,能初步看懂单幅儿童图画书的主要内容 • 能用口头语言讲述儿童图画书的主要内容 • 对文字感兴趣,能在成人的帮助下认读最简单的汉字 • 在活动中以描画图形的方式练习基本笔画
中班	• 能仔细观察画面中的人物细节,看懂单页多幅儿童图画书的主要内容,增强预知故事情节发展和结局的能力 • 懂得爱护图书,初步了解图书的制作过程,有兴趣模仿制作图书 • 初步了解汉字简单的认读规律,并积极主动地认读汉字 • 喜欢描画图形,能尝试用有趣的方式练习汉字的基本笔画
大班	• 能与同伴合作制作图画书,进一步了解图画书的构成 • 知道图书画面与文字的对应关系,开始有兴趣阅读图书中的简单汉字 • 积极学认常见的汉字,并能在生活中学习和运用书面语言 • 掌握基本的书写姿势,在有趣的图形练习中做好写字的准备

三、学前儿童早期阅读活动的内容

(一)前图书阅读经验

这里提到的"前图书阅读经验"并不意味着只是利用给儿童提供图书的方式来培养其阅读能力,而是要帮助儿童学习积累若干具体的行为经验。教师既可以利用儿童感兴趣的图书来帮助儿童学习阅读,培养其阅读能力,同时也应让儿童理解图书画面、文字与口语的对应关系,学会讲述画面内容,并尝试自己来做图画书。

(二)前识字经验

集中、快速、大量地识字是儿童进入小学阶段的主要任务之一,但在学前期间的前识字经验对于儿童来说也是十分必要的,它可以提高儿童对文字的敏感度。前识字经验有以下几个方面的内容:(1)知道文字有具体的意义,可以念出字词的读音,可以把文字、口语与概念对应起来。(2)初步了解文字是怎样产生的、文字是如何演变的。(3)知道文字是一种符号且可以与其他符号系统互相转换,如认识各种标志、标记,知道这些标志代表着一定意思,可用语言文字表现出来。(4)知道文字和语言的多样性经验,认识到世界上有各种各样的语言和文字,同样的一句话可以用不同的语言文字表达,不同的语言文字之间可以互译。(5)明白文字有一定的构成规律,知道掌握这些规律可以更好地识字。

(三) 前书写经验

前书写经验包括:(1) 认识汉字独特的书写风格,例如能将汉字书写区别于其他文字的书写。(2) 知道汉字的基本间架结构,比如懂得汉字可以分成上下结构、左右结构等。(3) 了解书写的基本规则,学习按照规则写字,尝试用有趣的方式练习基本笔画。(4) 知道书写汉字的工具,知道使用铅笔、钢笔、圆珠笔、毛笔书写汉字时的不同要求。(5) 学会用正确的书写姿势写字,如:坐姿、握笔姿势等。

第二节 学前儿童早期阅读活动的类型

一、幼儿园阅读活动

(一) 班级图书角阅读活动

班级图书角阅读活动属于常规的儿童早期阅读活动,它是由教师专门组织的阅读活动,教师可以提供的阅读材料有图书、画报、报纸、杂志等。班与班之间也可以展开交流,内容可以包括儿童自制的图书、漫画、创编的故事,合作的班报以及其他自制的可以阅读的作品。

(二) 教师组织的师幼共读活动

教师组织的师幼共读活动大体可以包括两方面的内容:第一,了解和理解图书的大致内容。教师可以用提问的方式与儿童一同阅读图书,使儿童理解图书的大致内容。教师应注意提出的问题不要太多,让儿童在理解的范围内通过阅读图书与看图讲述进行阅读活动。第二,教师要鼓励儿童将图书中的主要内容归纳出来,可以分为一句话归纳法、一段话归纳法与图书命名法。如一段话归纳法要求儿童用一段话将故事的主要内容讲述出来。

在中班的阅读活动"小鸡和小鸭"中,儿童这样归纳:"有一天,小鸡和小鸭去河边玩。小鸡一不小心掉到河里,小鸭将小鸡救了上来。中午时,他们的肚子都饿了,小鸡用自己尖尖的嘴巴叨起一条小虫喂给小鸭吃,小鸡和小鸭真是一对好朋友。"①

---

① 吴新武.研究性学习背景下的学前儿童教育活动设计[M].北京:研究出版社,2006:52.

(三)阅览中心的阅读活动

由于图书具有前后联系和连续性强的特点,对于阅览中心的阅读活动,教师一定要在前面几个阶段观察了解儿童实际困难的基础上,结合图书的主要难点对儿童进行必要的指导,使儿童能将图书的细节与内容相结合,从而深刻地理解图书的主要内容,并能体验图书中人物的内心感受。

(四)儿童自发性的阅读活动

儿童将所理解的图书内容以口头语言的形式表达出来,也是这一阶段阅读活动中不可缺少的一个环节。儿童可以在小组内自由阅读,可以在集体中阅读讲述,也可以在同伴间进行合作讲述。教师在这个时候需注意:第一,儿童讲述的内容是他们经过思维的加工后理解的图书的主要内容,只要他们基本上将图书的内容讲述出来就可以了。与此同时,教师要鼓励儿童大胆想象,引导儿童将图书的主要情节尽可能讲得生动、详细。第二,在讲述时要注意儿童的个体差异,当儿童在集体面前独自或小组合作讲述时,教师一定要注意兼顾对语言能力强弱不等的儿童的指导。

二、家庭阅读活动

(一)亲子阅读活动

亲子阅读除了要发挥家长的指导作用外,还要多调动儿童的参与热情,让他们开动脑筋,共同完成各种亲子阅读活动,分享活动的成果,从而收获主动参与的成就感。如图书馆"儿童故事会",通过"看图说话""亲子绘图"两种互动性和参与性极强的亲子阅读活动,充分开发儿童的想象力和语言表达能力。

(二)邻里间交往性的阅读活动

从成人陪伴到儿童自主阅读需要一个比较漫长的过程,在邻里间交往性的阅读活动中,成人可以引导儿童与图书、文字进行创造性的互动,以进一步延伸与扩展儿童的阅读经验。在邻里之间,通过成人的陪伴,创造性互动可以包括引导儿童口述自己听到的或者看到的"故事",扮演"讲故事人"的角色来创编和讲述自己的故事。成人也可以准备一些操作材料,根据故事情节与儿童一起玩角色扮演的游戏,让儿童尝试将自己创作的故事画在纸上,并在成人的帮助下将其制作成书。

三、利用社会教育资源的阅读活动

（一）社区阅读活动

这种类型的阅读活动主要集中在社区里，包括社区中的阅览室、橱窗提供的阅读材料，以及社区各单位团体中可利用的阅读环境和阅读材料，包括：社区小学的阅览室、中小学的实验室、单位团体的陈列室；商场、邮局、理发店、医院等的标记、标志与广告；社区中的自然、人工环境等，以上这些都可以成为儿童阅读的对象，关键在于成人怎样去利用它们，挖掘它们的阅读价值。社区的花园、绿地、生活广场是家长经常带儿童活动的场所，图书馆可以把阅读活动举办在住宅楼、居民的家门口。组织这些社区的阅读活动不能只是板报的宣传和图书的展览，要有相关的活动计划和安排，如活动的指导方案、阅读指导的教具等。

（二）图书馆阅读活动

脑科学与婴幼儿智力发展的研究表明，环境并不是自然地成为教育因素的，教育者必须创设环境和利用环境，才能使之成为教育因素。公共图书馆对于儿童而言是一个全新的场所，自然会使儿童产生不安的情绪，因此阅读环境应最大化地与家庭接轨，营造出一种轻松、方便、安全的家庭式环境，帮助儿童尽快适应并喜欢图书馆。

图 8-5 图书馆阅读活动

（三）随机的阅读活动（商标、广告、标志、新闻、报刊）

随机的阅读活动可创设出个体自主互动的环境，可选择商标、广告、标志、新闻、报刊等进行亲子阅读。比如，为儿童准备涂鸦的墙面，让儿童自己理解，用自己的语言和表达方式来释放阅读的愉悦；模拟大自然的环境，与小猴子打招呼、跟小鸟说话，通过各种随机的阅读活动，让儿童自然而然地融入环境之中。

（四）视听阅读活动

儿童对于故事情节有可能难以理解，成人可以采用多媒体来引发他们的阅读兴趣，帮助他们进入故事的情境中。比如通过视听阅读活动，凸显故事中的重要情节，为儿童多角度地感受与理解作品提供条件。

第三节　学前儿童早期阅读活动的设计与组织

一、学前儿童早期阅读活动的设计与组织

（一）阅读前的准备活动

1. 阅读前儿童的准备

学前儿童理解一本图书不是单靠一次活动就可以完成的。如果阅读的内容是儿童相当不熟悉的，在阅读活动的前一两周，教师有必要让儿童先了解一下图书的内容，为正式阅读活动的开展打好基础。

2. 阅读前教师的准备

教师在准备阅读活动时需注意以下三点：第一，阅读前的准备活动只是为正式阅读做好铺垫，它并不能代替正式的阅读活动。第二，在准备活动中，教师可以让儿童从头至尾地翻看图书一两遍，要让儿童充分地按照自己的理解将图书内容讲述出来。第三，对于儿童不理解的地方，教师可以给予他们思考的机会。

（二）儿童自由阅读

1. 儿童自由阅读的要点

儿童自由阅读适合于个别化教学，所以每次参与的儿童不宜过多，教师在简单地介绍完图书的名称及封面内容后，就要提供机会让儿童自由地阅读，使儿童能重新回忆曾经看过的重要情节，并在此基础上对同一内容进行理解。

2. 教师指导的注意要点

教师在这一阶段的指导要点主要有以下几个方面：第一，指导应当运用提问的方式进行。教师要向儿童提一些问题，使他们能够带着问题边思考边阅读，这对于儿童理解图书中的重点、难点有一定的帮助。第二，在教师巡回指导时，要注意观察每个儿童的表现。对于阅读速度快的儿童，要鼓励他们仔细阅读书中的细节部分，以便更好地掌握故事情节；对于阅读速度慢的儿童，要予以重点的观察，了解哪些内容是儿童不易理解与掌握的，从而为下一步的学习活动提供必要的依据。

（三）师幼共同阅读

1. 师幼共同阅读，理解图书的基本意思

教师可以通过提问的方式进行师幼共同阅读。提出的问题不宜过多，但问题的覆盖面

要广,儿童必须在理解的基础上回答问题,这样可以有效地将阅读图书与看图讲述分开。

2. 围绕重点开展活动

教师在师幼共同阅读的基础上,围绕阅读的重点开展活动。在这一阶段,教师要结合图书的难点进行有针对性的指导,使儿童能将图书的细节与内容相结合,从而深入地理解图书的主要内容,并能体会图书中人物的内心感受。

早期阅读活动:被澡盆卡住的熊(大班)

【活动目标】

1. 在看看、讲讲中理解故事的主要情节,感受故事的趣味性。
2. 懂得遇到困难要积极开动脑筋,想出聪明的办法来解决问题。

【活动准备】

PPT、胡椒粉、故事图片。

【活动过程】

1. 多媒体导入

我们今天来看一段录像好吗?刚才的录像里有谁?他在干什么?

录像中的宝宝很高兴地一边唱歌,一边洗着澡。你们喜欢洗澡吗?你们喜欢在哪里洗澡呢?(幼儿结合生活经验讲述)

小结:哦,原来你们都喜欢在大而美丽的浴缸、浴室里洗澡,洗完澡身体变干净了,感觉很舒服,能使我们健康地长大。

这些洗澡用的大大小小的盆叫什么呢?(澡盆)

2. 阅读图书内容

(1)阅读第一、第二幅内容。

这里有一个澡盆,是谁的澡盆啊?

小熊很喜欢这只小澡盆,天天用它来洗澡,一边洗一边还快乐地唱歌呢。听……

引导幼儿跟着音乐《我爱洗澡》观看录像并理解故事的主要情节,感受故事的趣味性。

小熊一天一天在长大,而小澡盆还是那么小,在里面洗澡会怎么样呢?引导幼儿懂得遇到困难要积极开动脑筋,想出聪明的办法来解决问题。

(2)阅读第三、第四幅内容。

小河马路过小熊的家,看见小熊在小小的澡盆里洗澡。

小河马邀请小熊到哪里洗澡？你是从哪里看出来的？小熊会同意吗？我们来听听小熊是怎么说的？

（3）重点阅读第五、第六、第七、第八幅内容。

小熊继续在它心爱的小澡盆里洗澡，咦，怎么回事呀？小熊为什么哭呀？

引导幼儿想办法。

猜一猜小河马会想什么办法帮助小熊？幼儿自由讲述。

教师出示3幅图片，让幼儿看一看小河马究竟用了哪些办法？

教师出示胡椒粉，教师和幼儿一起观察和感受。

最后，小河马用了什么好的办法？你们见过或吃过胡椒粉吗？

出示胡椒粉瓶子，看看、闻闻并模仿小熊打喷嚏。幼儿一同体验。

小结：小熊闻到胡椒粉后打了一个响亮的喷嚏，把小澡盆给震得碎片乱飞，小熊终于得救了，它也明白了自己真的长大了，不能再继续在澡盆里洗澡。可是它望着心爱的小澡盆，想：小澡盆坏了，以后我到哪里去洗澡呀？

小河马是怎么安慰它的？

3. 完整阅读

师幼一起完整欣赏故事。

现在你们知道这个故事叫什么名字了吧？（被澡盆卡住的小熊）

【附故事】

被澡盆卡住的熊

小熊非常喜欢自己的小澡盆，每天都用它洗澡。小熊慢慢地长大了，小河马说："小熊，你长大了，快跟我去小池塘洗澡吧，那里洗澡真开心。""不。"小熊摇着头说，"我还是喜欢我的小澡盆，在里面洗澡真开心。"小熊太害怕在池塘里洗澡了，他说，小鱼小虾会钻到他的胳肢窝里。一天早上，小熊洗澡的时候被澡盆卡住了，小河马来拉小熊，嘿呀，嘿呀，小河马拉不出小熊。小河马把澡盆翻了个身，用力掀了几下，也没能把澡盆从小熊身上掀掉。小河马想出了一个好办法，它拿来胡椒粉抹在小熊的鼻子上。小熊打了个大喷嚏，就从澡盆里出来了，终于自由了。小熊跟着小河马到池塘洗澡。噢，这回真是一个大澡盆呀。

（四）儿童讲述阅读内容的方法

1. 一句话归纳法

"一句话归纳法"要求儿童用一句话将图书的主要内容总结出来。

在幼儿园大班的"小白兔上公园"活动中,儿童这样归纳图书的主要内容:"这本图书讲的是小白兔和它的朋友们上公园时爱护环境、不乱扔东西的故事。"

2. 一段话归纳法

这种形式要求儿童用一段话将故事的主要内容讲述出来。

比如,儿童这样归纳《三只小猪》的故事:"猪妈妈让她的三只猪宝宝自己造房子。老大用稻草造房子,老二用木头造房子,老三用砖头造房子。一天,来了一只大灰狼,它把老大和老二的房子破坏了,但老三的房子怎么也撞不动,就从烟囱爬进去。老三把柴点燃了,大灰狼跳进烟囱后,尾巴烧着了,疼得逃跑了。"

3. 图书命名法

要求儿童用简短的词语或者短句给图书起个名字,实际上是让儿童学习归纳题目的方法。

在给《小鸡和小鸭》命名时,有的儿童想出了《好朋友》的名称,有的则想出了《互相帮助真快乐》的名称。只要是符合故事的主题,教师都应该予以支持与鼓励。

4. 教师指导的注意要点

上述三种儿童讲述阅读内容的方式,适合不同阶段的儿童使用,"一句话归纳法"与"图书命名法"需要儿童在理解图书的基础上对主要内容进行概括,要求儿童具有一定的想象力与创造能力,适合于中班、大班的儿童使用。"一段话归纳法"适合于小班的儿童使用,它仅仅要求儿童将图书的主要内容讲述出来。

二、组织与指导学前儿童早期阅读活动时的注意事项

(一)明确早期阅读活动的价值取向

1. 早期阅读活动的价值

开展早期阅读活动的真正目的是学习阅读,而不是从阅读中学习。它的意义在于使儿童萌发对书面语言的兴趣与敏感性,获得观察、体验有关书面语言的读写经验,进一步尝试探索周围环境中的书面语言,逐步建立起自主阅读的意识和技能,进而形成基本的阅读能力,并通过这些基本的阅读能力进一步形成获取信息的方法与技能。《纲要》在语言

领域明确提出了"喜欢听故事、看图书"的目标,并首次在"内容与要求"中指出,要"培养幼儿对生活中常见的简单标记和文字符号的兴趣,利用图书、绘画和其他多种方式,引发幼儿对书籍、阅读和书写的兴趣,培养前阅读和前书写技能。"

2. 早期阅读活动的意义

早期阅读活动可以激发儿童的学习动机和阅读兴趣,让儿童在阅读色彩鲜艳的图画书的过程中,通过生动有趣的故事情节、神奇奥妙的科学知识和社会知识,获得愉快的阅读体验,并能与教师、同伴分享这种快乐。早期阅读也有利于儿童语言能力的发展,它为儿童口头语言的发展提供了大量的词汇,儿童在阅读中提前了解书面语言知识,为日后的读写打下了基础。与此同时,早期阅读的意义还在于培养儿童的自我调适能力。儿童在早期阅读中可以建立一种自我纠正的技能,这对于他们未来的阅读成功与否有极大的影响。

(二)创设良好的阅读环境

1. 阅读氛围的营造

在指导儿童早期阅读时的一个重点是,为儿童提供自由自在、生动有趣的多元阅读环境与条件,让儿童可以接触图书与文字,逐渐形成对文字和阅读的兴趣。教师可以根据不同儿童的需要及阅读特点,采用自然阅读等指导方法,让儿童在丰富多彩的阅读情景中,通过自己的感官,产生对文字的兴趣和求知欲,主动去阅读。例如,教师可以提供多种阅读环境和材料,让儿童按照自己的意愿来阅读与探索图书。

图8-6 幼儿园阅读室

2. 图书的选择和投放

图书资料的选择一定要符合儿童的年龄特点、兴趣爱好、认知发展情况,在儿童活动的场所要为他们提供合适的、多样化的、随手可取的书籍或其他文字游戏材料。图书的选择一定要能激发儿童的兴趣,要选择有具体意义的、形象的、生动的阅读内容。一般而言,图书是书面语言的载体,但学前儿童的图书是由文字和图画两种符号构成的图文并茂的内容。选择的图书应色彩鲜艳、画面清晰,感知对象要突出,要减少无关刺激物对儿童注意的干扰,而且语言要浅显、生动、有趣、琅琅上口、易学易记。

(三)开展多种类型的阅读活动

对于家庭亲子阅读活动而言,教师可以采用家长座谈会的形式,使家长全面了解早期阅读教育的目标、途径、内容和方法,使家长明确儿童早期阅读对其发展的重要性;也可采用小组指导的方法,主要针对亲子阅读中普遍存在的问题对家长进行指导,并鼓励家长利用接送孩子的时间进行亲子阅读;还可采用阶段性地展示孩子的阅读材料的方法,让家长了解儿童在园的阅读情况,拓展家长对孩子进行阅读教育的思路。

对于幼儿园开展的阅读活动而言,可以采取仿编、续编、故事表演等方式来让儿童感受和体会文学作品所传递的情感和主题思想。比如,选择有固定重复的框架结构的儿歌、诗歌、散文,让儿童调动个人生活经验进行扩展想象,仿编出自己的诗歌和散文段落。另外,也可以选取儿童喜爱的故事题材开展续编活动。活动中,通过实物和情景激发儿童敢想、敢说的潜能,使他们联系生活实际展开丰富的想象,找到解决问题的好办法,并将所想的办法迁移到故事角色身上。

(四)阅读活动中教师的观察与指导

由于儿童的阅读兴趣、习惯、态度和能力各有差异,为收到最佳的教育效果,使每个儿童都能有所发展,教师可针对儿童的阅读活动分别予以指导。首先,教师在儿童早期阅读活动中可采取多媒体演绎情境的方式,帮助儿童多角度地感受与理解作品。其次,教师可采取在遐想中填补空白的方式,即故事只讲一半,留下一些空白,鼓励儿童来补白。再次,还可采用游戏与表演的方式,利用儿童故事离奇、有趣的特点,让儿童根据自己对故事的理解,尽情地游戏,体验故事作品带给他们的惊喜与快乐。

(五)早期阅读活动的整合性

早期阅读活动的整合是指早期阅读活动与其他教育活动以及早期阅读教育活动内部各要素之间的整合,这些要素之间存在着有机联系,并相互影响。

1. 教师的指导要点

教师的指导要点主要集中在促进儿童阅读兴趣的培养、习惯的养成和能力的发展上。比如,儿童是以整体的方式感知阅读信息的,基于这点,教师就需要提供儿童能够阅读的材料,如以图、文、义整合的方式整体呈现的图书、图片、幻灯片、符号、标志等。又如,大班的早期阅读活动可以用具有竞赛性质的活动方式帮助儿童巩固所学内容。

> 示 例

在"从象形文字到现代汉字"的活动中,儿童可以分成两组,通过教师举字卡,儿童念字,或教师念字,儿童举字卡的活动方式开展竞赛。凡是回答正确的一方,就可以在黑板上画一个五角星。最后,评出五角星最多的一方为胜利者,其他儿童集体鼓掌表示祝贺,然后结束活动。

2. 家庭的指导要点

在家庭的亲子教育中,早期阅读活动更多地表现为家长通过综合的方式让孩子获得正确的阅读方法。在家长的引导下,儿童可以逐渐学会翻阅图书、爱护图书、制作图书、观赏动画片、观看广告招牌,进而感知语言文字,在阅读中主动接触各种材料,不断形成对图书阅读、文字构成、书写规范的经验认知,从而自主地建构阅读的整体经验。

第四节 经典国学启蒙作品阅读活动的设计与组织

一、经典国学作品概述

(一)经典国学作品的内容

1.《三字经》

《三字经》是我国最具有影响力的儿童启蒙读物之一。它与《百家姓》、《千字文》合称为"三百千"。关于该书的作者,今人普遍认为是南宋时期的王应麟。《三字经》全书仅有1128个字,每3个字为1组,分为376组。《三字经》在编写上富有韵律,读起来琅琅上口。书中包括的内容有经史子集、百家之说、圣贤故事以及英雄事迹等。该书通俗易懂、生动活泼,同时也包含了一定的封建伦理道德观念。《三字经》一书对于后世影响深远,现今已是家喻户晓的一部蒙学读物。

2.《百家姓》

《百家姓》是我国流传时间最长、流传范围最广的蒙学读物之一。全书采用四言体例,句句押韵,收录了单姓507个,复姓61个。《百家姓》一书的内容虽然没有文理,但实用性很强,读起来顺口,而且易学好记。《百家姓》对后世的影响非常大,是我国古代蒙学的经典教科书。

3.《千字文》

《千字文》的作者是南朝周兴嗣。全书共1000字,分成250句,每句4字,是我国早期的蒙学课本。《千字文》并不是简单无序地把1000个字罗列堆砌起来,而是一篇内容涉及自然、社会、历史、道德等多方面知识的启蒙读物。全书可分为四个部分:第一部分是对人类社会历史的介绍;第二部分是讲人的道德修养;第三部分是介绍一些政治常识;第四部分则是作者哲学思想的体现。《千字文》是我国最优秀的一部训蒙教材,它用1000个汉字勾画出了中国文化史的基本轮廓,代表了中国古代教育启蒙阶段的最高水平。

4.《千家诗》

《千家诗》是由宋代的刘克庄选编,总数有200多首,诗句包括五绝、五律,也有七绝、七律,浅显直白,易学易懂,在旧时多为儿童学诗的启蒙读物。《千家诗》实际录有的作家数量是122家,包括唐代65家,宋代52家,五代1家,明代2家,无名氏作者2家。其中被选最多的诗人是杜甫,共25首;其次是李白,共8首;女诗人只选了宋代的朱淑真,共2首七绝。①

5.《弟子规》

《弟子规》是一部蒙学经典作品。"弟子"是指圣贤弟子,"规"的意思是大丈夫的见识。"弟子规"从字面意思上说就是学习圣贤经典,做圣贤弟子,成为大丈夫。此书原名《训蒙文》,作者李毓秀是清朝康熙年间的秀才。全书分为五个部分,具体列举出了弟子在家、出外、待人、接物与学习上应该恪守的守则规范。此书是启蒙养正,教育子弟走正道,养成忠厚家风的必备读物,其流传与影响仅次于《三字经》。

(二)经典国学作品的特点

1.以韵语教学为重点

《三字经》每3字1句,4句1组,诵读起来如唱儿歌,琅琅上口,十分有趣,还能启迪儿童的心智,使儿童受到深刻的启示,懂得如何为人处世。因此,《三字经》得以广为流传,历久不衰。直至今日内容虽有修改或增加,但主要结构并未改变,是难得的启蒙读本。

人之初,性本善。性相近,习相远。苟不教,性乃迁。教之道,贵以专。
昔孟母,择邻处。子不学,断机杼。窦燕山,有义方。教五子,名俱扬。
养不教,父之过。教不严,师之惰。子不学,非所宜。幼不学,老何为。
玉不琢,不成器。人不学,不知义。为人子,方少时。亲师友,习礼仪。

——《三字经》

---

① 翟明.国学知识全知道 全民阅读提升版[M].北京:中国华侨出版社,2015:382.

《百家姓》采用四言体例,句句押韵,读起来顺口,易学好记。它与《三字经》《千字文》相配合,成为我国古代蒙学中的固定教材,颇具实用性。诵读它,熟悉它,能让人受益良多。

赵钱孙李 周吴郑王 冯陈褚卫 蒋沈韩杨 朱秦尤许 何吕施张
孔曹严华 金魏陶姜 戚谢邹喻 柏水窦章 云苏潘葛 奚范彭郎

——《百家姓》

2. 以训练语文技能为目的

《三字经》《百家姓》《千字文》从宋代开始形成了相互配合的整套识字教材,合称"三百千",是以识字为主要目的训练语文技能的教材。"三百千"总字数是2720字,把重复字作为一个字来计算,大约共有2000字。清代的文字学家认为,教儿童先识2000左右的字,可以为今后的阅读打下基础。

3. 体现了蒙学的教化功能

"三百千"依据儿童的生理、心理特点,在教学内容上注重由浅入深、循序渐进,体现了蒙学的教化功能。传统蒙学的道德教育虽然也讲封建伦理纲常,但不究其义理,而是从浅近处着手,先教之以小学规矩,使儿童在洒扫应对进退之中学习,等到他们智慧渐开、性情已就,再阐述义理,使这些社会规范能够内化为人的价值观。由于教育对象心智尚未成熟,教师的言行对其会有很大的影响。所以,经典国学启蒙作品强调教师的"身教"作用,要求教师注意自己的言行举止。

二、经典国学启蒙作品阅读活动的设计与组织

(一) 经典国学启蒙作品的甄别标准

1. 依据社会现实

经典国学启蒙作品阅读活动不仅仅要引导儿童品诵国学作品,更要依据社会母语教育的大背景,达成以下方面的教学目标:第一,提升儿童热爱祖国语言文字的感情,培养儿童健康的审美情趣,发展个性,使其逐步形成积极的人生态度。第二,增强儿童对语言文字的品味能力和对作品的鉴赏能力,使其形成良好的语感,激发其想象力和创造潜能,提高其语文素养。从社会层面看,早期教育既可以传承、发扬传统文化,又可以进行伦理教育。任何时代都有其特定的文化和规范,都有着对社会成员特定的角色期待。

2. 结合儿童特点

幼童由于心智未全,容易受到外界的不良影响,所以,蒙养教育要占得先机,让幼童接受纯正的儒家伦理思想。"讲而习之于幼稚之时",才能使幼童获得理想的教育效果。蒙学把抽象的道德理论和说教化为具体的行动,以便于幼童能够接受和学习。经典的国学启蒙作品主张从幼童开始,就把教育贯穿到日常生活里,在一举一动、一言一行中养成成人后应具有的品格。

3. 根据教育目标

蒙学以"明人伦"为目的,以孝悌为主要内容,肩负着承载儒家伦理道德的使命。对今天的基础教育来说,经典国学的阅读应基于儿童的生活经验,结合新的历史形势,建构生活中处处有"经典启蒙"的观念,关注文学性、思想性、情趣性和儿童的认知水平,进而开发出富有童真情趣、内容精致、品位高、文质兼美的各种品读形式。

(二)经典国学启蒙作品阅读活动的设计方法

1. 角色扮演法

角色扮演法是模仿现实生活中的某种情境,让儿童扮演其中相应的社会角色,使其表现出与该角色一致的社会行为的方法。经典国学启蒙作品阅读活动的内涵在于它的价值观,其贯穿于本民族的各个方面并形成一定的价值体系。其中蕴含的中华民族传统的世界观、方法论、价值观,不仅是本民族国脉传承的精神纽带,现代中国人安身立命的宝贵资源,更是中国人保持自身独特性、迎接全球化挑战的重要思想源泉。经典的国学启蒙故事结合角色扮演的方法在发展儿童的社会理解力和改善人际关系方面有着尤其重要的作用。在角色扮演中让儿童从小亲近中华传统的优秀文化,就是在延续中华民族的血脉,传承国学的经典。

2. 道德叙事

叙事理论认为,生活中充满了故事,人的每一次经历就是一个故事,人生就是故事发展的过程。一方面,故事使我们认识世界、他人和自己。没有人们对所发生和经历的各种事件的叙说,我们就无法知道世界发生了什么以及人们所想所做的心路历程;另一方面,故事又以它所传递的社会文化规范、风俗习惯塑造着每一个人。这充分展现了故事在个体社会化中的强大力量。儿童通过个体道德叙事,使过去、现在与未来产生关联,其中的道德体验是儿童个体生命的直接存在方式。每个人在其生活的历程中,或多或少地经历过一些道德境遇,正是这些感动过自己的道德事件升华着儿童的道德品质,促使其道德成长。外部的道德故事作为道德文本,在儿童个性化的解读之后,会形成新的道德体验,从而演绎成具有个体差异的新道德文本。此外,儿童的道德理想总是幻化为一定的道德故事,在其内心徜徉。儿童个体的道德叙事可以通过儿童对内部道德故事的回忆、想象以及对外部道德故事的阅读生成,通过儿童个体的体验,逐渐走向完善的道德人格。

(三) 经典国学启蒙作品阅读活动的组织途径

1. 专门的教学活动

教师可以组织专门的集体教学活动或创设专门的区角环境让儿童感知经典国学作品,比如进行《三字经》的拍手游戏、诗歌接龙等活动。教师可引导儿童在游戏中读,在玩耍中读。同时鼓励儿童采用自己喜欢的方式读:可以坐在椅子上读,可以拍手读,可以摇头晃脑读。让儿童在没有压力的状态下自然地熟读,从而获得诵读的乐趣和成就感。让儿童在唱游中学习,在快乐轻松中体味,在潜移默化中吸收和传承中国优秀的传统文化。

2. 各领域的渗透

教师在开展国学教育时,要注重在各个领域中渗透传统文化,每个领域逐步开发出具有各自特色的国学作品教育活动。例如:在美术活动中渗透国画;在体育活动中渗透武术;在音乐活动中渗透民族乐器和民族舞等。

教师也可以以传统文化为主题将相关领域内容统整起来,例如:每两年一届的传统文化节,儿童诵读展示活动,每年9月初的"进学礼",每年端午的相关主题活动等,这些都是常态化的以传统文化为主题的活动。

> **示例**
>
> 在某幼儿园中,教师结合中国传统节日,通过国学活动来弘扬传统文化。在端午节,幼儿园开展了"端午节粽飘香"主题教育活动,让儿童了解这个节日的由来、习俗并创设相关情境,儿童在轻松愉快的氛围中体验传统节日的妙趣,获得文字和诗词之外的情感享受。

3. 家园合作

教师要引导家长走进国学,鼓励家长和孩子进行亲子诵读。儿童在家时,家长可与其进行国学作品亲子共读(约 10~15 分钟)。由家长带动诵读,创造一个人人都在诵读的环境,让儿童浸入其中,耳濡目染,亲近经典。家长与儿童一起诵读,既能培养亲子关系,又能把诵读经典的乐趣和家人分享。

思考与练习

1. 学前儿童早期阅读活动的主要类型有哪几种?各有何特点?试选取案例进行分析。
2. 经典国学启蒙作品阅读活动的设计与组织有哪些注意点?试选取案例进行分析。
3. 教师在指导学前儿童进行早期阅读时应注意哪些问题?
4. 根据学前儿童早期阅读活动的教育目标,自选内容设计1~2个语言教育活动,并分组进行试教。

第九章
学前儿童言语和语言障碍及矫治

学习目标

(1) 掌握学前儿童言语障碍的特征及原因。
(2) 掌握学前儿童语言障碍的特征及原因。
(3) 掌握学前儿童言语和语言障碍的矫治要求及策略。

思维导图

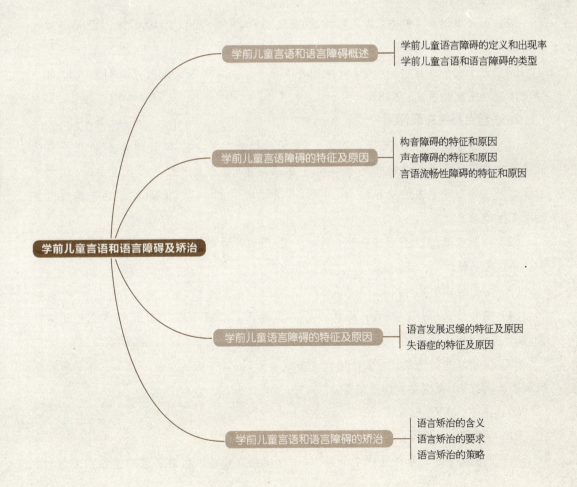

案例导入

口吃儿童矫治典型案例

基本情况

洋洋,男性,年龄6岁,言语不流畅3年余。家长反映孩子自2岁起讲话不流畅,有时会重复某些字或词,有时会拖长某些音,但家长仍能基本理解孩子表达的意思。在孩子情绪激动时,或在众人面前讲话时,其语言不流畅程度更严重,甚至偶尔会因过于紧张而在讲话开始的时候或途中就出现嘴型僵硬,难以发出声音的情况。

语言专科评定结果

1. 语言流畅性客观评测

(1) 会话检查(询问孩子在园情况):① 口吃音节比例:30.23%。② 每分钟说话的口吃次数占比:10.80%。

(2) 图片单词命名检查(常见物品50词):① 口吃音节比例:10.67%。② 每分钟说话的口吃次数占比:5.08%。

(3) 句子水平图片描述检查(故事图片5张):① 口吃应节比例:39.41%。② 每分钟说话的口吃次数占比:7.88%。

2. 语言流畅性主观评测

(1) 言语症状:① 音/音节的重复。② 词的部分重复。③ 辅音延长。④ 在不自然的位置当中出现重复或爆发式发音。⑤ 歪曲或紧张(努力发声结果出现歪曲音,或由于器官的紧张而出现紧张性发音)。⑥ 中断(构音运动停止)。⑦ 准备(在说话前构音器官的准备性运动)。

(2) 伴随症状:① 颜面部表现:眨眼。② 四肢运动变化:四肢稍紧张,握拳。③ 躯干:前屈坐不稳。

(3) 努力性:明显。

(4) 情绪性反应:① 视线:视线转移。② 态度:心神不定。③ 说话方式:节律异常,语速不平稳,语调较单一。④ 行为:手脚稍有乱动。

(5) 引起口吃的情景:儿童情绪较兴奋或紧张时,口吃症状加剧。例如:看到感兴趣的事物时、在公众面前发言的时候等。

(6) 波动:较大。

(7) 适应性、一贯性:儿童适应性较好,一贯性较弱。

注:儿童在平时以及与教师交谈时,口吃症状相对较轻。在检测录音及拍摄录像时,

口吃症状加剧。

语言矫治训练

1. 心理指导

消除儿童紧张、焦虑、抑郁等不良情绪。与儿童倾心交谈,告诉儿童口吃并不可怕,也不可耻。教师允许儿童说话时口吃,教师和儿童家长应有耐心地听儿童慢慢讲话,并鼓励儿童开口说话,引导其不要过多注意周围人对自己说话的反应,而是把注意力集中在自己所说的内容上。同时,提倡父母持有"不惧怕,不逃避,顺其自然,为所当为"的态度。

2. 言语训练

训练内容:简单的图片(推荐内容丰富的图片)、简单的故事连环画、日常话题。

训练项目:

(1) 语速与节律调控训练(10分钟):让口吃患儿跟着拍子机的慢拍一字一字或一词一词地说话。

(2) 音调调控训练(10分钟):治疗师要求口吃患儿轻轻地说话时,让其喉部达到预期的放松状态,使其轻柔、缓慢地说话。

(3) 呼吸和气流的控制训练(10分钟):让口吃患儿极轻松地吸气呼出,不改变正常的呼吸模式。待口吃患儿放松后,再轻柔地呼出气体。最后,我们以"气息音"的方式发某些元音。

(4) 肌肉紧张度调控训练(10分钟):以打"嘟"的方式放松喉部。

3. 家庭训练指导

父母不要过分注意儿童的口吃,更不能因此冷落孩子,以免加重他的不安、懊恼和焦虑。当儿童口吃严重时,要让他放松,不要强迫他说话,不要催促他重复说清楚,也不要一遍遍纠正,可让他休息片刻后再次尝试。父母在陪儿童玩耍时,可选择让儿童主动讲话的形式。总之父母应当用一切方法安慰孩子,减少他对言语的精神紧张,树立其信心,养成不急不忙、从容不迫的讲话习惯。

想一想

(1) 该案例中,洋洋的口吃症状有哪些表现?

(2) 该案例中,教师对洋洋采取了哪些矫治策略?

第一节　学前儿童言语和语言障碍概述

语言是人类最重要的交际工具,在人类传情达意中扮演着极其重要的角色。所有生理发展正常的儿童,都能在出生后 4~5 年内未经任何正式训练而顺利地获得听、说母语的能力。乔姆斯基认为,人类确实有一种与生俱来的语言获得机制,儿童生来就具有从发现或分析语言程序中获得语言的能力,而且他们掌握母语异常迅速,极其完善。然而,由于各种原因,学前儿童中也有一定比例的儿童存在着语言发展障碍的问题。

一、学前儿童语言障碍的定义和出现率

索绪尔在《普通语言学教程》中指出,语言和言语是两个不同的概念。语言是作为交际工具和思维工具的音义结合的符号系统,是全民的、概括的、有限的、静态的系统(知识);言语是运用语言材料和语言规则进行交际活动的过程,是个人的、具体的、无限的、动态的现象(话语)。语言和言语既相互区别,又相互依存。"要言语为人所理解,并产生它的一切效果,就必须有语言;要使语言能够建立,也必须有言语。"① 良好的语言能力,不仅包括知道如何理解和运用语言符号及规则的能力,而且还包括正确地运用一系列动作进行传达的能力。一个没有掌握语言符号系统的儿童,是没什么话可说的。同样,如果没有言语,那再好的语言也无法在交际中得以实现。

在学前儿童中,语言发展障碍可以从上述语言和言语两方面关注。有的儿童存在语言符号掌握上的问题,他们的词汇量偏少,不能正确地理解词义;不懂基本的语法规则,不能恰当地遣词造句。这属于语言异常。有的儿童在言语运用上存在问题,他们由于各种原因,不能很好地控制自己的发音器官,导致发音模糊不清,音量过大或过小,语调不能自然地起伏变化,或者言语过程不流畅,严重影响交流。这属于言语异常。

已有的研究报告显示,言语和语言障碍儿童在正常儿童中占有相当的比例。根据《中国儿童保健杂志》上的一份报告显示,3~6 岁儿童的言语障碍发病率约在 4%~6%之间。2016 年 5 月 22 日大苏网报道,"南京市妇幼保健院的专家表示,据不完全统计,南京地区 4 到 9 岁的儿童中,语言障碍的平均发生率超过 4%"。② 一般认为,言语和语言障碍儿童出现率的估计由于调查方法、定义、年龄以及伴随缺陷等因素影响,会出现不同程度的偏差,但 5%~6%是一个比较接近实际的出现率。

---

① 费尔迪南·德·索绪尔.普通语言学教程[M].高名凯,译.北京:商务印书馆,1980:41.
② 扬子晚报.江苏省学龄前儿童言语障碍人数超 10 万[EB/OL]. http://js.qq.com/a/20160522/009555.htm.

二、学前儿童言语和语言障碍的类型

因为言语和语言是有区别的,所以,学前儿童沟通障碍可以分为言语障碍和语言障碍两种类型。

在医学临床中,凡影响通过视听途径的基本言语交际过程的病态现象属言语障碍;而影响造句表意或理解他人言语含意等较高级过程的病态现象则为语言障碍。言语障碍可由视、听、发音、书写器官的器质性病变造成,也可以是发育性的言语障碍,如口吃和发不出某些辅音等。语言障碍常见于发育期,如儿童学语迟缓;也见于某些精神障碍,如大脑受损造成失语症时语言和言语均有明显障碍。语言能力是智力表现的一个重要组成部分,所以在智力落后或智力发育不全、谵妄、痴呆等情况下都会伴有语言障碍。

具体到学前儿童阶段,言语障碍是指理解或运用语言的能力有缺陷,不能正常进行语言交往活动。语言障碍则可以理解为个体具有的语言学知识系统与其年龄不相称,落后于正常发展水平。

在日常生活中,言语障碍和语言障碍常被统称为言语和语言障碍,或者语言障碍。中国法规性文件中使用"语言残疾"一词,并将其定义为:"由于各种原因导致不能说话或语言障碍,从而难以同一般人进行正常的语言交往活动。"

第二节 学前儿童言语障碍的特征及原因

言语障碍一般分为构音障碍、声音障碍、言语流畅性障碍三类。

一、构音障碍的特征和原因

(一)构音障碍的表现特征

构音即产生语音的过程。具体来说,构音指的是从胸腔呼出的气流,经过声带振动,再经过咽、腭、舌、齿、唇等构音器官的摩擦或阻断后,发出语音的过程。如果在构音的过程中,构音的方法和位置、气流的方向和强度、各器官的动作配合上出了问题,就会造成语音的改变,形成所谓的构音障碍。通俗地说,构音障碍是指儿童在组合单音成为字词时,无法正确组合而出现替代、省略、添加、歪曲等一种或多种现象的言语障碍。主要表现为发音不准,咬字不清,声响、音调、速度、节律异常和鼻音过重等言语听觉特性的改变,也就是说话含糊不清和不流利。严重时,言不分音,语不成句,难以听懂。最严重时完全不能说话,出现不能构音的情况。但构音障碍患者言语所表达的内容和语法往往都是正常的,对理解他人的语言也无困难,而仅仅是口语的表达障碍。常见的情况有以下几类:

1. 音的替代

即一个音的正确声母或韵母被不正确的声母或韵母所代替,通常以较易发的语音代替较难发的语音。

以舌尖中音d、t代替舌根音g、k,例如将"乌龟gui"说成"乌堆dui",将"公gong园"说成"东dong园",将"裤ku子"说成"兔tu子";韵母方面,把an发成ai,例如将"办ban法"说成"拜bai法"。有的儿童还会用一个会发的音代替几个不会发的音,如h不仅可以替代k、f、t,还可以替代q、x(把"小xiao朋友"发成"好hao朋友",把"巧qiao克力"发成"好hao克力")。

2. 音的省略

当儿童发字音时,该有的音省去不发,致使该字词的正确意义无法传达,称为省略。根据我国普通话的特点及儿童实际的发音情况,可以把省略问题分为以下几类。

(1) 声母的省略。当韵母有i、u、ü做韵头时,儿童常常省略辅音声母,使其成为一个零声母音节。

"脸lian"说成"眼ian","料liao"说成"要iao","黄huang"说成"王uang","倔jue"说成"月yue"等。

(2) 韵头的省略。三合韵母发音动程较长,舌位变化较多,有的儿童发音器官不够灵活,控制力不够,便会造成省略韵头的现象。

"手表biao"说成"手宝bao","漂亮liang"说成"漂浪lang","酸suan"说成"三san","对dui"说成"dei","花园yuan"说成"花言yan"等。

(3) 韵尾的省略。普通话韵尾分元音韵尾和辅音韵尾两种,元音韵尾有i和u,辅音韵尾有n和ng,韵尾表示复合韵母的归音方向,其发音特点是音值含混而不太固定。基于此,儿童在发音过程中,韵尾常常丢失。

"牛奶 nai"说成"牛哪 na","安排 pai"说成"安爬 pa","雨伞 san"说成"雨洒 sa"等。

3. 音的添加
当儿童发字词的音时,在正确的语音上加入不该加的音素,造成不正确的发音。

把"齐 qi"说成"茄 qie",把"害怕 pa"说成"害 pia",多加一个元音。

4. 音的歪曲
即儿童发音时,语音听起来似是而非,把一个音位发成该语音系统中没有的音位而出现走音的现象。

把"j"发成介于"j"和"q"之间的音,把普通话中的"s"发成英语的齿间音"θ",把"sh"发成英语中的舌叶音"ʃ"。

5. 声调异常
即四个声调发音不准,调值过高或过低,或调型不准。

在进行高平调发音时,不能使音高始终保持在 55 的高度,中间有曲折的变化等。

(二)构音障碍的原因分析

构音障碍产生的原因是多种多样的,有解剖、生理方面的原因,也有心理和环境方面的原因。能引起构音障碍的解剖和生理方面的原因主要包括唇裂、腭裂、舌系带短、上下齿咬合不良、软腭麻痹、发音器官肌肉运动不协调等。心理方面的原因主要包括不同程度的听力损失、语音分辨能力差、发音器官的运动觉障碍、听觉记忆广度过窄、发育迟缓、情绪障碍等。另外,如果在音位习得阶段,儿童处在不利于习得正确发音的语言环境中,也容易引起构音障碍。我们把以上原因总结为器质性构音障碍、运动性构音障碍、功能性构音障碍三种。

1. 器质性构音障碍
(1)腭裂。硬腭的作用是将口腔与鼻腔分开,若硬腭损伤,儿童发音时会出现鼻音过重、鼻漏气、代偿性语音等一些异常现象。例如,b 被 m 替代,d 被 n 替代。

（2）咬合不正。就普通话声母的发音而言,牙齿与唇、舌相互配合是非常重要的,它们使气流在口腔形成阻碍从而发出正确的读音。如果咬合不正,舌尖前音 z、c、s 就会出现明显歪曲。

（3）舌系带短。舌系带过短,限制了舌头在口腔内的活动,影响吐字发音。例如,舌尖后音 zh、ch、sh、r 会出现歪曲。

2. 运动性构音障碍

某一声音的产生需要许多肌肉同时成功地收缩和舒张,包括呼吸运动、喉部运动和调音运动三个阶段。在正常的发音过程中,各个发音部位在相应的神经支配下,完成时间和空间上的顺序运动,准确地完成发音动作,产生正确的语音。如果儿童出现颅脑损伤和肌肉病变就会导致构音障碍。

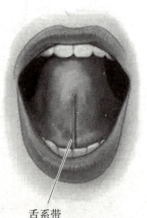

图 9-1 舌系带短

3. 功能性构音障碍

"如果一个儿童言语产出和构音所需要的结构是完整的,但是儿童构音时学习特定语音障碍的原因不清,学界把这种障碍称之为功能性构音障碍。功能性构音障碍的明确病因目前并不十分清楚,神经发育不成熟、遗传因素、饮食习惯、主要抚养人的文化程度、家庭生活环境中掺杂多种方言都可能与功能性构音障碍发病有一定相关性。"[①]

亮亮在一岁左右开始说话的时候,父母发现他口齿有些不清,当时以为孩子年龄尚小,认为这一情况随着发音器官的成熟和发音技能的掌握会慢慢改善,因此没有当回事。到上幼儿园时,亮亮说话还是不清楚,遭到同伴的嘲笑,说较长的句子时,家长和老师也听不明白。通过一段时间的矫正,效果也不明显。为此,亮亮很是苦恼、自卑,逐渐不愿意说话,影响到性格的形成。经医生检查,亮亮的智力、发音器官均正常。

后来调查孩子的成长环境,医生发现,孩子一直由爷爷奶奶照顾,爷爷奶奶只会讲方言,而父母一定要孩子说普通话,只要说方言就果断纠正,可是在平时孩子又得不到普通话的学习环境,久而久之,变得沉默寡言,不爱说话。

（三）构音障碍的诊断

儿童构音障碍的诊断涉及教师、家长、语言矫治师和医生等相关专业人员。家长能够最先发现儿童的发音异常,但是缺少相关知识和意识;幼儿园教师则需要及时发现并提醒家长意识到问题的严重性,及时把儿童转到专业的语言治疗部门进行进一步检查和矫治。

---

① 陈卓铭.特殊儿童的语言康复[M].北京：人民卫生出版社,2015:148.

教师可以从以下途径发现儿童可能存在的构音障碍问题。

1. 儿童构音器官和发音能力的检查步骤

（1）常规检查，包括儿童头围、面部（眼、鼻、嘴、唇、耳朵、下颌）的形态学检查。

（2）口腔、腭、咽部检查，检查儿童软腭、硬腭、牙齿槽的形态等。

（3）请儿童说说自己的名字、年龄、班级、家庭住址等日常信息。

（4）数数：让儿童从1数到20。

（5）命名测验：最有效、快速的构音检测工具是图片命名的测验，向儿童展示一些图片，并让儿童说出图片上的名称。

（6）就儿童熟悉且感兴趣的话题与儿童进行交谈。

图9-2 口腔检查

（7）详细记录以上各个步骤。

2. 儿童听音器官及听音能力的检查步骤

（1）形态观察。教师要留意有言语障碍倾向儿童的听觉器官，观察其是否有明显的生理问题，如外伤、发炎、化脓等现象。

（2）日常观察。有听力障碍的儿童在倾听时会表现出一些异常特征，教师要留意观察儿童是否有以下现象：注意力不集中；费劲地侧耳细听；不完成口头指令，或者多次要求成人重复指令；对问题的回答不准确，或总是从其他儿童那里寻找线索；对声音的来源进行定位时反应缓慢；语言比其他儿童更模糊；喜欢用手势和其他动作表达想法；不爱参加说话的活动，情绪有时失控等。

（3）听辨检测。教师向儿童出示相似的音，让儿童判断这两个音是否相同，如"爸—怕、大—踏、蓝—南"等。教师设计的辨音检查要涵盖汉语普通话各种类型的发音。

以上为人工检测，也可称为主观测试，是根据受试者对刺激声信号的主观判断所记录的，又称行为测听。受到受试者主观意识、情绪、智力水平、年龄、文化程度、行为能力配合的影响，在一些情况下检测结果会有主观色彩。通过以上程序的检查，教师可以基本确定儿童的构音问题及严重程度。教师要及时与家长沟通，给家长提出合理化的建议，必要时转到医疗机构进行专业检测。

值得关注的是，随着计算机科技的日新月异，计算机语音识别技术、计算机智能运算、人机交互技术、数据库处理、多媒体技术、图像识别技术、互联网技术都已参与到语言诊断与康复治疗中。在诊断检查方面，计算机辅助技术检测表现出明显优势，它比自发的连续的言语更加可靠。随着实验语音学的快速发展，定量语音检测成为可能。目前国内主要有语言障碍诊治仪ZM2.1、构音评估与训练系统ZM6.1、语音评估与训练系统ZM16.1、言语测量系统 ZM32.2 等检测工具。

"语音障碍诊治仪 ZM2.1 适用于 3~12 岁儿童的语言障碍的筛查和康复治疗,受试者按指令完成四个部分的内容,不需要任何额外的提示,计算机可以全智能化地客观评估儿童目前的语言状况,模糊识别计算各种智能因子,筛选分离出失语症、构音障碍、听觉障碍和智能障碍等 19 种言语和语言障碍,高度概括了 19 种言语和语言障碍的基本概念、障碍特点及语言功能表现,包括听检查、视检查、语音检查和口语表达四部分及引起这种言语和语言障碍的临床相关疾病,并配有对应的图谱,显示出语言功能直方图及语音数据。在达到全智能化诊断的同时,还提供了诊断符合率,协助评价的可信度以及最特征表现、相互鉴别要点和解剖定位。"[1]

计算机辅助检测更加准确、客观,是临床医学和实验语音学相互结合的产物,值得推广。

二、声音障碍的特征和原因

(一) 声音障碍的表现特征

声音障碍指儿童的发音会引起听话者的特别注意和不舒服感。声音障碍可以是功能性的,也可以是器质性的,表现为音调、响度、音质、共鸣的异常。这些异常可以单独存在,也可能同时和言语或语言的问题并存,从而形成复合的沟通障碍。常见情况如下:

1. 音质异常

音质也叫音色,指声音的特色、特质,是一个声音区别于其他声音的根本特点。发音体不同,发音方法不同,共鸣器的形状不同,都会造成音色的不同。儿童常见的音质障碍包括:

(1) 共鸣障碍。共鸣器官包括全部发声系统的空腔:胸腔、喉腔、咽腔、口腔、鼻腔和鼻窦。以软腭为界分为两组:鼻腔、鼻窦和鼻咽腔称为上部共鸣器;胸腔、喉腔、口腔称为下部共鸣器。共鸣器官的任何一部分出现病变或畸形都会导致音质异常。比如儿童如果有严重腭裂,就有可能出现鼻音缺失的情况,因为气流无法从鼻腔通过而从嘴巴通过。正常人感冒后也会出现鼻音缺乏的情况,这是由于鼻腔发炎充血,气流不能正常通过,声音听起来就会像捏着鼻子说话。另外一种便是鼻音过重,这种情况指除了必须的几个鼻音"m""n""ng"之外,发其他的声母或韵母时气流也从鼻腔通过。(2) 嗓音障碍。它包括发音中有呼吸声、沙哑、假声带发音、尖音、颤抖声等。

2. 音高异常

音高指声音的高低,它取决于发音体的振动频率。频率越高,声音就越高;频率越低,声音就越低。一般来说,女性的音高比男性高,儿童的音高比成人高。

---

[1] 陈卓铭.特殊儿童的语言康复[M].北京:人民卫生出版社,2015:11—12.

音高异常可以表现为：(1) 音高过高，如男孩子的音高过高。(2) 声音过低，如女孩子的嗓音过低。(3) 音高平直，用同样的频率说话，声音没有起伏变化，单调乏味，在说话中表现为念不准声调。(4) 音高突变，说话过程中，不由控制地发生音高忽高忽低的变化。(5) 假声，儿童为了克服嘶哑声，经常使用假声，也有部分儿童是出于心理原因。(6) 双音发声时，同时发出两个声音，这个情况比较少见。

3. 音量异常

一种表现为声音过小，让听者感到要把话语听清楚很费劲。说话声音细小通常没有器质性的原因，可能由说话人性格上的缺陷所引起，如过于自卑、胆小、缺乏安全感等；也有可能是由于说话人发声方法不当造成的。另一种表现为声音过大，让听者感到声音震耳，不舒服。说话声音过大的人可能有听觉障碍，他们为了使自己能听清楚话语，所以在说话时提高了嗓门。

（二）声音障碍的原因分析

儿童声音障碍的原因可分为器质性原因和非器质性原因。

1. 器质性原因

器质性原因主要包括：(1) 急性、慢性咽喉炎，指喉的急性或慢性发炎，大多数为上呼吸道感染所导致的。(2) 声带结节，儿童不断大声讲话易产生这种现象。(3) 声带息肉，血管、神经性障碍所引起的末梢神经血管出血或浮肿，或喉部粘膜发炎时对声带过度的刺激而引起的组织增生等。(4) 喉部乳头瘤，这是由病毒或内分泌异常导致的。(5) 声带麻痹，包括中枢神经系统（大脑中支配声带的部位）的麻痹和末梢性麻痹（神经传导的异常）。(6) 其他咽喉部疾病，比如外伤或先天性喉部异常等。

2. 非器质性原因

非器质性原因主要包括自身的心理因素、性格气质，也包括儿童受到外界的不良刺激导致紧张、恐惧、情绪不稳等。另外不正确的发音习惯，比如长时间大声说话也会导致声音异常。好吃辛辣的刺激性食物，会引起暂时性的声音异常。

（三）声音障碍的诊断

儿童声音障碍是比较容易被发现的，但又是很容易被忽视的。因为他们在传情达意方面没有问题，只是听感上给人带来不舒服、不愉快的感觉，易被误认为是恶作剧或者故意模仿。事实上，长期声音障碍也会给沟通带来一些负面的影响，应该引起教师和家长的重视。声音障碍可以从音质、音高、音量几方面进行检查。

1. 音质检查

观察法是一种最简单、最方便的鉴别方法，教师只需用耳朵来判断儿童的音质情况。

检查时,听儿童说话是否夹杂有呼吸声,类似"飒飒"的声音,这很可能是由于声带闭合不全而引起的;或者是否有粗糙声,这是由于声带过分紧闭而发出的声音,如大声演讲或歌唱会引起这种现象;或者是否有嘶哑声,是气息声和粗糙声混合的声音,说话时声带不能紧密闭合振动而使声音嘶哑。

2. 音高检查

教师在日常幼儿园活动中很容易发现音高异常的儿童,同伴也会对音高异常的儿童做出反应,比如感到奇怪、有意模仿,或者嘲笑对方。在此基础上,教师可以单独找儿童谈话,谈话内容应当选取儿童熟悉的和感兴趣的,使得谈话氛围宽松愉快。在谈话过程中,教师可以用鼻音跟着哼同样高的音调,然后在钢琴上找出与音调相当的音阶,便知儿童的音调有无过高或过低的现象。

3. 音量检查

教师让儿童读可供音量检查的例文,或与儿童对话、打电话,或呼唤离开自己有相当距离的人或者物等,看儿童是否能够发出各种环境下所需要的音量,以及会不会配合情境需要,适当地变化声音的大小、高低、抑扬顿挫等,从而了解儿童控制说话音量的能力。

三、言语流畅性障碍的特征和原因

(一)言语流畅性障碍的表现特征

言语流畅性障碍是指儿童说话时不自主地将声音延长或中断,无法表达自己想表达的内容。在日常生活中,有时可以看到某些儿童讲话很困难,如有的儿童急得面红耳赤,青筋暴露,用足了力气可是怎么也说不出话来;有些儿童话说到一半时就卡住了;有些儿童一个字要重复好几遍才能勉强地说出来。这种种现象,俗称为口吃或结巴,与儿童的心理状态有密切的关系,常始于 2 岁半至 4 岁的儿童。常见的现象有以下几种:

1. 重复

重复包括音节的重复和词句的重复。有的儿童说话时,每个音节都要重复说好几遍。

一位儿童向老师提问时说,"老……老……老师,我……我……我……想……想……想……问……问……你……你……你……一……个……个……问……问……题"。有的儿童并不是每个字都重复,夹杂有以词句为单位的重复,如,"老……老……老师,我想……问你……一个……问题。"

2. 延长

儿童说话时,辅音或元音部分延长。

一个儿童称呼"老师"时,"了……了……老……师……日……日",其中"了"是辅音声母"l"的延长,"日"是元音韵母"i"的延长。

3. 异常呼吸

有的儿童说话前表现为呼吸加快、急促,导致了异常的发音,甚至面红耳赤,却一言难发。

4. 联带动作

这里以表现在颜面部位为例,有的儿童口吃时,脸和嘴会伴发抽动;有的儿童口吃时不断吐舌头,人家还以为他做鬼脸开玩笑,其实此时他正在很痛苦地在用吐舌头的方式来克制自己,努力完成语言表达;有的儿童在口吃时不断地挤眼睛,别人以为他挤眉弄眼有什么别的意思,实际上他是通过挤眼睛动作来帮助说话。联带动作有时还表现在颈部、躯干以及四肢。

有的儿童说话时不停地点头,他并不是要应答什么,只是通过点头的动作来帮助自己说话;有的儿童说话时握紧拳头,肌肉绷紧;有的儿童说话时用力甩动臂膀,或者用力跺脚,甚至抽搐。其实这些都与表达的语言内容无关,是儿童为了试图把话讲得更流利而做出的努力。

(二)言语流畅性障碍的原因分析

有关口吃的原因,至今没有一个公认的结论。各种不同的见解、观点、理论大致可归为以下几个方面:

1. 生理因素

过去,人们一般认为口吃是儿童的情绪问题或焦虑引起的。近年来,口吃的研究者开始从医学的角度寻找口吃的生理原因,有的学者认为遗传因素的参与导致了口吃的发生;有的学者认为是左右两侧大脑对语言的管理出现了混乱;有的学者认为口吃与发音系统和呼吸系统肌肉的协调障碍有关。

2. 心理因素

首先,心理学家认为,口吃的儿童普遍存在自卑感,容易焦虑、慌乱,进而导致肌肉紧张,动作僵硬。而意识到自身口吃这一点后,儿童会更加关注自己的言语,导致更加无法控制口吃。其次,有观点认为,任何人的言语都会出现不流畅的现象,如果儿童在出现这一现象后,刻意地去在意这一障碍,造成心理压力过大,反而会诱发口吃。另外,成人的态度也会影响儿童口吃的形成。如果成人对儿童言语不流畅表现出急躁,或者给予惩罚,强制儿童不许有口吃现象出现,反而会加重儿童的心理负担,一开口就紧张,促使口吃进一步恶化。还有,儿童特殊的个人经历也会刺激口吃的形成,比如儿童在大众面前受辱,或者受到突然的惊吓,甚至儿童遇到特别高兴的事也会因过分激动而引发口吃。

3. 习得理论

习得理论认为,口吃是儿童在语言学习过程中形成的,有的儿童对口吃患者说话的样子感到好奇,觉得可笑,于是模仿他们说话的样子,久而久之,自己说话也不流畅,并且难以在短时间内矫正过来。根据口吃理论界的不完全统计,目前世界上80%以上的口吃者,小时候都有和口吃障碍的人接触过或学习过的经历。

4. 内部语言和外部语言发展不平衡

语言学研究发现,儿童在语言学习过程中,几乎都有一个语言不流畅阶段,这个阶段一般发生在1~5岁左右。因为儿童在语言的初始学习阶段,内部思维的语言发展比较敏捷和活跃,而外部语言的表达发展相对缓慢和滞后,即儿童经常会出现脑子反应很快,但语言表达跟不上的情形,这时候儿童就会在语言上出现重复、卡壳等口吃现象。这个时期儿童语言上出现的口吃现象是非常正常的,属于正常发育性的假性口吃。大部分儿童随着自身语言能力的不断发展,内部语言和外部语言逐步协调起来,口吃症状自然就会慢慢消失了。

(三) 言语流畅性障碍的诊断

1. 早期口吃的危险信号

当儿童出现以下表现时,教师和家长可以怀疑这是口吃的早期症状。

(1) 大部分的说话情境中,不流畅的口吃现象占总字数的10%以上,且持续6个月,越来越严重。

(2) 说话中出现不适当的中断,平均持续2秒以上。

(3) 经常表现出拖长音和重复,且常重复3次以上。

(4) 说话时伴随很多怪异动作。

(5) 儿童已经产生负面情绪,如曾因说话不流畅而生气,或因害怕说话而逃避说话。

(6) 当言语不流畅时,儿童眼睛不敢看对方。

(7) 父母态度不正确,如过分焦虑、紧张、谴责儿童说话不流畅或亲子关系不佳。

2. 儿童言语状况评估

(1) 会话检查。选用儿童感兴趣的熟悉的话题与之交谈,可以是检查者与儿童进行对话,也可以观察儿童与其父母之间的谈话,其目的是了解儿童在实际生活中的说话情况,还可了解儿童是否有回避现象。

(2) 图片单词命名检查。根据儿童年龄选用10~20张名词和动词图片,可以在命名和动作描述中了解其词头音是否出现延长或重复的现象。

（3）句子水平图片描述检查。选用简单和较复杂的情景图片分别让儿童对其进行描述，目的在于了解其在表述不同句子长度及不同句型当中口吃的状况。在这项检查中要注意给儿童一定的时间来反应，必要时可以给一两句的引导语，以诱导儿童来描述图画。

（4）朗读检查。对于有阅读能力的儿童可以让他朗读浅显的文字，了解口吃在句子内发生的位置及不同语法难度下口吃的程度。

在以上观察和检查的基础上，教师要做好记录，并进行数据的客观分析。记录内容至少包括每分钟内儿童说话的口吃音节数与总音节数，并计算二者的比例。根据评定建议，若口吃音节比例大于10%，则可以认为是口吃。同时还要记录每分钟口吃次数作为评定参考。如果儿童有伴随动作，也应该记录下来。

除了确定儿童是否存在口吃，教师还应尽量从已有信息中分析儿童言语不流畅的类型，是重复发音还是起音困难，是言语中断还是拖长字音等。

第三节　学前儿童语言障碍的特征及原因

语言障碍是指儿童理解或使用口语、书面语或其他符号系统时出现障碍，语言发展的速度、程度等低于正常儿童。语言障碍的类型一般分为两种：语言发展迟缓和失语症。

一、语言发展迟缓的特征及原因

（一）语言发展迟缓的表现特征

与同龄儿童比较，儿童语言发展迟缓包括语言发生的时间晚、发展的速度慢、发展的程度低这三种情况。其表现有以下几种：

（1）语意障碍。词不达意，或者找词困难，或者无法理解说话人的意思。

（2）语法障碍。句型和结构简单，有颠倒、省略、混乱等不合语法的现象。

（3）语用障碍。说话不符合沟通的场合或措辞不当。

（4）语形障碍。对字形辨认不清或有混淆现象，对词汇的结构学习有困难。

对于一个3岁的儿童来说，如果有以下表现，可以怀疑为语言发展迟缓：不能说出完整的姓名；似乎不能理解诸如"什么""哪里"这一类的问题；仍使用过多的儿语；重复别人的提问而不是回答问题；机械性地重复别人的话；不能说2~3字句；用手指向想要的东西而不是说出来；不能说出图画中任何物品的名称；省略声母或韵母发音；说的话即使是父母也听不懂;呼叫其名字时无反应等。

(二)语言发展迟缓的原因

1. 生理原因

(1)遗传。单纯性语言发展迟缓常常有遗传因素,家族中出现此障碍的比率也相对较高。

(2)神经结构和功能失调。大脑皮质的语言理解中枢、语言运动中枢等的损伤,会引起显著的语言发展迟缓。

(3)智力低下。智力落后的儿童都表现出以言语发展迟缓为中心的各种语言障碍。凡智力落后严重的儿童,其语言落后就相对严重,即便是轻度智力落后的儿童,他们的语言水平也达不到正常的水平。

(4)听觉障碍。良好的听觉是学习语言的先决条件,当儿童听觉发生障碍时,会因无法接受语言刺激而丧失学习语言的条件,在语言理解方面也会存在问题。

(5)自闭症。自闭症是一种广发性发展障碍,它不仅影响儿童的社会性,还造成其异常的语言和刻板的行为。就语言来说,其特征主要有重复性语言、语用的困难、代词使用的困难以及声调异常。

2. 心理原因

儿童期精神病、心理疾病也会导致其出现语言发展迟缓的情况。

3. 环境原因

(1)父母过多关注儿童其他方面的发展(如运动),从而忽略了其语言发展。

(2)父母对儿童的个体关注不够。

(3)儿童缺乏足够的机会去发展语言,比如家人照顾得太仔细,儿童不需要表达即能满足所有需求。

(4)儿童在双语或多语的环境下成长,有些儿童在早期语言发展方面会有落后现象。

(5)儿童处于一些不利的外部环境下,比如非常贫穷、严重营养不良、缺乏语言刺激等。

(三)语言发展迟缓的诊断

1. 收集基本资料

包括收集儿童个人的和家庭方面的有关信息。除了儿童的生长发育史外,还包括儿童对语言交流的态度和方式、家庭语言环境等。

2. 语言能力状况评估

(1)简单指令的理解。

教师可以设计几个简单的指令,如站起来、坐下、张开嘴、拍拍手、把门打开等,看儿童能否做出相应动作,反应是否正确。

(2) 简单词语的模仿。

教师说出 10 个词语,比如:爸爸、妈妈、我、大、小、你好、吃饭、鞋子、走路、幼儿园等,观察儿童的模仿能力。虽然语言模仿能力不是真正的言语能力,但它是言语表达的基础。因此,是否具有语言模仿能力能反映儿童语言表达能力的高低。

(3) 疑问句的理解和运用。

教师可以设计各种类型的疑问句对儿童进行检查。

> 示例
>
> 特指问句:这是什么?(手指椅子)/你几岁了?
> 是非问句:这是椅子吗?/你是男孩吗?
> 正反问句:这是不是椅子?/你是不是男孩?
> 选择问句:这是椅子还是桌子?/你是男孩还是女孩?

(4) 人称代词的理解和运用。

很多正常儿童在 3 岁以前很难理解人称代词的意义,尤其分不清"你""我"。有的儿童会指着自己的妈妈说"这是你妈妈"。但是 3 岁以后,儿童陆续理解了人称代词的指称对象,由此,人称代词的使用情况可以反映儿童的语言能力。教师可以做一些小测试。

> 示例
>
> "这是谁的鞋子?"(用手指被测试者的鞋子)
> "这是谁的鞋子?"(用手指老师自己的鞋子)
> "这是谁的鞋子?"(用手指其他人的鞋子)

(5) 词汇、语法测试。

教师可以设计一些使用了较复杂的词语、语法的句子,看儿童能否理解。

3. 进行正式评估

要评估一个儿童的语言能力,常用的工具还有一些标准化的量表,当儿童的水平低于平均标准值、出现偏差时,我们就可以判定其语言水平有障碍。目前我国常用的语言能力测试工具包括如下两种:

(1) S-S(Sign-significance Relation,S-S)语言发展迟缓评价法。S-S 语言发育迟缓评价法最早由日本音声言语医学会于 20 世纪 80 年代研制,简称 S-S 法,国内由中国康复研究中心引进并于 2001 年正式应用于临床。

S-S 法按照语言行为将语言分为语法规则、语意、语言应用三个方面,可对有语言发展迟缓的儿童进行诊断、评定和分类。评估内容包括"符号形式与指示内容关系""促进学习有关的基础性过程"以及"交流态度"三个方面。适用于1岁半至6岁半，由各种原因引起的语言发展迟缓的儿童，并可根据评定结果进行针对性的训练。

（2）皮博迪图片词汇测验（Peabody Picture Vocabulary Test，PPVT）。此检查方法简单方便，容易操作，测验共有120张黑白图片，每张图片上排列有4个小图，另外有120个分别与每张图片内一个图的词义相匹配的词。检测图片以从易到难、从常用到少见的顺序出现。PPVT可以通过每个儿童最后的得分，转化成相应的智龄、离差智商或百分位等级，从而反映出被试者的语言水平发展情况。该测验适用于3岁3个月至9岁3个月的儿童，对一些表达困难的儿童尤其适合。但由于其偏重于语言理解能力的测评，该测验法不能对儿童的语言发展水平做出比较全面系统的评价。

二、失语症的特征及原因

失语症是指神经系统的高级部位大脑半球发生了器质性损伤，使原来已获得的语言功能丧失，可表现为在言语交际过程中语言的感知辨别、理解接收和组织运用语言以进行表达等功能的单方面或多方面的失调。

（一）失语症的特征

1. 语言理解能力下降

在儿童患失语症的初期，一般会有理解能力下降的情况，比如只能理解部分简单指令和部分高频词汇，不能理解短语、短句，不能完成一步到三步的指令。

2. 语言表达能力下降

有的儿童会表现为暂时性哑，有的表现为仅仅能发部分无意义的单音，有的会表现为语量少、话语短、音量小等多种语言表达能力下降的症状。

3. 语言功能失调

有的儿童表现为不一致的能力下降，或者能听懂别人的话而自己不会说，或者能看懂字而自己不会写，或者别人和自己的讲话都听不懂，或者还具备说话和写字的能力，但表达混乱，外人无法理解。

（二）失语症的原因

儿童失语症主要是由各种原因引起的脑损伤所致的，比如颅脑外伤、脑炎、癫痫、中毒等，导致大脑皮质层相应部位发生病变。脑部损伤的部位与损伤程度不同，具体的语言障碍表现也不同。总体来说，儿童失语症的治疗和康复状态均不同于成人失语症。

(三) 失语症的诊断

1. 人工检查

对儿童失语症的检查诊断可以从言语输入和言语输出两方面进行,包括听觉理解、自发性言语和复述的检查,并将结果与正常儿童发育情况进行对照。

> **示例**
>
> 教师可以向儿童打招呼,观察其反应并据此推断儿童的注意力水平;以口语形式向儿童发布简单指令,如举手、闭眼等简单动作指令,根据儿童的反应与执行情况推断儿童的听觉理解能力和指令执行水平;让儿童跟着教师发音,按照从简单到复杂的顺序(即元音——辅音——音节——词汇——短语——简单句——复杂句)进行检查,根据儿童在元音、辅音及音节复述检查中的表现推测儿童是否伴有构音障碍或失语症,根据儿童在词汇及其以上水平的复述检查的表现推测儿童复述能力水平;询问儿童姓名、年龄、住址等一般信息,根据儿童的表达方式与表达能力推测其自发口语表达能力、沟通能力及简单的记忆能力。

2. 正式评定

目前国内常用的失语症评定方法是汉语失语症检查法(ABC),此测验由北京医科大学神经心理研究室参考西方成套测验结合国情编制,它由会话、理解、复述、命名、阅读、书写、结构与视空间、运用和计算、失语症总结等项目组成,是在临床工作中较常用且完善的失语症评定方法之一。

第四节 学前儿童言语和语言障碍的矫治

一、语言矫治的含义

所谓语言矫治,是指为了治疗或减轻语言障碍和帮助患失语症的人重新恢复说话的能力而设计的活动和训练。也有学者认为语言矫治是为了帮助学前特殊儿童克服语言学习和获得过程中的发展性异常现象,使他们的语言获得良好的发展的一系列过程。在此过程中,教师、专业人士及家长应采取特别的措施,对儿童的发展性语言问题进行干预,帮助有语

图 9-3 语言矫治

言障碍的儿童克服障碍。

我国的语言矫治工作尚处于一个探索阶段,缺少专业的语言矫治人员。普通教师和家长掌握一定的矫治知识和方法以后,可以进行非专业的语言矫治工作,帮助语言障碍的儿童及时得到有效的矫治。

二、语言矫治的要求

学前特殊儿童语言矫治工作既需要教师具有极大的爱心和耐心,还需要教师遵循一定的原则和要求,才能达到预期的矫治目的。一般来讲,对学前儿童进行语言矫治要注意以下几点:

(一) 要遵循特殊儿童身心发展的特点

有语言障碍的儿童首先是"儿童",然后才是特殊儿童,无论是心理上还是生理上,他们与普通儿童都具有很多共性:他们发展历程模式相似,生理组织结构相似,心理需求要素相似,人格结构发展也相似。教师要时刻关注他们的兴趣、需求、认知与情感的发展、个性的形成,充分了解并尊重他们身心发展的客观规律。同时,教师又要注意到他们的特殊性,有语言障碍的儿童往往会引发心理障碍,或者还有其他生理缺陷,教师要付出更多的关心和帮助。另外,同样是语言障碍的儿童,不同的个体却会表现出很大的差异,教师要了解每个儿童的个性差异及障碍类型,因材施教,才能使每个儿童得到有效的矫治。

(二) 要遵循特殊儿童语言获得的规律

儿童语言的获得有一定的规律。对特殊儿童进行语言矫治时要尊重他们语言获得的心理顺序和学习特点。一般来讲,口语的获得是从感知语言开始的,但到自如运用,有一个漫长的学习过程。尽管特殊儿童有不同类型、不同程度的语言障碍问题,建立和发展他们的语言能力有一定难度,但从过去的研究结果来看,语言障碍儿童的语言获得和发展模式与普通儿童的语言获得和发展模式基本相同,只是发展的速度和获得的结果与普通儿童有所差异。这就要求我们在对特殊儿童进行语言矫治、建立他们的语言系统、发展他们语言能力的过程中,要以普通儿童的语言获得和发展的模式为参照,按照普通儿童的语言发展顺序与规律进行。

(三) 要创设语言发展的良好环境

迄今关于儿童语言获得的研究主要有三种理论,它们都很重视环境的作用:行为主义刺激反应论将语言视为一种人类行为,认为人类的语言行为和其他行为一样是通过外界环境的刺激获得的;以皮亚杰为代表的认知发展理论则强调环境与主体相互作用对语言的形成和发展的影响;强调内在天赋论的乔姆斯基也并不否认后天语言环境的重要作用,认为后天的语言环境是触发语言获得的重要条件。儿童是在语言交往的大环境中发展语言意识、获得语言形式、习得语言规范,最终获得交际技能的。良好的语言环境是儿童学习语言的必要条件,有语言障碍的儿童也不例外。研究发现,部分儿童的语言障碍来自不良的语言环境,如在儿童语言形成阶段受到复杂语言系统、成年人不良的语言习惯的干扰以及成年人对儿童语言表达的过分苛刻要求等,均会使儿童的语言获得过程遭到破坏。因此,在对学前特殊儿童进行语言矫治时,要为他们创设语言发展的良好环境,包括规范的语言控制训练和良好的言语示范、交际环境等。

(四)要重视多种语言形式的综合运用

口语、书面语、态势语都是有效的传情达意的交际手段。由于学前特殊儿童语言障碍的种类和程度不一样,在对他们进行语言矫治时不能满足于一种语言手段和语言形式,而应该注意多种语言手段和形式的综合运用。

示 例

对有构音障碍、言语流畅性障碍的特殊儿童,主要进行口头语言的矫治和训练;对有听力障碍儿童的语言矫治除了进行口头语言的训练外,还要根据具体情况进行书面语、口语的训练;对自闭症儿童和脑瘫儿童应将口头语言、肢体语言等结合起来,即将口语、书面语、表情、眼神、手势、体态等结合起来进行矫治和训练。

对有语言障碍的特殊儿童来说,若通过训练以后能用其中任何一种语言形式与他人进行沟通和交往,这种矫治就是成功的。因此,在对学前特殊儿童进行语言矫治时应该综合运用多种语言形式。

(五)要注意语言矫治过程中的及时评估

语言矫治过程中的及时评估具有导向性与指挥性,通过评价目标的引导,能指明教师的"教"与儿童的"学"的目标和应达到的程度。通过及时评估,教师可随时了解儿童的语言发展情况,准确地掌握儿童的进展水平及存在的问题,同时也可以发现教师所存在的问题,促进教师及时地调整训练内容、进度和强度,对于做得好的地方要强化,对于缺点和不足要纠正,使语言矫治活动不断完善,达到预期目标。为了做到及时评估,教师在实施矫治前就要制定语言矫治的计划和安排,包括矫治训练的时机、目标、时间控制、方法选择、评价与调节控制等,这样评估才有依据、有标准,才能保证评估的科学性。

三、语言矫治的策略

（一）语言矫治的整体策略

学前特殊儿童语言矫治的策略与方法是根据儿童语言发展理论、儿童语言获得的规律、儿童语言教育的目标以及儿童语言教育实践经验归纳出来的。一般的方法有示范法、游戏法、练习法、儿歌法、多重刺激法、符号互动法、自然情境法等。在实际应用中，教师应根据具体情况，选择和创造更为恰当的方法，有的放矢地进行语言矫治。有时，各种方法还可以互相配合、交叉使用或互相补充，从而促进儿童语言的发展。

1. 示范法

教师通过自身的规范化语言，为学前特殊儿童提供语言学习的样板，让他们始终在良好的语言环境中自然地模仿学习，有时也可以由发展较好的儿童来示范。运用示范法进行语言矫治时，教师的语言一定要正确、清晰、响亮，而且要富于表现力和感染力；教师要把握好示范的时机和力度，反复示范重点和难点；教师要积极观察儿童的语言表现，妥善地运用强化方法。

2. 游戏法

游戏法是指教师运用有规则的游戏对学前特殊儿童进行语言矫治，训练儿童正确发音，丰富儿童词汇和句式的一种方法。通过游戏活动可引导儿童自发地发音，增进彼此的语言交流。运用游戏法进行语言矫治时，要根据学前特殊儿童语言矫治的目标和内容选择、编制游戏，要求游戏目标明确，规则具体，便于儿童理解。游戏矫治过程中要营造轻松、愉快的环境氛围，强调儿童的兴趣和表达欲望，强调他们的主动性与自发性，强调生活化和自然化的语言材料，强调多样化和重复化的语言情境。

3. 练习法

练习法是指有意识地让学前特殊儿童多次使用同一个言语因素（如语音、词汇、句子等）或训练他们某方面言语技能技巧的一种方法。通过练习，儿童可以加深理解语言训练中的有关内容，牢固掌握有关的语言知识，熟练运用语言技能。另外，练习要循序渐进、灵活多样，要给所有儿童提供充分练习的机会，要为他们准备充分的时间和空间，让他们反复练习。

4. 儿歌法

儿歌法即利用儿歌的形式对学前特殊儿童进行语言矫治，通过念儿歌来练习发音，获得词汇。儿歌从儿童心理出发，反映儿童的生活和感情，具有鲜明的音乐性和节奏感，念儿歌可以提高儿童学习语言的愿望，消除心理压力，促进儿童语言连贯性的发展。因此，要让学前特殊儿童经常接触儿歌,反复诵读,并与日常生活形成密切联系,比如在吃饭前唱吃饭歌,洗手时吟诵洗手歌等。

5. 多重刺激法

多重刺激法是指对学前特殊儿童进行语言矫治时充分调动儿童的多重感官,同时使用多种教学手段,给予儿童多重刺激的一种方法。运用多重刺激法进行语言矫治时要注意,教师所提供的语言教育辅助材料应该是儿童接触过的、较熟悉的或符合儿童认知特点的。对学前儿童进行语言矫治时,应让儿童做到眼到、耳到、手到、口到,才能发生心到的综合功能。在多重刺激方面要强调儿童书面语和口语符号的双重刺激。

6. 符号互动法

符号互动法是指在矫治学前特殊儿童语言障碍的过程中,将其他符号的学习与语言符号系统的学习同时进行,使它们相互促进的一种方法。有研究指出,语言符号与非语言符号本质上都是"语言",语言与其他符号系统之间有密切的联系,如语言符号和视觉符号之间就有密切的联系,各种符号系统之间存在一种共性。其他符号的学习与语言符号系统的发展能够相互促进。运用符号互动法进行语言矫治时要注意,要融合多种与儿童发展有关的符号系统协同参与,从而使儿童在外界环境因素的刺激和强化作用下,产生积极的沟通需要、愿望,并主动地通过多种符号手段作用于环境。同时教师要注意发挥学前特殊儿童优势语言符号的作用,通过优势语言符号去带动劣势语言符号的学习。

7. 自然情境法

自然情境法是在学前特殊儿童的语言矫治过程中,使用真实物体与真实情境,结合家庭、幼儿园的环境及各种活动,让儿童在真实的情境中获得语言的一种方法。儿童是通过真实的生活体验来学习词汇和各类概念的,教师要注意对日常生活环境的利用,在日常生活中要给儿童更多的说话机会,要注意激发儿童说话的兴趣,并且要注意循序渐进地进行训练。

(二)各类型语言障碍的训练

1. 构音障碍的训练

构音障碍的矫正须针对造成障碍的原因来进行。不同原因的构音障碍需要不同的矫正和训练方法。如对于发音器官构造缺陷,即器质性原因所引起的构音问题,一般要先通过外科手术进行修补、矫正,然后再辅之以构音训练来恢复其功能。对于非器质性原因引起的构音障碍,则可以直接矫正。具体矫正与训练步骤如下:

(1)儿童言语运动器官的训练。① 呼吸训练,比如通过胸式呼吸、腹式呼吸、胸腹联合式呼吸的方法进行训练。② 用气训练,比如通过慢吸慢呼、快吸快呼的训练,使儿童能学会控制自己的气息。③ 口型模仿,让儿童对着镜子,对照教师的口型进行模仿。④ 舌头运动训练,主要训练舌头的灵活性、柔软性和发音时的正确位置。

（2）指导儿童分辨错误的构音,让他明白错在哪里,然后给他提供正确的发音示范,并要求他观察、模仿构音的器官部位。

以声母"k"和"t"为例,儿童经常把前者发成后者,比如把"裤子"说成"兔子"。为了让儿童明白自己发音的错误,教师可以做图片,以"兔子"代替"裤子",让儿童明白两个音及其所表达意思的差异之大。

（3）准备学习新的发音。当儿童能够分辨正确与错误的构音后,就要指导他们学习新的发音。构音障碍的错音大部分是声母,因此,教师首先要用通俗易懂的语言讲清楚声母的发音部位和发音方法,然后做出正确的示范,儿童通过不断模仿,结合游戏、比赛、角色表演等方法,掌握正确的发音。

（4）强化新的发音。儿童要将经过矫正学到的语音自觉地整合进音韵系统中,而不再局限于孤立的发音练习。所以教师要指导儿童在日常交流中充分使用正确的语音说话。教师要善于利用幼儿园的各种活动和情境,为儿童提供充足的语音实践机会,使其反复练习,达到熟练的目的。

构音障碍的矫正与训练是一个枯燥的过程,故需要教师多鼓励儿童,使他们主动积极地配合。对儿童错误的发音,教师不要过分责备,也不要强迫矫正。训练中要尽量寓教于乐,激发儿童学习的积极性,增加训练的趣味性,创造轻松愉快的学习氛围。

2. 声音障碍的训练

在对儿童进行声音障碍的矫正和训练时,如果是器质性原因,则应先进行医药的治疗。另外须注意声带喉头的日常保健,不要多吃辛辣或刺激性较强的食物;避免高声呼喊、尖叫、唱歌;感到喉部不适时要尽量少说话;避免在嘈杂或灰尘多的地方说话。对于非器质性原因引起的声音障碍,也要先让儿童明白他的问题出在哪里,为什么要进行矫正和训练。首先,教师可以通过录音,让儿童比对自己的声音和正常的声音,说明其中的差别,因为只有让儿童明白不同,他们才有动力去纠正。另外,教师也要讲清楚声音障碍是如何产生的,哪些因素会引起声音异常,从而使儿童明白自己应该努力克服的是什么。具体可以从以下几方面入手：

（1）反馈法。即儿童通过听觉反馈来逐步改进自己声音状况的方法。具体做法是：让儿童倾听正常声音的录音或教师的示范,并进行模仿;教师将模仿的语音录下来,然后鼓励儿童反复辨听,通过听觉反馈不断地自我检查,不断地加以改进和完善,从而矫正声音障碍。

(2) 目标发声法。让儿童试着发出一系列的声音,并从中找到一个符合声音优劣标准的最佳声音。一旦找到了最佳声音,即目标声音,便可要求儿童反复辨听,及时练习,不断修正改进,直到不需要听觉反馈就能自如地发出目标声音为止。

(3) 情境分析法。部分儿童说话声音过小是因为胆小、害羞、精神紧张。对于这类声音障碍,教师可以通过平日对儿童的观察,或者让儿童自己列出一系列胆小、害羞、精神紧张的情境,按照由轻到重的原则加以排列,再按照由易到难的顺序分层训练和突破。

3. 言语流畅性障碍的训练

言语流畅性障碍主要表现为口吃,是语音节律障碍的一种,是由于不同原因引起字音重复或语流中断的语音节律障碍,常伴躯体抽搐和面部异常。依据不同的口吃成因理论,专家设计和发展了一系列矫正口吃的方法。心理治疗着眼于解除口吃儿童的内心冲突,培养他们的安全感;行为治疗试图运用强化理论培养儿童流畅的说话方式以代替口吃;练习念儿歌、绕口令的方法注重对口吃儿童语言节律的培养。

(1) 心理治疗。专家认为,心理因素是促使口吃发展、定型的重要原因。因此,为口吃儿童创造一个良好的家庭和幼儿园环境至关重要。口吃儿童最需要的是宽容和耐心,而不是惩罚和焦虑。所以教师在和儿童相处时,尽量避免说到"口吃"一词,儿童说话时不要加以督促和终止,不在儿童说话时表现出不耐烦的样子;要尽可能创造宽松的表达环境,避免让儿童陷入过分激动、困窘和受挫的环境,要用平静、温和的方式与儿童交谈。同时,教师要教育其他儿童不要嘲笑口吃儿童,不讽刺,不模仿,消除歧视。

(2) 行为治疗。首先,可进行呼吸训练。口吃儿童在呼吸方面存在的问题较多。如有的吐尽气才说话,结果音量小且吃力,有的运足气才说话,结果声音强直,表情也不自然。因此,对口吃儿童有必要进行呼吸训练。训练儿童学习腹式呼吸,让儿童保持长、静、慢的呼吸,这种自然的气流有助于改变儿童说话时出现的呼吸中断、气流阻塞的不良习惯。

其次,可进行发音训练。很多口吃儿童会有首字难发的表现,发音训练的重点是突破第一个音的障碍。训练时要求儿童心平气和,不慌不忙,由轻到重徐缓地发出第一个音,再辅助手指轻轻叩击桌面,伴随节奏发出以后的声音。

(3) 练习念诗歌、绕口令。说话是以一定的节律进行的,正常人说话都有一定的节律,而口吃儿童的节律是损坏的。要使儿童恢复说话的节律,就必须加以练习。按节奏发音,可使已粉碎的言语节律获得恢复。研究发现,很多口吃儿童在唱歌时就不口吃了,这是因为歌曲有节律。有了节律,儿童就会感到轻松,发音时就能平心静气,也就没有口吃了。所以,可以给口吃儿童提供一些简单易学的诗歌、绕口令来练习说话。

绕口令：

西瓜和芝麻

西瓜地里种芝麻，
芝麻地里种西瓜。
西瓜熟了摘西瓜，
芝麻熟了收芝麻。
不能摘了西瓜丢芝麻，
也不能收了芝麻丢西瓜。
而要摘了西瓜收芝麻，
更要收了芝麻摘西瓜。

诗歌：

迎 春 花

迎春花，开黄花，
朵朵张开小嘴巴，
它是公园小号手，
迎着春天吹喇叭！
滴滴答，吹的啥？
春来啦！
滴滴答，
小朋友真乖不采花！

4. 语言发展迟缓的训练

在幼儿园内，教师要帮助语言发展迟缓的儿童增加词汇量，发展其理解词意的能力，使他们接近或达到正常同龄儿童的语言理解和表达水平。为此，教师可以采用以下方法进行训练：

（1）共同活动教学法。共同活动教学法是一种利用互动，系统地重复儿童先前经历过的事件或者活动，以此培养或矫正儿童的语言运用方法。为此，教师要扩大儿童的生活范围，增加其生活经验。教师可以通过组织参观、访问等活动，把儿童带入社会，让他们和各类社会机构的人员广泛接触，在实践活动中了解社会、认识社会，从而激发儿童运用语言交往的兴趣，丰富语言的内容，扩大词汇量。由于是儿童经历过的事件或活动，他们在大脑中储存了大量的表象，利用这些表象进行语言矫正，可以降低儿童信息处理的负担，使儿童将注意力集中到语言学习上,并在轻松自然的环境下有所提高。

(2)情境教学法。情境教学法是指在教学过程中,教师有目的地引入或创设具有一定情绪色彩的、以形象为主体的生动具体的场景,以引起儿童一定的态度体验,从而帮助儿童理解内容,并使儿童的心理机能得到发展的教学方法。情境教学法的核心在于激发儿童的情感。情境教学法要求教师利用自然情境中产生的对话,将需要矫正的语言结构或沟通行为融入互动的过程中。教学时,教师可以根据儿童的兴趣爱好,引导儿童注意某个物品或事件,让儿童针对该事物表达自己的意见,或者给予提示,促使其回应。如果儿童未能作出预期想要的回应,教师要及时进行正确的指导和示范,鼓励儿童模仿并再次作出回应。

情境可以是刻意创造的,也可以利用自然的日常环境随时随地进行语言训练。儿童的语言能力是在实际运用中发展起来的。因此,丰富多彩的日常生活就是儿童发展语言表达能力的良好平台。教师可以将生活中的素材作为训练儿童语言表达的话题,既能丰富儿童表达的素材,也可以增强儿童表达的勇气,使儿童有话可说,克服言语内容贫乏的问题,如上厕所能向教师提出等。在一日生活中,教师要有目的、有计划地和儿童接触交谈,结合每天的生活,让他们介绍所看到和学到的新鲜事,如喜欢看的电视节目、重大的新闻、每天最开心的事及学会的本领等。在此过程中,教师只要做好一个耐心的倾听者、欣赏者,在听到儿童说话不连贯时,不应急着帮忙或打断他们的话题,应以表情或眼神鼓励他们,从而保持他们说话的热情,逐步提升儿童的语言表达能力。

(3)归纳教学法。归纳教学法是一种高度结构化的、以教师为主导的语言教学方法。教学时,教师设计和安排有具体教学目标的沟通互动情境,让儿童在互动的过程中,发现和理解语言的意义和规则,进而达到培养或者矫正语言的目的。

思考与练习

1. 学前儿童言语和语言障碍的类型有哪些?
2. 谈谈学前儿童言语和语言障碍的矫治策略。
3. 口吃是学前儿童常见的言语障碍现象,你准备从哪些方面对口吃的儿童进行教育训练?

第十章
学前儿童语言教育评价

学习目标

（1）了解学前儿童语言教育评价的作用、原则和内容。
（2）能够使用学前儿童语言教育的评价方法对活动、教师和儿童进行评价。

思维导图

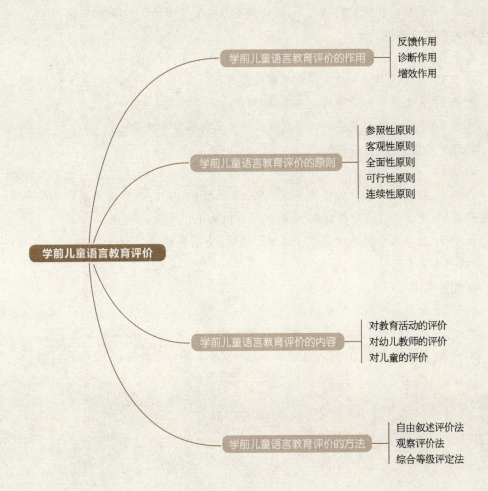

案例导入

儿童口头语言能力评价：电影报告活动（部分）

给儿童看一部他们熟悉且时间不太长（最好不要超过8分钟）的电影。看完电影后对儿童进行单独采访。比如："现在我们是新闻记者，我们要讲述影片中发生的事。我开头，你接着说。我看到的第一件事情是……现在换你继续讲述，告诉我你在这之后看到了什么？接着你又看到了什么？"对儿童报告的评价标准如下：

1. 参与活动及需提示的状况

水平0：很少或无报告行为；被提问或受提示时也很少报告；经常说的是"我不记得了"或"我不知道"，或者根本不想参加活动。

水平1：只是在提示下才出现报告行为。

水平2：主要在提示或提问下出现报告行为，也有少量自发报告的行为。

水平3：没有或在少量提示之下，就能自发报告影片中出现的事件。

2. 内容的准确性

水平0：无效，因为儿童不是讲述影片中所发生的事，而是讲述自己的故事。

水平1：只记得影片中极少的主要事件或角色。

水平2：儿童记得影片中的一些事件、角色。

水平3：儿童记得影片中的大多数或几乎全部的事件和角色。

3. 语汇的复杂性、详细程度

水平1：对影片中事件的描述空洞而不详细，使用简单的语言，几乎不使用形容词。

水平2：对影片中事件的描述有时详细，对影片中的某些事件的某些细节描述详细，而忽视其他；使用一些清楚而详细、具有表现力的词汇。

水平3：对影片中的事件往往作详细的描述，使用多种词汇，表达常常是清楚而详细的，并具有表现力。

4. 句子结构

水平1：使用简单的句子或段落。

水平2：使用水平1的句子，但也使用介词性词组、复合句，或二者同时使用。

水平3：使用各种句子结构，包括水平1和水平2的句子结构。

想一想

（1）为什么要对儿童的口头语言能力进行评价？

（2）案例运用了什么评价方法？

第一节　学前儿童语言教育评价的作用

《纲要》中指出:"教育评价是幼儿园教育工作的重要组成部分,是了解教育的适宜性、有效性,调整和改进工作,促进每一个幼儿发展,提高教育质量的必要手段。"同时,《纲要》中强调"平时观察所获得的具有典型意义的幼儿行为表现和所积累的各种作品等,是评价的重要依据",评价要"在日常活动与教育教学过程中采用自然的方法进行"。

一、反馈作用

(一)确认效应

所谓反馈就是将教育成果信息返回到教师那里,用以调整改进教育过程。评价作为一种"反馈—矫正"系统,主要判断语言教育整体结构中每一个环节是否有效。如果无效,则必须采取改正和补救措施,以确保教育的有效性。确认效应即评价可以反馈与确认教师的教育和儿童的学习是否有效。

(二)激发动机效应

教师对教育活动的设计与组织通过评价被确认存在缺陷与不足时,就具有激发教师改进和调整语言教育活动的动机效应;相反,良好的成果一经确认,则会激起教师做出更大的努力。

(三)调整效应

通过信息反馈,可以使被评价的对象明确教学目标和教学目标的实现程度,以及教学活动中所采取的形式和方法是否有利于促进所规定的教学目标的实现,同时积累资料以便提供如何才能更加顺利地达到教学目标和修改教学目标本身的依据。

(四)强化成功经验效应

有效的评价可以强化教师选择适宜的内容和方法以及运用合适的教具和学具的行为,帮助教师将成功的经验迁移到同类活动中。

(五)消退失败经验效应

教师可根据评价结果的信息反馈,改正不适当的、经实践证明是失败的内容和方法,从而大大地提高教师的自我教育评价和改进教育工作的能力。

二、诊断作用

（一）内容与目标的合适程度

诊断是语言教育评价的一个基本作用。通过评价，可以诊断学前儿童在语言教育活动整体实施基础上的语言发展状况；可以诊断出儿童在学习语言时知识经验和技能上的准备程度以及已有的语言发展水平，由此来判断内容与目标的合适程度。

（二）内容与儿童语言发展水平的合适程度

学前儿童语言教育评价是学前儿童语言教育活动一个不可缺少的重要组成部分，对整个语言教育活动起着调节、控制和引导的作用。进行语言教育评价最终的目的是为了完成语言教育活动的目标，促进儿童语言能力的发展。学前儿童语言教育评价可以诊断儿童语言发展的实际水平，以此来判断教育内容与儿童语言发展的水平是否相合适。

（三）内容、方法与儿童兴趣点的合适程度

儿童在语言的兴趣、个性、能力等方面存在差异，教师通过诊断儿童语言教育活动的实际效果，来进行有的放矢的个别指导。教师可以根据语言教育活动评价所得到的诊断结果，及时调整语言教育的内容，改进语言教育的方法。

三、增效作用

（一）及时评价

教育评价在语言教育整体运行中具有增效的作用，若能做到在语言教育过程中每走一步都作出评价，并以此为基础再进行下一步，就可避免许多"无效劳动"，使教师和儿童的时间和精力都花费在能取得实效的活动上。

（二）积累素材

著名评价家梶田睿一指出："教育评价必须有助于教育活动开展得更有成效、更为妥当，否则，就极有可能成为对学生进行分类划等的非教育性工具。"从短期情况来看，教师在每次教育活动后都进行评价可能会暂时增加其负担，但从长远发展来看，进行教

育评价不仅能让教师在遇见同类问题时选择最优的方法进行教学,还能加强儿童在整个教育活动中的参与性,同时有利于提升教师的教学能力。随着教育评价体系的不断完善和评价工具的不断改进,即使教师只花少量的时间用于教育评价,也能取得长久的教育效应。

第二节　学前儿童语言教育评价的原则

随着人们对教育评价的重视,教育评价的原则也开始引起了人们的关注。所谓教育评价的原则是指教育评价主体在进行教育活动评价时必须遵循的最基本的要求,是指导教育评价活动的一般原理。学前儿童语言教育是研究学前儿童语言发生、发展规律及如何对儿童进行语言训练和教育的一门学科。它与健康教育、艺术教育、社会教育和科学教育既相互联系,又相互区分。因此,学前儿童语言教育评价必须遵循相应的原则。

一、参照性原则

(一)什么是参照性原则

参照性原则是指评价标准的制定要有依据。在制定语言教育评价标准时,首先要依据国家有关的法律法规文件,这是确定语言教育评价标准的根本依据。

(二)参照性原则的要求

依据儿童语言发展的基本规律,以及儿童在各个年龄段的语言水平作出恰当的规定,不能任意提高或是降低标准。此外,还需依据语言教育活动的目标,对教育活动进行评价,那种脱离目标、另设标准的做法是不可取的。

二、客观性原则

(一)什么是客观性原则

客观性原则是进行教育评价的最基本的原则。它要求评价者在把握语言教育的客观规律的基础上,从客观实际出发,获取真实的语言教育信息。

（二）客观性原则的要求

教师要依据科学的标准，对语言教育活动的过程与结果进行分析与判断，避免主观武断、掺杂个人情感或情绪因素，对被评价者妄加评论与指责，从而影响教育评价的效果。具体需要做到以下几点：第一，科学的评价态度。在进行语言教育评价时，评价主体必须端正自己的态度，将教育活动本身作为评价的客体，做到以事实为依据，以评价标准为准绳。第二，科学的评价标准。教育评价不是一种"想当然"的行为，进行教育评价必须按照相应的指标和标准进行，即要有科学的依据、科学的结构和科学的内涵界定。第三，科学的评价方法。教育评价是根据具体的教育内容来进行的，评价是否有效很大程度上取决于评价方法的选择是否科学。设计评价方案、收集评价信息、建立评价组织机构、分析处理评价结果等都要涉及评价方法的选择，因此，选择的评价方法在理论和实践上都要求必须具有客观性。

三、全面性原则

（一）什么是全面性原则

教育实践是一个不断运动、全面发展的过程。教育评价必须连续不断地对语言教育活动的各个组成部分和各个要素进行全面的评价。

（二）全面性原则的要求

评价者既要对学前儿童语言发展情况进行全面评价，也要对教师的教学活动进行评价；既要对语言教学的目标进行评价，又要对活动的内容、方法进行评价；既要对教具、学具的运用性进行评价，又要对师幼互动进行评价等。全面的评价可以反映出学前儿童语言动态发展的轨迹。

四、可行性原则

（一）什么是可行性原则

教育评价是围绕具体的教育活动而展开的，教育评价的可行性原则强调进行教育评价时必须立足于实际情况的需要，使教育评价既符合实际，又简易可行。在进行教育评价时，首先要做的就是制定出一个可行的评价方案。

（二）可行性原则的要求

制定评价方案时，方案的设计必须考虑到评价对象、评价的规模和次数、评价的技术和方法等方面：评价对象应立足于实际的调查情况；评价的规模和次数不应单一追求"大"和"多"，应根据需要进行确定；评价的技术和方法应是评价者自身能掌握和理解的。具体表现在：第一，评价指标的可行性。任何教育指标都是根据一定的评价指标进行的，评价指标越多，指标间重复的内容就越多，评价所需的时间就会越多。因此，评价的指标要简明而不失关键、全面而不失重点。第二，评价标准的可行性。评价标准的可行性是指评价的标准和被评对象的发展水平之间存在一个"合理区间"，从而保证了评价标准既不是高不可攀，又不是唾手可得，而是必须经过被评者不断努力才能达到的。第三，评价方法的可行性。从有关教育评价的研究来看，我国关于教育评价的研究起步较晚，由此导致了评价方法的落后性，为了推进教育评价的不断发展，教育评价方法必须具有可操作性，即教育方法必须是有用的、可行的。

五、连续性原则

（一）什么是连续性原则

语言教育是一个动态的发展过程。因此，教育评价要连续不断地对语言教育活动的各个构成要素和组成部分进行评价。

（二）连续性原则的要求

评价者应对儿童语言的发展情况进行连续的评价，对教师的教学活动也要进行连续的评价。通过连续的评价，可以更为准确地反映儿童的学习效果。与此同时，在评价活动中，评价的方法和工具同样应具有一定的连续性。

第三节 学前儿童语言教育评价的内容

一、对教育活动的评价

（一）对活动目标的评价

幼儿园的教育活动是有目的、有计划地引导儿童参与的活动，因此，活动目标是活动开展的指南,学前儿童语言教育活动的评价首先要关注活动目标。在评价语言目标时,一定要分析这一活动目标的提出是否与学前儿童语言教育的终期目标、年龄阶段目标和具体语言教育活动目标相适应,是否从儿童的原有经验和发展需要出发,以及目标中是否包含了认知、情感与态度、能力与技能三方面的内容。

图 10-1 对教育活动的评价

（二）对活动内容的评价

在评价语言活动内容时,教师应分析的内容有：语言活动内容的选择是否恰当,即是否符合儿童的生活经验水平、认知规律和心理特点；教师是否将活动内容理解透彻,是否能够重新组织、微调已有教材的教学程序；内容分量是否适当,有无过多或过少的情况,是否抓住了关键内容；内容的组织是否主次分明,重点与难点是否突出；内容布局是否合理,与各环节之间的过渡或衔接是否自然流畅；内容与儿童原有的语言、认知和社会经验是否相适应等。

（三）对活动过程的评价

在评价语言教育活动的组织过程时,教师应分析的内容有：在活动展开的过程中,形式是否丰富多样,教学的结构安排是否合理,时间分配上是否出现前松后紧或者前紧后松的现象；教师指导时间和儿童练习时间分配是否适当,儿童个别活动与小组活动、集体活动的时间分配是否合理；是否考虑到了根据儿童的兴趣特点和认知发展水平或者某一具体活动内容,来选择合适的方式(如：实物展示、现场表演或谈话等)创设活动情景。

二、对幼儿教师的评价

（一）对教师教学能力的评价

对幼儿教师教学能力的评价主要包括对教案的评价、对幼儿教师教学态度的评价、对幼儿教师教学行为的评价以及对幼儿教师语言表达能力的评价四个方面。

第一，对教案的评价。教案是教师进行教学的一个重要物质载体，教师在进行教学之前，必定要花费一定的时间，参照相关的书籍，收集有关的资料来编写教案。教案目标的表述是否全面、教案内容是否新颖、教案结构的设计是否合理等都在一定程度上反映出了幼儿教师的教学观、教师观和儿童观。因此，在对幼儿教师进行评价时，首先要对幼儿教师所编排的教案进行评价。

第二，对幼儿教师教学态度的评价。教师在教学活动中采取什么样的态度，决定了教学过程中教师和儿童所处的位置，也决定了教学活动中师幼互动的情况。在教学活动中，教师是否充分尊重了儿童的主体地位，是否积极地对儿童进行语言教育，在创设语言教育活动时是否充分地考虑到了儿童的兴趣、爱好、特长等，都能反映出教学活动中教师所采取的态度。

第三，对幼儿教师教学行为的评价。主要包括：教师在教学活动中是否是儿童的支持者、合作者、引导者，是否以平等、关怀、尊重的态度与儿童交流；在教学中教师是否时时注意反思儿童在活动中的各种表现，寻找原因，制定策略；教师是否把握儿童的个体差异，用适当的方式给予帮助和指导，而不是一味地提问；教师是否让儿童有主动质疑、反问的机会，在教学中倾听儿童的问题，并给予适当的解释和引导。

第四，对幼儿教师语言表达能力的评价。语言教育活动对教师本身的语言素质提出了较高的要求。特别是对儿童来说，由于他们年龄小，身心发展不成熟，理解能力极其有限，因此就需要教师具备较强的语言表达能力。对于幼儿教师语言表达能力的评价主要集中在：幼儿教师的普通话是否标准（字音是否清楚、字词表达是否清晰）；幼儿教师的口语表达是否流畅，用词是否准确，语音和语调等是否符合儿童的年龄特点。

（二）教师和儿童的互动情况

在评价语言教育活动的师幼互动情况时，需要分析的内容有：在活动过程中，教师是否为儿童创设了宽松、民主的氛围，是否支持、鼓励儿童与教师、同伴交谈并体验语言交流的乐趣；教师是否确立了儿童在语言学习中的主体地位；儿童的注意力、兴趣、情绪与意志等非智力因素是否得到了充分的激发；在活动过程中，教师是否在指导儿童学习与儿童主动学习之间进行了协调，是否出现了因教师指导不足而影响教育活动目标的达成，或者因指导过度而干扰儿童学习主动性的现象。

三、对儿童的评价

（一）对目标达成情况的评价

学前儿童活动的目标包括认知、情感与态度、能力与技能三方面，因此在对目标达成情况进行评价时，一般涉及以下三个方面的内容：第一，分析认知目标的达成情况，了解儿童是否获得了目标所规定的语言知识，是否掌握了有关的语音、词汇、句型，是否懂得了在何种情况和环境下运用这些词汇与句型。第二，分析情感与态度目标的达成情况。第三，分析技能与能力目标的达成情况，了解儿童构词成句的能力和在具体语境中运用语言的能力，例如是否能根据活动中的语言情境来运用有关的词汇、语法和语调。

（二）对儿童参与活动程度的评价

儿童参与活动程度的评价是一种动态的评价，可以分为三级指标体系：第一，儿童参与活动的最理想状态——主动积极参与。第二，儿童参与活动的中间状态——一般参与活动程度。第三，儿童参与活动的最不理想状态——未参与活动。具体的评价标准可以从儿童参与活动的兴趣和注意力情况进行分析，即了解儿童对活动的内容和形式是否有浓厚的兴趣和强烈的学习动机，是否愿意主动举手回答教师的问题，儿童在活动中注意力是否集中和集中的程度与持久度，儿童的情绪是否高涨，活动气氛是否活跃。

第四节　学前儿童语言教育评价的方法

学前儿童语言教育评价的方法是指通过一定的手段收集语言教育活动的各方面信息，根据一定的客观标准对学前儿童语言发展和教育活动及其效果作出客观的衡量和科学的判定。评价的过程实际上是收集信息的过程。评价时，最好综合运用几种方法，这样可以收集多方面的信息，作为评价的量和质的客观资料，为科学的教育评价提供依据。

一、自由叙述评价法

（一）自由叙述评价法的定义

自由叙述评价法是将对教育活动的意见、判断和感想等自由地说出来或写下来，通过口头语言或文字叙述的形式对教育活动加以评价的方法。这种方法既适合于自我评价，也适合于对他人的评价。常见的形式有教师的听课记录、教案自评等，自由叙述评价法有利于综合反映学前儿童语言教育活动过程中的情况。

（二）自由叙述评价法的运用

自由叙述评价法最大的特点在于它不需要定量的分析，不需要专门的测量工具和复杂的评价程序，适合于综合反映活动过程中的情况。自由叙述评价法既可以对静态的因素（如活动目标、内容、方法和环境布置等）进行分析，又可以对动态的因素（如儿童在活动中的行为表现）加以分析。

二、观察评价法

（一）观察评价法的定义

观察评价法是一种有科学性且切实可行的评价儿童发展的方法。通过观察可以获得大量的评价信息，可以及时了解教育活动的运行状况，还可以通过观察得来的反馈信息随时调整活动的内容、方法和组织形式。这一方法主要通过对儿童行为表现的观察了解来对整个教育活动的效果进行分析，是一种行之有效的评价方法。

（二）观察评价法的运用

观察评价法的具体运用可以通过多种途径来进行，最常见的是在自然情况下进行的观察，有时也可以通过提问来观察儿童的语言表述情况。在自由活动时，教师可以通过与儿童的个别交往和巡视来观察儿童的语言发展情况。对日常生活中不易观察到的情况，教师可以根据评价指标设计专门的语言教育活动，创设相应的条件促使儿童自然地表现其语言发展水平。

三、综合等级评定法

（一）综合等级评定法的定义

综合等级评定法是从纵向和横向两个维度来确定评价指标的，既对活动的各种因素进行分析与评价，又对活动的各种状态进行分析与评价，从而得到综合的评价信息。其中，纵向包括构成语言教育活动的各种因素，主要有目标、内容、形式、儿童参与活动的程度、材料利用情况、师幼互动。横向包括教育活动各因素在运行过程中的状态及其等级。

评价者根据这两个维度来制定综合等级评定表,从而进行评价。

(二)综合等级评定法的运用

教师在活动评价中,只要在相应的位置打上钩即可。综合等级评定法可以让评价者获得多重的评价信息。评价者借助于这些信息材料,既可以对教育活动进行定量分析,又可以对教育活动进行定性分析,还可以对教育活动进行因子分析。

思考与练习

1. 试述学前儿童语言教育评价的作用。
2. 试述学前儿童语言教育评价的原则。
3. 试述学前儿童语言教育评价的内容与方法。

参考文献

1. D.W.卡罗尔.语言心理学[M].缪小春,等译.上海:华东师范大学出版社,2007.
2. 霍华德·加德纳.智力的重构[M].霍力岩,等译.北京:中国轻工业出版社,2004.
3. 张放放,周兢.儿童叙事能力发展研究综述[J].幼儿教育(教育科学版),2006(6):47—52.
4. 李甦,李文馥,杨玉芳.3~6岁儿童图画讲述能力的发展特点[J].心理科学,2006,29(1):25—29.
5. 张治.学前儿童对儿童读物插画的审美偏好特点研究[D].上海:华东师范大学,2008.
6. 黄立安.综合美术活动对幼儿创造性思维发展的影响研究[D].上海:上海师范大学,2015.
7. 教育部教育管理信息中心.全国优秀幼儿语言教育活动课例评析[M].重庆:西南师范大学出版,2011.
8. 丁海东.游戏:给予儿童有灵性的生活[J].教育导刊(幼儿教育),2004(Z1):4—7.
9. 刘焱.幼儿园游戏教学论[M].北京:中国社会出版社,1999.
10. 龚维.中班听说游戏:伞儿撑起来[J].早期教育(教师版),2007(5):39.
11. 朱自强.儿童文学概论[M].北京:高等教育出版社,2009.
12. 郑荔.儿童文学(第2版)[M].南京:江苏教育出版社,2009.
13. 李建岚.阅之旅:幼儿园经典绘本课程实践[M].宁波:宁波出版社,2014.
14. 张晓焱.儿童文学[M].镇江:江苏大学出版社,2014.
15. 郁炳隆,唐再兴.儿童文学理论基础[M].南京:南京大学出版社,1990.
16. 徐红,敖伟,徐宏博.幼儿文学[M].南京:东南大学出版社,2015.
17. 山曼.老童谣:二月二,龙抬头[M].济南:明天出版社,2014.
18. 徐冬梅,丁云,胡志远.日有所诵·蚂蚁搬豆(4~5岁下)[M].桂林:广西师范大学出版社,2015.
19. 北方四省区职业教育教材编审组.儿童文学[M].沈阳:辽宁科学技术出版社,1991.
20. 吴其南,吴翔之.儿童文学新编[M].杭州:浙江大学出版社,2009.
21. 王辉.中国古代娱乐[M].北京:中国商业出版社,2015.
22. 陈思瑾.校园表演类活动指导手册[M].长春:吉林出版集团有限责任公司,2014.
23. 何芙蓉,胡陵.学前儿童语言教育[M].成都:西南交通大学出版社,2013.
24. 王佩佳,徐杰.学前儿童语言教育[M].镇江:江苏大学出版社,2013.
25. 朱海琳.学前儿童语言教育[M].北京:科学出版社,2009.

26. 翟文明.国学知识全知道[M].北京：中国华侨出版社,2015.
27. 叶亚玲.幼儿园教育活动设计[M].上海：复旦大学出版社,2014.
28. 周兢,余珍有.幼儿园语言教育[M].北京：人民教育出版社,2004.
29. 费尔迪南·德·索绪尔.普通语言学教程[M].高名凯,译.北京：商务印书馆,1980.
30. 周兢.学前儿童语言学习与发展核心经验[M].南京：南京师范大学出版社,2014.
31. 陈卓铭.特殊儿童的语言康复[M].北京：人民卫生出版社,2015.
32. 周兢.幼儿园语言教育资源[M].北京：人民教育出版社,2015.
33. 张联弛.培智学生学拼音：言语康复训练活动设计案例集[M].上海：华东师范大学出版社,2015.
34. 刘宝根.学前儿童语言教育与活动指导[M].上海：华东师范大学出版社,2014.
35. 祝士媛.学前儿童语言教育(第2版)[M].北京：北京师范大学出版社,2011.
36. 郑慧俐,季燕.学前儿童语言教育[M].南京：南京大学出版社,2014.
37. 姜晓燕,郭咏梅.学前儿童语言教育[M].北京：高等教育出版社,2011.
38. 张明红.幼儿语言教育与活动指导[M].上海：华东师范大学出版社,2014.
39. 张明红.学前儿童语言教育与活动指导(第3版)[M].上海：华东师范大学出版社,2014.
40. David R. Shaffer, Katherine Kipp.发展心理学：儿童与青少年(第八版)[M].邹泓,等译.北京：中国轻工业出版社,2009.
41. 胡楠.幼儿语言教育与活动指导[M].北京：北京师范大学出版社,2014.
42. 金波.中国传统童谣书系[M].北京：接力出版社,2012.
43. 梁旭东.学前儿童语言教育[M].北京：中央广播电视大学出版社,2007.
44. 陈瑶.学前儿童语言教育[M].北京：北京师范大学出版社,2014.
45. 欧阳新梅.学前儿童语言教育[M].南京：东南大学出版社,2014.
46. 张天军.学前儿童语言教育[M].上海：复旦大学出版社,2012.